ULTIMATE
PORTUGUESE
BEGINNER–INTERMEDIATE

Also available from
LIVING LANGUAGE®

In-Flight Portuguese

Wondering how to make use of all that spare time on the plane while you're flying to Rio de Janeiro, São Paulo, or Brasília? Between your in-flight meal and in-flight movie, brush up on your Portuguese! This 60-minute program covers just enough Portuguese to get by in every travel situation.

0-609-81076-6 | $13.95/C$21.00

Available at bookstores everywhere

Living Language® pioneered foreign language self-study courses and is committed to publishing practical programs that address a variety of learning styles and needs. Since 1946, millions have learned to speak, read, and write a new language with Living Language® and we are one of the most recognized names on the market today.

For a complete list of titles, please visit our Web site at www.livinglanguage.com. We offer self-study programs in 20 languages for every learning level from beginner to advanced.

LIVING LANGUAGE®

ULTIMATE
PORTUGUESE
BEGINNER–INTERMEDIATE

LOURDES FILOCO

ACKNOWLEDGMENTS

Thanks to the Living Language team: Tom Russell, Elizabeth Bennett, Christopher Warnasch, Zviezdana Verzich, Suzanne McQuade, Amelia Muqaddam, Denise De Gennaro, Linda Schmidt, John Whitman, Alison Skrabek, Helen Kilcullen, Heather Lanigan, Fabrizio La Rocca, Guido Caroti, and Sophie Chin. Special thanks to everyone who assisted in the writing and development of this book: Stella Seixas-McCarthy, Tobias Nasciminto, Rainer Brueckheimer, Marisa Queiroz de Vilhena, and Jordano Quaglia.

Copyright © 2001 by Living Language

Content revised and updated in 2004.

Living Language and colophon are registered trademarks of Random House, Inc.

Living Language is a member of the Random House Information Group.

All rights reserved. No part of this book may be reproduced or transmitted in any form or by any means, electronic or mechanical, including photocopying, recording, or by any information storage and retrieval system, without permission in writing from the publisher.

Published by Living Language, A Random House Company

www.livinglanguage.com

ISBN 1-4000-2114-6

PRINTED IN THE UNITED STATES OF AMERICA

10 9 8 7 6 5 4 3 2

CONTENTS

INTRODUCTION   1

PRONUNCIATION CHART   5

LIÇÃO 1: *Cumprimentos e apresentações.*
    Greetings and Introductions.   8
  A. *Diálogo* (Dialogue): *Na praia no Rio de Janeiro, Brasil.*
    On the beach in Rio de Janeiro, Brazil.   8
  B. *Pronúncia* (Pronunciation): Vowels *a, e,* and *i.*   9
  C. *Gramática e usos* (Grammar and Usage):   1. Uses of the verb *ser.*   2. Uses of the verb *estar.*   3. *Há.*   4. Simple negation.   5. Gender and number of nouns and adjectives.   6. More greetings.   10
  Vocabulário (Vocabulary)   17
  Exercícios (Exercises)   18
  Notas culturais (Cultural Notes)   20
  Respostas (Answer Key)   20

LIÇÃO 2: *Pedindo informação.* Asking for information   21
  A. *Diálogo: Uma corrida de táxi pelo Rio de Janeiro.* A cab ride through Rio de Janeiro.   21
  B. *Pronúncia:* Vowels, *o* and *u.* How to pronounce words.   22
  C. *Gramática e usos:* (Grammar and Usage):   1. Subject pronouns.   2. The verb *estar.*   3. Indefinite and definite articles.   4. The preposition *de.*   5. Question words: *Que? Qual? Como? Onde?*   6. Numbers 0–12.   23
  Vocabulário   29
  Exercícios   31
  Notas culturais   33
  Respostas   33

LIÇÃO 3: *As horas.* Clock time.   34
  A. *Diálogo: Tomás convida Mônica para jantar.* Tomás asks Mônica out to dinner.   34
  B. *Pronúncia:* Diphthongs and a note on pronunciation.
  C. *Gramática e usos:*   1. Cognates.   2. The verb *ser.*   3. Question words *Quando? Por que?*   4. Asking and telling the time.   5. Numbers 13–60.   36

Vocabulário	39
Exercícios	40
Notas culturais	42
Respostas	42

LIÇÃO 4: *Jantando fora.* Dining out. ... 43
   A. *Diálogo: No Rodízio Azul-Turquesa, Rio de Janeiro.* At the Azul-Turquesa Rodízio Restaurant, in Rio de Janeiro. ... 43
   B. *Pronúncia:* Consonats. One more diphthong. ... 44
   C. *Gramática e usos:*   1. The infinitive.   2. Present tense of regular -*ar* verbs.   3. Question words: *Quanto? Quantos? Quantas? Quem?*   4. Word order in questions. 5. Days of the week.   6. Numbers 70–1,000,000. ... 45
   Vocabulário ... 50
   Exercícios ... 51
   Notas culturais ... 53
   Respostas ... 53

LIÇÃO 5: *A temperatura, os meses, as estações.* Weather, months, seasons. ... 54
   A. *Diálogo: Na Avenida Atlântica, Rio de Janeiro.* On Atlantic Avenue, Rio de Janeiro. ... 54
   B. *Pronúncia:* More consonants. ... 55
   C. *Gramática e usos:*   The presente tense of regular -*er* verbs.   2. Demonstrative pronouns.   3. The seasons and the months of the year.   4. The weather. ... 56
   Vocabulário ... 59
   Exercícios ... 61
   Notas culturais ... 62
   Respostas ... 63
   PRIMEIRA REVISÃO ... 63

LIÇÃO 6: *Num cinema.* At the movie theater. ... 67
   A. *Diálogo* (Dialogue): *Na casa de Ana, Leblon, Rio de Janeiro.* At Ana's house in Leblon, Rio de Janeiro. ... 67
   B. *Pronúncia:* One more consonant. ... 68
   C. *Gramática e usos* (Grammar and Usage):   1. The present tense of regular -*ir* verbs.   2. The verb *saber.*   3. Present continuous. ... 68
   Vocabulário ... 70
   Exercícios ... 71
   Notas culturais ... 73
   Respostas ... 73

LIÇÃO 7: *O corpo e a saúde.* The body and health.   74
    A. *Diálogo: Marina e Diana falam da saúde em Fortaleza, Brasil.* Marina and Diana talk about health, Fortaleza, Brazil.   74
    B. *Pronúncia:* The last consonant.   75
    C. *Gramática e usos:* 1. The verb *ter* and expressions with the verb *ter.* 2. *Ter* versus *estar com.*   76
    Vocabulário   77
    Exercícios   78
    Notas culturais   80
    Respostas   80

LIÇÃO 8: *Membros da família.* Family members.   81
    A. *Diálogo: Celebrando um aniversário em Barcelos, Portugal.* Celebrating a birthday in Barcelos, Portugal.   81
    B. *Pronúncia*   82
    C. *Gramática e usos:* 1. Possessive pronouns and adjectives. 2. The position of adjectives. 3. The near future.   82
    Vocabulário   85
    Notas culturais   85
    Exercícios   86
    Respostas   87

LIÇÃO 9: *Alimentos.* Groceries.   88
    A. *Diálogo: No supermercado no Paraná, Brasil.* At the supermarket, in Paraná, Brazil.   88
    B. *Pronúncia:* 1. The alphabet.   89
    C. *Gramática e usos:* 1. Common prepositions. 2. Contractions with the prepositon *a, por, em* and *de.* 3. The verb *gostar.* 4. The verb *vir.*   89
    Vocabulário   94
    Exercícios   95
    Notas culturais   96
    Respostas   96

LIÇÃO 10: *Na estação de trem.* At the train station.   97
    A. *Diálogo: Comprando uma passagem de trem em Vitória, Brasil.* Buying a train ticket in Vitória, Brazil.   97
    B. *Pronúncia:* More diphthongs. More consonants.   98
    C. *Gramática e usos:* 1. The verb *ir.* 2. The prepositions *para* and *de.* 3. The verb *fazer.* 4. Translation of the verb "to be" in Portuguese.   98

Vocabulário	101
Exercícios	102
Notas Culturais	104
Respostas	104

SEGUNDA REVISÃO 105

PRIMEIRA LEITURA: *A vida de Carmem Silva* 106

LIÇÃO 11: *Comendo num restaurante.* Eating in a restaurant. 108
A. *Diálogo: Em um restaurante no Recife, Pernambuco, Brasil.* At a restaurant, in Recife, Pernambuco, Brazil. 108
B. *Gramática e usos:* 1. The irregular verb *poder.* 2. The verb *servir.* 3. A sample menu. 109
Vocabulário 111
Exercícios 112
Notas culturais 113
Respostas 113

LIÇÃO 12: *Um telefonema a cobrar.* Making a collect call. 114
A. *Diálogo: Um telefonema a cobrar de Nova Iorque para o Rio de Janeiro, Brasil.* A long distance collect call from New York to Rio de Janeiro, Brazil. 114
B. *Gramática e usos:* 1. Irregular verbs *querer* and *fazer.* 2. Adverbs. 3. Other question words with *Quem?* 4. Using the telephone 115
Vocabulário 120
Exercícios 121
Notas culturais 122
Respostas 122

LIÇÃO 13: *Alugando um apartamento.* Renting an apartment. 123
A. *Diálogo: Alugando um apartamento em Lisboa, Portugal.* Renting an apartment in Lisbon, Portugal. 123
B. *Gramática e usos:* 1. The use of the verb *saber.* 2. The use of the verb *conhecer.* 3. The use of the verb *procurar.* 124
Vocabulário 126
Exercícios 127
Notas culturais 128
Respostas 129

LIÇÃO 14: *Na farmácia.* At the pharmacy. 130
  A. *Diálogo: Na farmácia Saúde em Belo Horizonte, Minas Gerais, Brasil.* At the Saúde Pharmacy in Belo Horizonte, Brazil. 130
  B. *Gramática e usos:* 1. Object pronouns. 2. Irregular verb *dar.* 131
    Vocabulário 134
    Exercícios 135
    Notas culturais 136
    Respostas 137

LIÇÃO 15: *Atividades diárias.* Daily activities. 138
  A. *Diálogo: Vestindo-se para ir ao teatro em Lisboa, Portugal.* Getting dressed to go the theater in Lisbon, Portugal. 138
  B. *Gramática e usos:* 1. The reflexive verbs. 2. The reflexive object pronouns. 3. The reciprocal object pronouns. 139
    Vocabulário 141
    Exercícios 143
    Notas culturais 144
    Respostas 144

TERCEIRA REVISÃO 144

LIÇÃO 16: *Na estação rodoviária.* At the bus station. 147
  A. *Dialogo: Na estação rodoviária, no Rio de Janeiro, Brasil.* At the bus station in Rio de Janeiro, Brazil. 147
  B. *Gramática e usos:* 1. Comparatives. 2. The verbs *viajar* and *chegar.* 3. Expressions with *acabar de,* plus infinitive. 148
    Vocabulário 151
    Exercícios 152
    Notas culturais 153
    Respostas 153

LIÇÃO 17: *No aeroporto.* At the airport. 154
  A. *Diálogo: No Aeroporto de Congonhas em São Paulo, Brasil.* At the Congonhas Airport in São Paulo, Brazil. 154
  B. *Gramática e usos:* 1. Polite commands. 2. The verbs *desistir* and *embarcar.* 3. The relative pronouns *que* and *quem.* 155
    Vocabulário 158
    Exercícios 159

Notas culturais	160
Respostas	161

LIÇÃO 18: *Alugando um carro.* Renting a car. 162
    A. *Diálogo: Na agência de carros, Fortaleza, Ceará.* At a car
    rental agency in Fortaleza, Ceará. 162
    B. *Gramática e usos:*   1. The superlative.   2. Conjugation
    of the verb *ver.*   3. Conjugation of the verb *pedir.*
    4. Affirmative and negative expressions. 163
    Vocabulário 166
    Exercícios 167
    Notas culturais 168
    Respostas 169

LIÇÃO 19: *No escritório.* At the office. 170
    A. *Diálogo: No escritório de advocacia, em São Paulo, Brasil.*
    At a law firm in São Paulo, Brazil. 170
    B. *Gramática e usos:*   1. The concept of past tenses.
    2. The preterite of regular *-ar* verbs.   3. The irregular
    preterite of *estar.* 171
    Vocabulário 173
    Exercícios 174
    Notas Culturais 174
    Respostas 175

LIÇÃO 20: *No parque.* At the park. 176
    A. *Diálogo: Vera e Magaly conversam no parque em Ouro
    Preto, Brasil.* Vera and Magaly have a conversation in
    a park in Ouro Preto, Brazil. 176
    B. *Gramática e usos:*   1. Irregular preterites.   2. The verb
    jogar.   3. The verb *tocar.*   4. The present conditional. ... 177
    Vocabulário 180
    Exercícios 181
    Notas culturais 183
    Respostas 183

QUARTA REVISÃO 184

SEGUNDA LEITURA: *Visitando o Brasil de carro* 185

LIÇÃO 21: *No consultório médico.* At the doctor's office.   187
    A. *Diálogo: Num consultório médico em Ilhéus, Bahia.*
       In a doctor's office in Ilhéus, Bahia.   187
    B. *Gramática e usos:*   1. The preterite of regular *-er* and
       -ir verbs.   2. Irregular preterites.   3. The preterite *ir*
       and *ser.*   4. *Faz* + Preterite.   188
       Vocabulário   191
       Exercícios   192
       Notas culturais   193
       Respostas   193

LIÇÃO 22: *No dentista.* At the dentist's.   194
    A. *Diálogo: No dentista, Salvador, Bahia.* At the dentist's
       in Salvador, Bahia.   194
    B. *Gramática e usos:*   1. The preterite of the verb *pedir.*
       2. The preterite of the verb *perguntar.*   3. The preterite
       of the verb *dormir.*   4. The preterite of the verb *doer.*   195
       Vocabulário   197
       Exercícios   199
       Notas culturais   200
       Respostas   200

LIÇÃO 23: *No salão de beleza.* At the beauty parlor.   201
    A. *Diálogo: No salão de beleza em Lisboa, Portugal.*
       At the beauty parlor in Lisbon, Portugal.   201
    B. *Gramática e usos:*   1. Expressions with the verb *dar.*
       2. The "let's" command: *vamos* + infinitive. 3. The use
       of the article *o* before adjectives.   202
       Vocabulário   203
       Exercícios   205
       Notas culturais   205
       Respostas   206

LIÇÃO 24: *Na bilheteria do teatro.* At the theater box office.   207
    A. *Diálogo: No Teatro Municipal no Rio de Janeiro, Brasil.*
       At the Municipal theater in Rio de Janeiro, Brazil.   207
    B. *Gramática e usos:*   1. The preterite of the verb *vir.*
       2. The preterite of the verb *ler.*   3. The preterite of
       the verb *ouvir.*   4. The preterite of the verb *abrir.*
       5. The ordinal numbers.   208
       Vocabulário   210
       Exercícios   211

Notas culturais	213
Respostas	213

LIÇÃO 25: *Numa loja de antiguidades.* At an antiques store. 214
   A. *Diálogo: Numa loja de antiguidades em Porto Alegre, Brasil.* At an antiques store in Porto Alegre, Brazil. 214
   B. *Gramática e usos:* 1. The concept of the imperfect tense. 2. The imperfect of the verb *custar.* 3. The imperfect of the verb *pagar.* 4. The imperfect of the verb *gostar.* 5. The use of *cujo.* 215

Vocabulário	217
Exercícios	218
Notas culturais	219
Respostas	220

QUINTA REVISÃO   220

LIÇÃO 26: *Procurando emprego.* Looking for a job. 222
   A. *Diálogo: No escritório do Grupo Financeiro GFI, São Paulo, Brasil.* At the GFI Financial Group, São Paulo, Brazil. 222
   B. *Gramática e usos:* 1. The imperfect of *-er* and *-ir* verbs. 2. The imperfect of the verb *fazer.* 3. The past progressive. 4. The use of the past imperfect and the preterite. 5. Professions 223

Vocabulário	227
Exercícios	228
Notas culturais	229
Respostas	229

LIÇÃO 27: *No correio.* At the post office. 230
   A. *Diálogo: No correio em São Luis, Maranhão.* At the post office in São Luis, Maranhão. 230
   B. *Gramática e usos:* 1. The verb *ter.* 2. The past participle. 3. The verbs *ter* and *haver.* 4. The perfect tenses: The present and past perfect tenses. 5. Expressions with *por, pouco,* and *quase.* 6. Sending letters, faxes, and telegrams. 231

Vocabulário	235
Exercícios	236
Notas culturais	237
Respostas	237

LIÇÃO 28: *Na agência de viagens.* At the travel agency.   238
    A. *Diálogo: Na agência de viagens em Barcelos, Portugal.*
       At the travel agency in Barcelos, Portugal.   238
    B. *Gramática e usos:*   1. The concept of future tense.
       2. The future tense of regular verbs.   3. The use of
       diminutives.   239
       Vocabulário   241
       Exercícios   242
       Notas culturais   244
       Respostas   244

LIÇÃO 29: *No banco.* At the bank.   245
    A. *Diálogo: Numa sucursal do Banco Portubanco de Porto,*
       Portugal. At a branch of the Portubanco bank of Porto,
       Portugal.   245
    B. *Gramática e usos:*   1. Irregular verbs in the future tense.
       2. The future perfect tense.   3. The uses of *por.*   246
       Vocabulário   248
       Exercícios   249
       Notas culturais   250
       Respostas   250

LIÇÃO 30: *Na agência de câmbio.* At the currency exchange office.   252
    A. *Diálogo: Na agência de câmbio, Itiúba, Bahia, Brasil.*
       At the currency exchange office in Itiúba, Bahia, Brazil.   252
    B. *Gramática e usos:*   1. The present conditional.
       2. The conditional perfect.   3. The past of probability.
       4. Expressions with softened commands and requests.
       5. The uses of *para.*   253
       Vocabulário   256
       Exercícios   257
       Notas culturais   258
       Respostas   259

SEXTA REVISÃO   259

TERCEIRA LEITURA: *Brasil*   261

LIÇÃO 31: *Na delegacia de polícia.* At the police station.   263
    A. *Diálogo: Na delegacia de polícia em Luanda, Angola.*
       At the police station in Luanda, Angola.   263
    B. *Gramática e usos:*   1. The true passive.   2. The passive
       se.   3. The use of *mas.*   264

Vocabulário	266
Exercícios	267
Notas culturais	267
Respostas	268

LIÇÃO 32: *Assistindo televisão.* Watching television. 270
   A. *Diálogo: Assistindo televisão na cidade de Campinas, São Paulo, Brasil.* Watching television in Campinas, São Paulo, Brazil. 270
   B. *Gramática e usos:* 1. The concept of the subjunctive. 2. The present subjunctive of regular and radical changing verbs. 3. Subjunctive clause expressing request, desire, or a demand. 271
   Vocabulário 273
   Exercícios 274
   Notas culturais 275
   Respostas 276

LIÇÃO 33: *No cinema.* At the movies. 277
   A. *Diálogo: Em Porto Alegre, Brasil.* In Porto Alegre, Brazil. 277
   B. *Gramática e usos:* 1. Irregular present subjunctive of verbs. 2. The present subjunctive of verbs ending in *-gar* and *-car*. 3. Subjunctive clauses after expressions of emotion. 4. The negative familiar command and the "let's" command. 278
   Vocabulário 281
   Exercícios 282
   Notas culturais 283
   Respostas 283

LIÇÃO 34: *Esportes.* Sports. 284
   A. *Diálogo: Num bar perto do Estádio do Maracanã no Rio de Janeiro.* At a bar close to Rio de Janeiro's Maracanã Stadium. 284
   B. *Gramática e usos:* 1. Subjunctive clauses after expressions of doubt or denial. 2. Verb + preposition + noun 3. Augmentatives. 285
   Vocabulário 287
   Exercícios 288
   Notas culturais 289
   Respostas 290

LIÇÃO 35: *No hotel.* At the hotel. 291
  A. *Diálogo: No Hotel Continental em Salvador, Bahia.* At the Continental Hotel in Salvador, Bahia. 291
  B. *Gramática e usos:* 1. The subjunctive after impersonal expressions. 2. The subjunctive after conjunctions of time. 3. The use of the subjunctive with an indefinite antecedent. 292
  Vocabulário 294
  Exercícios 295
  Notas culturais 295
  Respostas 296

SÉTIMA REVISÃO 296

LIÇÃO 36: *Os meios de comunicação.* The media. 299
  A. *Diálogo: Em Recife, Brasil.* In Recife, Brazil. 299
  B. *Gramática e usos:* 1. Forms of the imperfect subjunctive. 2. The uses of the imperfect subjunctive. 3. Sequence of tenses with the subjunctive. 4. The subjunctive after certain conjunctions. 300
  Vocabulário 304
  Exercícios 305
  Notas culturais 306
  Respostas 307

LIÇÃO 37: *Feriados e festivais.* Holidays and festivals. 308
  A. *Diálogo: Em Campinas, São Paulo, Brasil.* In Campinas, São Paulo, Brazil. 308
  B. *Gramática e usos:* 1. Contrary-to-fact sentences in the present. 2. The expression *como se.* 3. The present perfect subjunctive. 309
  Vocabulário 311
  Exercícios 312
  Notas culturais 312
  Respostas 313

LIÇÃO 38: *A política e os direitos.* Politics and rights. 314
  A. *Diálogo: Em Juiz de Fora, Minas Gerais, Brasil.* In Juiz de Fora, Minas Gerais, Brazil. 314
  B. *Gramática e usos:* 1. The past perfect subjunctive. 2. Contrary-to-fact sentences in the past. 3. *Pedir/para* as an alternative to the subjunctive. 4. The expressions *cada vez mais/menos.* 315

Vocabulário	317
Exercícios	318
Notas culturais	318
Respostas	319

LIÇÃO 39: *Tarefas domésticas.* Household errands. 320
   A. *Diálogo: Na casa dos Silva em Praia, Cabo Verde.* At the Silva's house in Praia, Cape Verde. 320
   B. *Gramática e usos:* 1. Review of the uses of the subjunctive. 2. Pause words. 3. The infinitive used as a noun. 321

Vocabulário	322
Exercícios	323
Notas culturais	324
Respostas	324

LIÇÃO 40: *Visitando Brasília.* Visiting Brasília. 326
   A. *Diálogo: Luigi e Mônica visitam a capital federal do Brasil.* Luigi and Mônica visit Brazil's Capital. 326
   B. *Gramática e usos:* 1. The expressions *mesmo* and *próprio.* 2. Slang and colloquial expressions. 3. Fun in Portuguese. 327

Vocabulário	331
Exercícios	332
Notas culturais	333
Respostas	333

OITAVA REVISÃO 334

QUARTA LEITURA: *Bahia, Brasil* 335

Appendixes
   A. Continents, Countries, Cities, and Languages 337
   B. Grammar Summary 339
   C. Verb Charts 343
   D. Letter Writing 358

Glossary 365
   Portuguese-English 365
   English-Portuguese 375

Index 384

INTRODUCTION

Living Language® Ultimate Portuguese is a practical and enjoyable way to learn Portuguese. The complete course consists of this text and eight hours of recordings. You can, however, use the text on its own if you already know how to pronounce Portuguese.

With *Ultimate Portuguese,* you'll speak Portuguese from the very beginning. Each lessons starts with a dialogue about common situations that you are likely to experience at home or abroad. You'll learn the most common and useful expressions for everyday conversation.

Key grammatical structures introduced in the dialogue are clearly explained in a separate section. The lessons build on one another. The material you've just studied is "recycled," or used again, in later lessons as you are learning new words, phrases and grammatical forms. This method helps you gradually increase your language skills while reinforcing and perfecting material learned previously.

In addition, brief notes on cultural topics will add to your understanding of Portuguese and Portuguese-speaking people.

COURSE MATERIAL

THE MANUAL

Living Language® Ultimate Portuguese consists of 40 lessons, 8 review sections, and 4 reading sections after every 10 lessons.

Read and study each lesson before listening to it on the recordings.

DIÁLOGO (DIALOGUE): Each lesson begins with a dialogue presenting a realistic situation in a Portuguese-speaking locale. The dialogue is followed by a translation in colloquial English. Note that while there are many regional dialects and accents, we will be using standard Portuguese grammar and vocabulary throughout, of course.

PRONÚNCIA (PRONUNCIATION): In lessons 1 through 10, you will learn the correct pronunciation of vowels and diphthongs, as well as those consonants and consonant combinations.

GRAMÁTICA E USOS (GRAMMAR AND USAGE): This section explains the major grammatical points covered in the lesson. The heading of each topic corresponds to its listing in the table of contents.

VOCABULÁRIO (VOCABULARY): In this section you can review the words and expressions from the dialogue and learn additional vocabulary. Most items are arranged thematically.

EXERCÍCIOS (EXERCISES): These exercises test your mastery of the lesson's essential vocabulary and structures. You can check your answers in the respostas (answer key) section.

NOTAS CULTURAIS (CULTURAL NOTES): These brief notes about Portuguese and Brazilian customs put the language in its cultural context. Cultural awareness will enrich your understanding of Portuguese and your ability to communicate effectively.

REVISÃO (REVIEWS): Review sections appear after every five lessons. These sections are similar to the quizzes in format but integrate material from all the lessons you have studied to that point.

LEITURAS (READINGS): The four reading passages are not translated. However, the material covered in the preceding lessons, along with the vocabulary notes that accompany the reading, will enable you to infer the meaning, just as you would when reading a newspaper abroad.

APÊNDICES (APPENDIXES): There are four appendixes: a glossary of continents, countries, cities, and languages, a grammar summary, verb charts, and a section on letter writing.

GLOSSÁRIO (GLOSSARY): Be sure to make use of the two-way glossary at the back of the manual to check the meanings and connotations of new words.

ÍNDICE (INDEX): The manual ends with an index of all the grammar points covered in the lessons.

The appendixes, the glossary, and the index make this manual an excellent source for future reference and study.

RECORDINGS (SETS A & B)

This course provides you with eight hours of audio practice. There are two sets of complementary recordings: the first is designed for use with the manual, while the second may be used without it. Listening to and imitating the native speakers, you'll be able to improve your pronunciation and comprehension while learning to use new phrases and structures.

RECORDINGS FOR USE WITH THE MANUAL (SET A)

This set of recordings gives you four hours of audio practice in Portuguese only, with translations in the manual. The dialogue of each lesson, the pronunciation sections of lessons 1 through 10, the vocabulary section, and parts of the grammar section are featured on these recordings. All these words and expressions appear in **boldface** type in your manual.

First, you will hear native Portuguese speakers read the complete dialogue at a normal conversational pace without interruption; then you'll have a chance to listen to the dialogue a second time and repeat each phrase in the pauses provided.

Next, listen carefully to learn the sounds from the pronunciation sections. By repeating after the native speakers, you will gradually master the sounds.

You will then have the opportunity to practice some of the most important grammatical forms from the grammar section.

Finally, the most important and commonly used vocabulary words will also be modeled by the native speakers for you to repeat in the pauses provided.

After studying each lesson and practicing with Set A, you can go on to the second set of recordings, set B, which you can use on the go—while driving, jogging, or doing homework.

RECORDINGS FOR USE ON THE GO (SET B)

The "On the Go" recordings give you four hours of audio practice in Portuguese and English. Because they are bilingual, Set B recordings may be used without the manual, anywhere it's convenient to learn.

The 40 lessons on Set B correspond to those in the text. A bilingual narrator leads you through the four sections of each lesson:

The first section presents the most important phrases from the original dialogue. You will first hear the abridged dialogue at normal conversational speed. You'll then hear it again, phrase by phrase, with English translations and pauses for you to repeat the native Portuguese speakers.

The second section reviews and expands upon the vocabulary in the dialogue. Additional expressions show how the words may be used in other contexts. Again, you are given time to repeat the Portuguese phrases.

In the third section, you'll explore the lesson's most important grammatical structures. After a quick review of the rules, you can practice with illustrative phrases and sentences.

The exercises in the last section integrate what you've learned and help you generate sentences in Portuguese on your own. You'll take part in brief conversations, respond to questions, transform sentences, and occasionally translate from English into Portuguese. After you respond, you'll hear the correct answer from a native speaker.

The interactive approach on this set of recordings will teach you to speak, understand and *think* in Portuguese.

PRONUNCIATION CHART

While the rules of Portuguese pronunciation will be presented and practiced in Lessons 1–10 you can use this chart for a quick reference.

VOWELS

Portuguese Sound	Approximate Sound in English	Example
a	b<u>a</u>t	g<u>a</u>to
e (open e)	<u>e</u>lephant	f<u>e</u>sta
e (closed e)	<u>e</u>ncounter	s<u>e</u>lo
i	m<u>ee</u>t	v<u>i</u>da
o (open o)	<u>o</u>ff	n<u>o</u>ra
o	sn<u>o</u>w	c<u>o</u>mer
u	r<u>u</u>le	n<u>u</u>lo

NASAL VOWELS

Portuguese Sound	Approximate Sound in English	Example
ã	l<u>a</u>mp	alem<u>ã</u>
am	am<u>ou</u>nt	s<u>am</u>ba
an	am<u>ou</u>nt	c<u>an</u>ta
em	<u>e</u>mployer	t<u>em</u>plo
en	<u>e</u>mployer	s<u>en</u>te
om	c<u>o</u>nsider	c<u>om</u>putador
on	c<u>o</u>nsider	c<u>on</u>tra
im	<u>i</u>nside	jard<u>im</u>
in	<u>i</u>nside	<u>in</u>teresse
um	br<u>oo</u>m	r<u>um</u>ba

DIPHTHONGS

Portuguese Sound	Approximate Sound in English	Example
ai	<u>ai</u>sle	b<u>ai</u>le
au	p<u>ow</u>der	p<u>au</u>
ei	da<u>y</u>	s<u>ei</u>, b<u>ei</u>ra
éi	f<u>a</u>ce	past<u>éi</u>s
eu	"eh" + "uh"	m<u>eu</u>, Rom<u>eu</u>
éu	N<u>ö</u>el	chap<u>éu</u>
iu	<u>u</u>nited	serv<u>iu</u>
oi	c<u>oi</u>n	b<u>oi</u>
ói	ah<u>oy</u>	far<u>ói</u>s

ou	al<u>though</u>	s<u>ou</u>
ua	<u>qua</u>rtet	q<u>ua</u>dro
uá	q<u>ua</u>ck	pat<u>uá</u>
ui	<u>we</u>	ling<u>üi</u>ça

NASAL DIPHTHONGS

Portuguese Sound	Approximate Sound in English	Example
ãe	sk<u>y</u>	c<u>ãe</u>s
ãi	st<u>y</u>le	c<u>ãi</u>bra
ão	h<u>ow</u>	c<u>ão</u>
-am	h<u>u</u>ng	cant<u>am</u>
-em	fr<u>ie</u>nd	t<u>em</u>
-en(s)	fr<u>ie</u>nd	t<u>en</u>s
õe	Fr<u>eu</u>d	propõ<u>e</u>

CONSONANTS

Portuguese Sound	Approximate Sound in English	Example
c before e, i	la<u>c</u>e	<u>c</u>ena, vo<u>c</u>ê, <u>c</u>iência
c before a, o, u	<u>c</u>ar	<u>c</u>asa, <u>c</u>orte, <u>c</u>ujo
ç before a, o, u	scien<u>c</u>e	mo<u>ç</u>o, pe<u>ç</u>a
ch like	sh in ma<u>ch</u>ine	<u>ch</u>apéu
g before a, o, u	<u>g</u>arage	<u>g</u>aragem, <u>g</u>ota, á<u>g</u>ua
g before e and i	<u>g</u>elatin, <u>g</u>irafe	<u>g</u>eografia, <u>g</u>igante
h is silent in Portuguese		
r in the beginning of words	<u>r</u>ain or <u>h</u>at	<u>r</u>ua, <u>r</u>ato
r	ca<u>r</u>	ca<u>r</u>o, <u>r</u>ara
rr	<u>h</u>at	ca<u>rr</u>o, ca<u>ch</u>orro
s in the beginning of words	<u>s</u>oup	<u>s</u>oupa, po<u>ss</u>o
s between vowels	<u>z</u>ebra	ca<u>s</u>a, ca<u>s</u>aco
ss	<u>s</u>atin	pá<u>ss</u>aro
x usual pronunciation	<u>sh</u>oe	<u>x</u>ale, <u>x</u>arope
x in some words	ta<u>x</u>i	tá<u>x</u>i

STRESS ACCENTS

acute accent (´)	México
circumflex accent (^)	você
grave accent (`)	(used in contraction of preposition a) à = a + a

ORTHOGRAPHIC SIGNS

tilde (˜) (makes vowel nasal) *alemã*
dieresis (¨) *cinqüenta*

NOTES

1. Each vowel is pronounced clearly and crisply.
2. A single consonant is pronounced with the following vowel.
3. The accent mark (´ or ˆ) indicates the syllable that is stressed: *Tomás*.
   a. The acute accent mark (´) over *a, e, o* indicates an open pronunciation (in forming the sound there is a large opening between the roof of the mouth and the tongue: *Glória*.
   b. The circumflex accent mark (ˆ) over a vowel indicates a closed pronunciation: *ângulo*.
4. The tilde (˜) over a vowel indicates a nasal sound and stress unless there is another written accent mark: *órfão*.
5. The dieresis (¨) over the vowel *u* preceding *e* or *i* indicates the dissociation of the *u* from *q* or *g* (as in *cinqüenta* or *lingüiça*), as opposed to *quente* and *ligue* where the *u* is not pronounced.

A NOTE ON CONTINENTAL AND BRAZILIAN PRONUNCIATION

You will notice throughout this program that there are slight differences in the pronunciation of different words, depending on whether the speaker is from Brazil or Portugal. Here are a few key differences to note:

Letter	Brazil	Portugal	Example
d (especially before *e* or *i*)	just	dust	*cidade, dia*
s (before a voiceless consonant such as hard *c* and hard *g, f, p, qu, t*)	see	shine	*costas*
t (before *e* or *i*)	church	test	*doente, interessante, tia*

There are several other regional differences in pronunciation, but these examples listed here should be enough to help you begin to hear the difference between Continental and Brazilian Portuguese.

LIÇÃO 1
CUMPRIMENTOS E APRESENTAÇÕES.   Greetings and Introductions.

A. DIÁLOGO (Dialogue)

Na praia no Rio de Janeiro, Brasil.

LÚCIA: Oi, Marcos.

MARCOS: Lúcia, que surpresa! Como vai?

LÚCIA: Eu estou bem. E você como vai?

MARCOS: Muito bem. Lúcia, este é o Luigi.

LÚCIA: Prazer em conhecê-lo.

LUIGI: É um prazer conhecê-la.

MARCOS: Luigi está aqui de férias.

LÚCIA: Então você é turista! De onde você é?

LUIGI: Eu sou da Itália.

LÚCIA: Oh, você é italiano! Você é de Roma?

LUIGI: Não, eu não sou de Roma, sou de Milão.

LÚCIA: Puxa! Você gosta do Rio?

LUIGI: O Rio é fantástico! Há tantas praias bonitas!

On the beach in Rio de Janeiro, Brazil.

LÚCIA: Hi, Marcos.

MARCOS: Lúcia, what a surprise! How are you?

LÚCIA: I'm fine. How are you?

MARCOS: Very well. Lúcia, this is Luigi.

LÚCIA: Nice to meet you.

LUIGI: Nice to meet you.

MARCOS: Luigi's here on vacation.

LÚCIA: So, you're a tourist! Where are you from?

LUIGI: I'm from Italy.

LÚCIA: Oh, you're Italian! Are you from Rome?

LUIGI: No. I'm not from Rome. I'm from Milan.

LÚCIA: Wow! Do you like Rio?

LUIGI: Rio is fantastic! There are so many nice beaches here!

B. PRONÚNCIA (Pronunciation)

VOWELS

a (like "a" in "father") **aroma, americana, área, amor**
e (like the "e" in "elegant") **elegante, exercício, elefante, elevador**
i (like the "i" in "meet") **lista, figura, delicioso, estudioso**

> The vowel –e often appears alone as the word "and." It has the same sound as the e in *English*.

Lúcia e Luigi
   Lúcia and Luigi

Roma e Milão
   Rome and Milan

Marcos e Regina
   Marcos and Regina

você e eu
   you and I

C. GRAMÁTICA E USOS
(Grammar and Usage)

USES OF THE VERB *SER**

a. The verb *ser* (to be) and the expression *ser de* (to be from) are used to express nationality or place of origin.

Eu sou italiano.
I am Italian.

Eu sou da Itália.
I am from Italy.

Ele é de Milão.
He is from Milan.

Você é brasileiro?
Are you Brazilian?

Não, eu não sou brasileiro. Eu sou de Portugal.
No, I am not Brazilian. I am from Portugal.

b. *Ser* is also used to state professions and occupations, and to describe inherent characteristics of people, places, and things.

Eu sou turista.
I am a tourist.

Brasília é a capital do Brasil.
Brasília is the capital of Brazil.

Meu nome é Lúcia.
My name is Lúcia.

Ele é italiano.
He's Italian.

---

* See page 37 for complete conjugation of *ser*.

2. USES OF THE VERB *ESTAR*†

The verb *estar* also means "to be," but it has different uses. *Estar* is used to express the location of a person, place, or thing.

Luigi está aqui de férias.
Luigi is here on vacation.

Ele está na praia.
He is at the beach.

Regina e Marcos estão no Rio de Janeiro.
Regina and Marcos are in Rio de Janeiro.

Eles estão no Brasil.
They are in Brazil.

The forms of *ser* and *estar* will be presented in the next two lessons. For now, just try to recognize how and when they are used.

3. HÁ

The expression *há* means "there is" and "there are." In questions, it means "is there . . . ?" or "are there . . . ?"

Há tantas praias bonitas no Rio.
There are so many nice beaches in Rio.

Há uma agência de turismo no Rio?
Is there a tourism office in Rio?

Sim, há uma agência de turismo no Rio.
Yes, there is a tourism office in Rio.

4. SIMPLE NEGATION

The word *sim* means "yes." The word *não* means both "no" and "not." To answer a question negatively in Portuguese, *não* is often used twice:

---

† See page 24 for complete conjugation of *estar.*

first, as the negative response "no" and second, preceding the verb, as the negation of the verb—"not."

For example:

Não, eu não sou de Roma.
No, I am not from Rome.

Não, eu não sou turista.
No, I am not a tourist.

5. GENDER AND NUMBER OF NOUNS AND ADJECTIVES

Portuguese nouns indicate both gender (masculine/feminine) and number (singular/plural). Adjectives agree in gender and number with the nouns they modify.

a. GENDER

Senhor
Mr., sir, gentleman

Senhora
Mrs., madam

Senhorita
Miss

However, the gender of a noun is merely a grammatical category, usually unrelated to physical gender. Usually the —o ending indicates a masculine noun:

oceano
ocean

centro
center

carro
car

Nouns and adjectives ending in –*a* or –*ção* are usually feminine:

água
    water

praia
    beach

exótica
    exotic

bonita
    pretty

ação
    action

estação
    station

Nouns and adjectives ending in –*e* can be masculine, feminine, or both. Their gender must simply be memorized.

estudante
    student

restaurante
    restaurant

cheque
    check

qualidade
    quality

Nouns ending in a consonant are usually masculine:

amor
    love

país
    country

espanhol
    Spaniard

To make a masculine noun or adjective ending in –o feminine, change the –o to –a:

	MASCULINE	FEMININE
Brazilian	*brasileiro*	*brasileira*
friend	*amigo*	*amiga*
new	*novo*	*nova*

To make a masculine noun or adjective ending in –r or –s feminine, just add an –a:

MASCULINE	FEMININE
francês	*francesa*
French male	French female
inglês	*inglesa*
male from England	female from England
freguês	*freguesa*
male customer	female customer

b. PLURALS

To pluralize a noun or adjective ending in a vowel, add an –s:

	SINGULAR	PLURAL
miss	*senhorita*	*senhoritas*
towel	*toalha*	*toalhas*

To pluralize nouns or adjectives ending in the consonant –m, drop the –m and add –ns:

homem	*homens*
man	men
jardim	*jardins*
garden	gardens

To pluralize nouns and adjectives ending in –l, drop the –l and add –is:

hotel	*hotéis*
hotel	hotels

jornal jornais
newspaper newspapers

There is no set rule for pluralizing words ending in –ão or –ãe. Fortunately, there are very few words with these endings. The best way to learn them is simply to memorize them as they appear in the lessons.

SINGULAR	PLURAL
pão	*pães*
bread	breads
ação	*ações*
action	actions
mãe	*mães*
mother	mothers
mão	*mãos*
hand	hands

Masculine plural nouns and adjectives are used to refer to mixed groups of masculine and feminine people or things:

brasileiros Brazilian men or Brazilian men and women; Brazilian people.
filhos Refers to someone's children, either two or more sons or sons and daughters.
novos New, used for masculine or masculine and feminine nouns.

As the lessons proceed, you'll see many more examples of masculine and feminine nouns and adjectives. The above rules will become obvious and any exceptions will be noted as such.

6. MORE GREETINGS

DE MANHÃ	IN THE MORNING
bom dia	good day
Bom dia.	Good morning.
senhor	Mr.
Bom dia, senhor (Sr.) Campos	Good morning, Mr. Campos.

como	how
vai (está)	are (you) getting along
o senhor[1]	you
Como vai (está) o senhor?	How are you?
muito	very
bem	well
Muito bem.	Very well.
obrigado	thank you
Muito bem, obrigado.	Very well, thank you.
e	and
o senhor	you
E o (a) senhor(a)?	And you?
bem	well
Bem, obrigado(a).	Fine, thank you.

DE TARDE — IN THE AFTERNOON

boa	good
tarde	afternoon
Boa tarde.	Good afternoon.
Boa tarde, Dona Maria.	Good afternoon, Dona Maria.
Como vai (está) a senhora?	How are you?
Muito bem, obrigada.	Very well, thank you.
E o senhor?	And you?
Muito bem, obrigado.	Very well, thank you.

DE NOITE — IN THE EVENING

boa	good
noite	evening, night
Boa noite, Cecília.	Good evening, Cecilia.
Boa noite, Dona Maria.	Good evening, Dona Maria.
Boa noite, Pedro.	Good evening, Peter.

---

1 "You" is translated by *o senhor (masc.)* and *a senhora (fem)* and by their plural forms *os senhores* and *as senhoras*.

VOCABULÁRIO (Vocabulary)

água	water
Alô!	Hi!; Hello!
amigo	male friend
apresentações	introductions
bem–vindo	welcome
Bom dia.	Good morning.
bonita	pretty, nice (feminine)
brasileiro	male Brazilian
Como vai você?	How are you?
cumprimentos	greetings
De onde você é?	Where are you from?
De que parte?	From which part (of the country)?
Este é Luigi.	This is Luigi.
Eu sou da Itália.	I am from Italy.
Eu estou bem.	I'm fine.
fantástico	fantastic, great
férias	vacation
filho	son
homem	man
jardim	garden
jornal	newspaper
Muito bem.	Very well.
Muito prazer em conhecê-lo.	Nice to meet you.
mulher	woman
nadar	to swim
novo	new
oceano	ocean
Oi! Olá!	Hi!; Hello! (Brazil)
país	country
pão	bread
praia	beach
Que surpresa!	What a surprise!
senhor	Sir, Mr.
senhora	Mrs., ma'am, madam
senhorita	Ms., miss

ser		to be	
toalha		towel	
turista		tourist	

NAÇÕES[2]	NATIONS	NACIONALIDADES	NATIONALITIES
África	Africa	africano,-a	African
Argentina	Argentina	argentino,a	Argentinian
Brasil	Brazil	brasileiro,-a	Brazilian
Canadá	Canada	canadense	Canadian
China	China	chinês,-esa	Chinese
Dinamarca	Denmark	dinamarquês,-esa	Danish
Egito	Egypt	egípcio,-a	Egyptian
Estados Unidos	United States	americano,-a	American
França	France	francês, esa	French
Holanda	Holland (Netherlands)	holandês, esa	Dutch
Índia	India	indiano,-a	Indian
Itália	Italy	italiano,-a	Italian
Japão	Japan	japonês, esa	Japanese
Marrocos	Morocco	marroquino,-a	Moroccan
México	Mexico	mexicano,-a	Mexican
Portugal	Portugal	português,esa	Portuguese

EXERCÍCIOS (EXERCISES)

A. *Relacione as palavras da coluna A com as da coluna B.* (Match the words in column A with the correct word(s) in column B.)

Coluna A
1. *Como vai?*
2. *Eu sou de . . .*
3. *Eu estou bem.*
4. *Prazer em conhecê-lo.*
5. *Alô!*

Coluna B
a. Hi!
b. I'm fine.
c. How are you?
d. Nice to meet you.
e. I'm from . . .

[2] Be sure to refer to the appendix for a more complete list of nations and nationalities.

B. *Responda as perguntas com uma frase completa, usando o exemplo abaixo.* (Answer the questions in a complete sentence using the example below.)

   Modelo: Você é de Roma? (não)
              Não, eu não sou de Roma.

   1 Você é de Milão? (sim)
   2 Você é de Paris? (não)
   3. Há muitos italianos no Brasil? (sim)
   4. Há muitos americanos no Brasil? (não)
   5. Você é turista? (sim)

C. *Faça o plural das palavras abaixo. Siga o modelo.* (Pluralize the words below, use the example.)

   Modelo: a praia
              as praias

   1. a chave
   2. a turista
   3. a mão
   4. a mãe
   5. o hotel

D. *Complete com a nacionalidade.* (Fill in the blanks.)

   Modelo: Christopher é do México, ele é mexicano.

   1. Eric é dos Estados Unidos, ele é _____.
   2. Lisa é do Egito, ela é _____.
   3. Emmanuelle é da França, ela é _____.
   4. Andrea e Giovanni são da Itália, eles são _____.
   5. Ana é de Portugal, ela é _____.

E. ATIVIDADE SUGERIDA (Suggested Activity)

Practice your Portuguese by greeting your friends and asking them their names and where they are from. Once they have answered, tell them your name and where you are from in Portuguese. You can use some of the following expressions:

1. *Alô!*
   Hi!
2. *Como é seu nome?*
   What is your name?
3. *Meu nome é . . .*
   My name is . . .
4. *De onde você é?*
   Where are you from?
5. *Eu sou de (do/da) . . .*
   I'm from . . .

NOTAS CULTURAIS
(Cultural Notes)

Brazilians are very informal people. They don't always shake hands when meeting a person for the first time. The common greeting in social situations is *"Alô!"* or *"Oi."* Among very close friends, it's customary for women to kiss each other on both cheeks. It's also acceptable for a man to kiss a woman on both cheeks, if he is closely acquainted with her.

To show respect to an older person or someone who is of a higher professional status, the treatment *senhor, senhora, senhorita, Dona,* or *seu* is used. Because many Brazilians prefer to be treated informally, sometimes it is advisable to ask the person how he or she prefers to be addressed.

Brazilians will often address a person by his or her first name even when using the *Senhor/Senhora* form of address. For example, *Dona Lucia, Senhor Paulo, Dona Maria,* or *Seu Marcos.*

RESPOSTAS (Answer Key)

A. 1. c;   2. e;   3. b;   4. d;   5. a.
B. 1. *Sim, eu sou de Milão.*   2. *Não, eu não sou de Paris.*   3. *Sim, há muitos italianos no Brasil.*   4. *Não, não há muitos americanos no Brasil.*   5. *Sim, eu sou turista.*
C. 1. *as chaves*   2. *as turistas*   3. *as mãos*   4. *as mães*   5. *os hotéis*
D. 1. *americano.*   2. *egípcia.*   3. *francesa.*   4. *italianos.*
5. *portuguesa.*

LIÇÃO 2
PEDINDO INFORMAÇÃO. Asking for information.

A. DIÁLOGO

Uma corrida de táxi pelo Rio de Janeiro.

PAULO: Hotel Continental, por favor!

MOTORISTA: Pois não, qual é o endereço?

PAULO: O endereço é Rua Presidente, 728.

MOTORISTA: Entendi.

PAULO: Qual é a distância?

MOTORISTA: É uma corrida de vinte minutos.

PAULO: Ótimo! Você também pode me recomendar um bom restaurante?

MOTORISTA: Claro, o restaurante Ipanema. Fica a três quarteirões do hotel.

PAULO: Que tipo de comida eles servem?

MOTORISTA: Comida italiana e francesa.

PAULO: Parece ser delicioso! Obrigado.

MOTORISTA: De nada.

(20 minutos mais tarde)

MOTORISTA: Aqui estamos.

PAULO: Obrigado outra vez. O troco é seu.

A cab ride through Rio de Janeiro.

PAULO: The Continental Hotel, please!

CAB DRIVER: Sure, what's the address?

PAULO: The address is 728 President Street.

CAB DRIVER: I got it.

PAULO: How far is it?

DRIVER: It's twenty minutes away.

PAULO: Great! Can you also recommend a good restaurant?

CAB DRIVER: Sure, the Ipanema Restaurant. It's three blocks from the hotel.

PAULO: What kind of food do they serve?

CAB DRIVER: Italian and French food.

PAULO: Sounds delicious! Thanks.

CAB DRIVER: You're welcome.

(20 minutes later)

CAB DRIVER: We're here.

PAULO: Thanks again. Keep the change.

B. PRONÚNCIA

VOWELS

o (like "o" in "snow") **porção, professor, polícia.**
u ("u" in "put") **universidade, úlcera, ultimato.**

HOW TO PRONOUNCE WORDS

a. Words ending in *a, e, o* or in the consonants *s, m,* or *ns,* are normally stressed on the next to last (penultimate) syllable. Example: *dilema, restaurante, carro, garagem.*

b. Words ending in any other letter including nasal vowels and diphthongs (two vowels pronounced in union) are stressed on the last syllable: *hotel, nação, depois.*

c. Words not following the above rules have a written accent mark which indicates the stressed syllable: *café, ação, vocabulário.*

C. GRAMÁTICA E USOS

1. SUBJECT PRONOUNS

	SINGULAR		PLURAL
I	*eu*	we	*nós*
you (familiar)	*tu*	you	*vós*
you (formal)	*você*	you	*vocês*
he	*ele*	they	*eles*
she	*ela*	they	*elas*

Tu and *vós* are rarely used in Brazil. *Você* and *vocês* are the preferred forms. They have been included in all the conjugation for reference.

These pronouns are used as subjects of the verb. Since the verb ending makes the subject clear, the subject pronouns do not have to be used.

Estamos aqui.
   We are here.

They are used primarily for clarity (with the *você, ele,* and *ela* verb forms and the *vocês, eles* and *elas* verb forms) or for emphasis:

Que tipo de comida eles servem?
   What kind of food do they serve?

Como vai você?
   How are you?

Como vai ele?
   How is he?

2. THE VERB *ESTAR*

ESTAR **TO BE**

I am	eu estou	we are	nós estamos
you are (familiar)	tu estás	you are	vós estais
you are (formal)	você está	you are	vocês estão
he is	ele está	they are	eles estão
she is	ela está	they are	elas estão

As we saw in *Lição 1*, the verb *estar*, like the verb *ser*, means "to be." It is used when talking about the location of a person, place, or thing. It is also used to describe any state of health or well-being, whether physical or mental.

Nós estamos no táxi.
We're in the cab.

O hotel está a dois quarteirões daqui.
The hotel is two blocks from here.

Nós estamos no restaurante.
We're in the restaurant.

Ela está cansada.
She's tired.

Eles estão contentes.
They're happy.

Note that when used with *estar*, adjectives must agree with the subject in gender and number, according to the rules explained previously.

Maria está cansada.
Maria's tired.

Elas estão ocupadas.
They're busy.

Nós estamos perdidos.
We're lost.

Paulo está atrasado.
Paulo's late.

The verb *estar* is also used with the preposition *com* (with) to express physical and emotional feelings such as hunger, thirst, anger, sadness, etc. These and other adjectives used with *estar* express a state, condition, or a change from the normal state of affairs.

Eu estou com pressa.
I'm in a hurry.

Você está com sede?
Are you thirsty?

Eles estão com ciúmes.
They're jealous.

Paulo está com fome.
Paulo's hungry.

Nós estamos tristes.
We're sad.

3. INDEFINITE AND DEFINITE ARTICLES

There are two types of articles in Portuguese: indefinite and definite.

a. The indefinite article is equivalent to the English "a" or "an."

	SINGULAR		PLURAL
masculine	*um*	masculine	*uns*
feminine	*uma*	feminine	*umas*

um restaurante
   a restaurant

uns restaurantes
   some restaurants

um hotel
   a hotel

uns hotéis
   some hotels

uma praia
   a beach

umas praias
    some beaches

uma rua
    a street

umas ruas
    some streets

The plural forms of the indefinite article are equivalent to the English "some."

  b. The definite article is equivalent to the English "the."

	SINGULAR		PLURAL
masculine	o	masculine	os
feminine	a	feminine	as

o hotel
    the hotel

os hotéis
    the hotels

a praia
    the beach

as praias
    the beaches

a chave
    the key

as chaves
    the keys

4. THE PREPOSITION *DE*

The preposition *de* is contracted with the definite articles *o, a, os, as* as follows:

de+o=do   *Paulo sabe o endereço do hotel.*
                Paul knows the hotel's address.
                Este carro é do motorista.
                This is the motorist's car.

de+a=da   *Luigi é da Itália.*
                Luigi is from Italy.
                Ele gosta da amiga do Marcos.
                He likes Marco's friend.

de+os=dos Os turistas são dos Estados Unidos.
　　　　　　The tourists are from the United States.
　　　　　　Eles gostam do clima dos países tropicais.
　　　　　　They like countries with a tropical climate.

de+as=das Dona Maria faz a lista das compras.
　　　　　　Dona Maria makes the shopping list.
　　　　　　As bananas estão perto das laranjas.
　　　　　　The bananas are near the oranges.

The preposition *de* is used alone or contracted with the definite article to indicate:

   a. Possession

O endereço do hotel é Rua Presidente, 728.
　　The hotel's address is 728 President Street.

A chave de Paulo.
　　Paulo's key.

O carro do motorista.
　　The motorist's car.

Os restaurantes do Rio de Janeiro.
　　The Rio de Janeiro restaurants.

   b. Country or place of origin

Ele é da Itália.
　　He's from Italy.

Eu sou do Brasil.
　　I'm from Brazil.

Nós somos de São Paulo.
　　We're from São Paulo.

Ela é da Califórnia.
　　She's from California.

5. QUESTION WORDS: *QUE? QUAL? COMO? ONDE?*

a. Use *que?* for "what?" when asking for information or the time:

Que tipo de restaurante?
   What kind of restaurant?

Que tipo de hotel?
   What kind of hotel?

Que horas são?
   What time is it?

Que é que você está fazendo?
   What are you doing?

Use *qual?* for "which?" when you are selecting one from among many:

Qual é o melhor hotel?
   Which is the best hotel?

Qual é sua caneta?
   Which is your pen?

Qual é a praia mais bonita?
   Which is the most beautiful beach?

b. Use *como?* for "how?" or "what?," when trying to obtain information:

Como você vai ao aeroporto?
   How do you get to the airport?

Como é seu nome?
   What's your name?

*Como se diz "**beach**" em português?*
   How do you say "beach" in Portuguese?

c. Use *onde?* for "where":

Onde é o Hotel Continental?
   Where is the Continental Hotel?

Onde é o restaurante?
    Where's the restaurant?

Onde é o ponto de ônibus?
    Where's the bus stop?

6. THE NUMBERS 0–12

NÚMEROS		NUMBERS			
zero	0	cinco	5	dez	10
um, uma	1	seis	6	onze	11
dois, duas	2	sete	7	doze	12
três	3	oito	8		
quatro	4	nove	9		

The numbers one and two (and their compound forms, 21, 22, 31, 32, etc.) have both masculine and feminine forms (*um, uma, dois, duas*). The form used should agree in gender with the noun modified.

dois carros
    two cars

uma hora
    one hour

duas praias
    two beaches

um restaurante
    one restaurant

VOCABULÁRIO

alto	high, tall
bom	good
cansada	tired
caro	expensive
com ciúmes	jealous
com fome	hungry
com pressa	in a hurry

com sede	thirsty
comida	food
como	how
contente	happy, content
corrida	ride
custa	it costs
de nada	you're welcome
delicioso	delicious
depois	after
endereço	address
livro	book
longe	far
melhor	better
minuto	minute
muito obrigado/a	thank you
número	number
ocupado/a	busy
ótimo	great
parece	seems, looks like
perdido	lost
poder	to be able to
por favor	please
pouco	a little, a bit
preço	price
qual	which?
quanto	how much?
recomendar	to recommend
rua	street
servem	they serve
também	also
tempo	time

EXERCÍCIOS

A. *Relacione as palavras da coluna A com as palavras da coluna B.*
(Match the words in column A with the words in column B).

Coluna A
1. *De nada!*
2. *Qual é a distância?*
3. *É uma corrida de vinte minutos.*
4. *Entendi!*
5. *Qual é o endereço?*
6. *São três quarteirões do hotel.*
7. *Parece ser delicioso!*

Coluna B
a. What is the address?
b. I got it!
c. It's three blocks from the hotel.
d. It sounds delicious!
e. Don't mention it!
f. It's a twenty-minute drive.
g. How far is it?

B. *Substitua a palavra sublinhada pelo correto pronome pessoal. Use o modelo.* (Replace the underlined word with the correct subject pronoun. Follow the example given.)

Modelo: *Paulo gosta de comida italiana.*
            Ele gosta de comida italiana.

1. *Paulo e o motorista estão no táxi.*
2. *Paulo está com fome.*
3. *Eu e você estamos com pressa.*
4. *As praias do Rio são bonitas.*
5. *Luigi é da Itália.*

C. *Escolha a forma correta do verbo estar.* (Choose the correct form of the verb *estar*.)

Moldelo: *Regina (está, estamos, estão) no aeroporto.*
             Regina está no aeroporto.

1. *Paulo (está, estamos, estão) na praia.*
2. *Nós (está, estamos, estão) no hotel.*
3. *O turista (estamos, está, estão) no aeroporto.*
4. *As flores (estão, está, estamos) no vaso.*
5. *Eu (estamos, estão, estou) aqui.*

D. *Substitua o artigo indefinido pelo equivalente artigo definido.*
(Substitute the indefinite article for the equivalent definite article.)

Modelo: uma rua [a rua]

1. *um carro*
2. *uma mulher*
3. *um homem*
4. *um táxi*
5. *uma praia*

E. Complete com que, qual, como, onde. (Complete with *que, qual, como, onde.*)

1. _____ horas são?
2. _____ é o hotel?
3. _____ é o melhor restaurante da cidade?
4. _____ é seu nome?
5. _____ posso ir ao correio?
6. _____ é o ponto de ônibus?

F. ATIVIDADE SUGERIDA

Aqui está outra oportunidade para praticar seu português. Pergunte a um amigo em português para lhe indicar um bom restaurante e que tipo de comida eles servem. Depois recomende um bom restaurante a ele ou ela. (Here's a chance to practice your Portuguese. Ask a friend in Portuguese if he/she can recommend a good restaurant and what kind of food they serve. Then you recommend a restaurant to them.)

1. *Você pode me recomendar um bom restaurante?*
   Can you recommend a good restaurant?
2. *Que tipo de comida eles servem?*
   What type of food do they serve?
3. *Eu recomendo o restaurante Via Brasil.*
   I recommend the *Via Brasil* Restaurant.
4. *Eles servem comida brasileira e portuguesa.*
   They serve Brazilian and Portuguese food.

NOTAS CULTURAIS

Cariocas, natives of Rio de Janeiro, are famous for being friendly and always willing to provide useful information about their city. Often they will bend over backwards to help you find your way around Rio de Janeiro's many points of interest. However, taxi drivers can be the exception. Like their counterparts in many of the major cities in the world, many will run up the cab fare by taking the most indirect route possible.

When arriving for the first time at the Rio de Janeiro airport, your best bet would be to look for the official taxi stand, which is usually located outside the terminal. If you don't hire an official airport taxicab, you may end up paying twice as much. Hotels will be happy to call a radio cab for you once you have arrived. Radio cabs are more expensive but are much more reliable and honest. You should always agree on a fixed fee before you begin your trip.

RESPOSTAS

A. 1. e; 2. g; 3. f; 4. b; 5. a; 6. c; 7. d.
B. 1. *eles;* 2. *ele;* 3. *nós;* 4. *elas;* 5. *ele.*
C. 1. *está;* 2. *estamos;* 3. *está;* 4. *estão;* 5. *estou.*
D. 1. *o carro;* 2. *a mulher;* 3. *o homem;* 4. *o táxi;* 5. *a praia.*
E. 1. *Que?* 2. *Onde?* 3. *Qual?* 4. *Como?* 5. *Como?* 6. *Onde?*

LIÇÃO 3
AS HORAS. Clock time.

A. DIÁLOGO

Tomás convida Mônica para jantar, Recife.

TOMÁS: Oi Mônica. Você quer ir a um restaurante tipo rodízio?

MÔNICA: Boa idéia! Mas o que é um restaurante tipo rodízio?

TOMÁS: É um restaurante típico brasileiro, onde por um preço fixo, você pode comer tanto quanto você quiser.

MÔNICA: Ah! É um bufê.

TOMÁS: Sim e não! No rodízio há um buffet de saladas e também o prato principal, que é servido na mesa.

MÔNICA: Parece interessante. Mal posso esperar!

TOMÁS: Que tal hoje à noite?

MÔNICA: Sinto muito mas não posso.

TOMÁS: Por que?

MÔNICA: Porque às 7:30 vou jantar com minha avó.

TOMÁS: Ok, que tal amanhã às 8:00 horas?

MÔNICA: Perfeito! Vejo você amanhã.

Tomás asks Mônica out to dinner, Recife.

TOMÁS: Hi Mônica. Would you like to go to a *rodízio* restaurant with me?

MÔNICA: That sounds like a good idea! But, what's a *rodízio* restaurant?

TOMÁS: It's a typical Brazilian restaurant where you can eat as much as you want for a fixed price.

MÔNICA: Oh! You mean a buffet.

TOMÁS: Yes and no! At a *rodízio* you have a salad buffet and a main course which is served at your table.

MÔNICA: Sounds interesting. I can hardly wait!

TOMÁS: How about tonight?

MÔNICA: I'm sorry, but I can't tonight.

TOMÁS: Why?

MÔNICA: Because I'm having dinner with my grandmother at 7:30.

TOMÁS: OK, how about tomorrow at 8:00?

MÔNICA: Perfect! See you tomorrow.

B. PRONÚNCIA

DIPHTHONGS

Diphthongs are two juxtaposed vowels which form one sound. There are two different kinds of diphthongs in Portuguese, nasal and oral.

a. Nasal diphthongs in Brazil have strong nasal sound, more so than their European Portuguese equivalents:

ão (like "ow" in "now"): **questão, batalhão, melão.**
em (like "em" in "gem"): **bem, trem, também.**

b. Oral diphthongs:

ai (like the "ai" in "aisle"): **baile, baixo, paixão.**
ei (like the "ei" in "late"): **perfeito, brasileiro.**
oa (like the "oa" in "cocoa") **soa, voa, boa.**
oi (like the "oi" in "boy") **boi, depois, noite.**
eu (like the "eu" in Europe) **europeu, Mateus, meu.**
io/ia (like the "io" or "ia" in "Rio" or "Maria"), **navio, rio, alegria, Maria.**

Note on pronunciation:

In Portuguese, a syllable is usually made up of one vowel and one consonant. If a word has two consonants next to each other such as in the words, *carro, pássaro, pêssego,* each consonant belongs in a separate syllable.

For example: *car-ro, pás-sa-ro, pês-se-go.*

C. GRAMÁTICA E USOS

1. COGNATES

You may have probably noticed that there are many Portuguese words which look like English words; these are called "cognates." In many cases they have the same meaning and the same spelling, but a different pronunciation.

PORTUGUESE	ENGLISH
aroma	aroma
perfume	perfume
rádio	radio

Other cognates vary slightly from their English equivalents. Note the different Portuguese spelling of the following words:

agente	agent
salada	salad
restaurante	restaurant

2. THE VERB *SER*

Here is the complete present tense of the verb *ser*. You already know its uses.

SER   TO BE

I am	eu	sou	we are	nós	somos
you are	tu	és	you are	vós	sois
your are	você	é	your are	vocês	são
he is	ele	é	they are (masc.)	eles	são
she is	ela	é	they are (fem.)	elas	são

Note that the adjectives used with *ser* must agree in gender and number with the subject.

O que é um restaurante tipo rodízio?
   What's a rodízio restaurant?

É um bom restaurante.
   It's a good restaurant.

A idéia é boa.
   The idea is good.

É um buffet.
   It's a buffet.

3. QUESTION WORDS *QUANDO? POR QUE?*

Quando? means "when."

Quando vamos ao restaurante?
   When are we going to the restaurant?

Quando nos encontramos?
   When (at what time) do we meet?

Por que? means "why."

Por que 8:00 horas é muito tarde?
   Why is eight o'clock too late?

Por que Luigi está no Brasil?
  Why is Luigi in Brazil?

Por que ele está atrasado?
  Why is he late?

4. ASKING AND TELLING THE TIME

In Portuguese, you ask the time with: *Que horas são?* For one o'clock answer: *É uma hora.* For all other clock times, use *são* (the plural of *é*).

São duas horas.
  It's two o'clock.

When adding minutes to the hour use the preposition *e*. For a quarter, use *quinze minutos*. For half, use *meia hora* or *trinta minutos*.

São duas e meia.	It's 2:30.
É uma hora e trinta minutos.	It's 1:30.
É uma e meia.	
São quatro e quinze.	It's 4:15.
É uma e vinte e cinco.	It's 1:25.
São dez e quinze.	It's 10:15.

To ask "At what time . . . ?", you say *A que horas . . . ?*:

A que horas sai o trem?
  What time does the train leave?

A que horas você chegou?
  At what time did you arrive?

Às nove em ponto.
  At nine o'clock sharp.

As seen above, when you want to refer to "A.M./in the morning" and "P.M./in the afternoon/in the evening," use time + *da manhã* or time + *da tarde/da noite*:

O avião sai às três e dez da tarde.
  The plane leaves at 3:10 in the afternoon.

Other expressions of time:

Por favor, diga-me que horas são?
Please tell me what time it is?

Que horas são?
What time is it?

A senhora sabe que horas são?
Do you (does the lady) know what time it is?

Quase às nove.
Almost nine o'clock.

5. NUMBERS 13-60

treze	13		vinte e cinco	25
quatorze	14		vinte e seis	26
quinze	15		vinte e sete	27
dezesseis	16		vinte e oito	28
dezessete	17		vinte e nove	29
dezoito	18		trinta	30
dezenove	19		trinta e um (uma)	31
vinte	20		trinta e dois (duas)	32
vinte e um (uma)	21		quarenta	40
vinte e dois (duas)	22		cinquenta	50
vinte e três	23		sessenta	60
vinte e quatro	24			

VOCABULÁRIO

à noite	in the evening
à tarde	in the afternoon
agora	now
amanhã	tomorrow
avó	grandmother
boa idéia	good idea
cedo	early
de tarde	in the afternoon

em ponto	exactly, sharp, on time
encontrar	to find
garçom	waiter
hoje à noite	tonight
horas	hours
interessante	interesting
meia hora	half an hour
meia-noite	midnight
mesa	table
não posso	I can't
perfeito	perfect
prato principal	main course, entrée
preço fixo	fixed price
quinze minutos, quarto de hora	fifteen minutes; quarter of an hour
relógio	watch, clock
restaurante	restaurant
rodízio	a type of Brazilian restaurant
salada	salad
tanto quanto	as much as
tarde	late
típico	typical

EXERCÍCIOS

A. *Complete as frases abaixo de acordo com o diálogo. Use o modelo.*
(Complete the sentences below according to the dialogue, follow the example given.)

Modelo: Tomás _____ Mônica para jantar no rodízio.
Tomás convida Mônica para jantar no rodízio.

1. *Eles vão _____ amanhã.*
2. *Hoje às 7:30 Mônica vai jantar com _____.*
3. *Rodízio é um _____ típico brasileiro.*
4. *No rodízio há _____.*
5. *O prato _____ é servido na mesa.*

B. Escolha a forma correta do verbo ser. Use o modelo. (Choose the correct form of the verb *ser*, follow the example given.)

Modelo: Que horas são? _____ uma e meia da tarde.
É uma e meia da tarde.

1. O restaurante _____ muito bom.
2. Tomás não _____ brasileiro.
3. Mônica e Tomás _____ amigos.
4. Paulo e eu _____ brasileiros.
5. Os estudantes _____ inteligentes.

C. Complete as perguntas abaixo com quando ou por que. Use o modelo. (Complete the questions bellow with the words *quanto* or *por que*, follow the example given.)

Modelo: _____ vamos ao cinema?
Quando vamos ao cinema?

1. _____ vamos ao restaurante?
2. _____ 8:00 é muito tarde para Mônica ir ao restaurante?
3. _____ Mônica não pode jantar com Tomás hoje à noite?
4. _____ Mônica janta com a avó?
5. _____ Tomás quer ir ao rodízio?

D. Relacione a coluna A com a coluna B. (Match the words of column A with the correct form in column B.)

Coluna A
1. seis e meia
2. oito em ponto
3. sete e quinze
4. três em ponto
5. onze e vinte
6. duas e quarenta e cinco
7. doze em ponto

Coluna B
a. 11:20
b. 2:45
c. 3:00
d. 6:30
e. 12:00
f. 8:00
g. 7:15

E. ATIVIDADE SUGERIDA

Pratique como dizer as horas em português, respondendo em português todas as vezes que alguém perguntar a você: que horas são? (Practice telling time by answering in Portuguese every time someone asks you, "what time is it?")

NOTAS CULTURAIS

Brazilian cities are very cosmopolitan and you can see this in the great variety of restaurants and foods that you'll find in the country. Japanese restaurants to rival those in Tokyo can be found next-door to world class Indochinese or Italian restaurants. However, leave the city and you will find that the typical low-cost Brazilian dish consists of black beans, rice, beef, chicken, or fish.

Each state in Brazil is proud of its own regional cuisine. In Bahia, seafood is the specialty. There you can enjoy *vatapá*, a delicious fish pudding made of bread, ginger, peanuts, cashew nuts, and olive oil. The specialty of Rio Grande do Sul is the famous *churrasco*, a variety of meats barbecued over charcoal and served in the many *churrascarias* all over Brazil. Rio de Janeiro is the place to savor *feijoada*, a combination of black beans, beef, pork, and sausage served as a stew. Originally a slave dish, it is always served with rice, orange slices, farofa, and finely shredded kale. Many would consider *feijoada* the national dish of Brazil. You'll learn more about Brazilian cuisine in Lesson 11.

RESPOSTAS

A. 1. *ao rodízio;*   2. *a avó;*   3. *restaurante;*   4. *muitos tipos de carne;*   5. *principal.*
B. 1. *é;*   2. *é*   3. *são;*   4. *somos;*   5. *são.*
C. 1. *Quando?;*   2. *Por que?;*   3. *Por que?;*   4. *Quando?;*   5. *Por que?*
D. 1. d;   2. f;   3. g;   4. c;   5. a;   6. b;   7. e.

LIÇÃO 4
JANTANDO FORA. Dining out.

A. DIÁLOGO

No Rodízio Azul-turquesa, Rio de Janeiro.

CECÍLIA: Gosto de jantar fora aos domingos porque não há muita gente nos restaurantes.

LUÍS: É verdade, o restaurante está quase vazio. Onde estão todos?

CECÍLIA: Porque amanhã é segunda-feira as pessoas preferem ficar em casa se preparando para a semana seguinte.

LUÍS: Estou com fome. Quem é nosso garçom?

GARÇOM: Eu sou o seu garçom. O que vocês desejam comer?

CECÍLIA: Quanto tempo demora para preparar um peixe?

GARÇOM: Demora 20 minutos para preparar.

LUÍS: OK, quero peixe.

CECÍLIA: Me parece bom. Eu quero peixe também.

GARÇOM: Você gostaria de tomar algo?

LUÍS: Eu quero uma cerveja.

CECÍLIA: Por favor, traga-me um copo de vinho.

At the Azul-turquesa Rodízio Restaurant, Rio de Janeiro.

CECÍLIA: I like to eat out on Sundays because restaurants aren't too crowded.

LUÍS: You're right, the restaurant is almost empty. Where is everyone?

CECÍLIA: Since tomorrow is Monday, most people prefer to stay home to prepare for the week ahead.

LUÍS: I'm hungry. Who's our waiter?

WAITER: I'm your waiter. What would you like to order?

CECÍLIA: How long does it take to prepare the fish?

WAITER: It takes 20 minutes to prepare.

LUÍS: OK, I'll have that.

CECÍLIA: That sounds good. I'll have the fish as well.

WAITER: Would you like something to drink?

LUÍS: I'll have a beer.

CECÍLIA: Bring me a glass of wine, please.

B. PRONÚNCIA

CONSONANTS

The letter *h* is always silent: **hotel, hospital, honesto, honra, homem.**
The letter *r* has two different sounds:

a. r (like the "r" in rain.): **caro, heroí, bandeira, europeu.**

b. rr (like the "h" in hat.): **carro, cachorro, churrasco.**

Note: If the *r* appears by itself, in the middle of a word, it must be pronouced like the "r" in rain. When it appears doubled *(rr)*, it must be pronounced like the "h" in hat.

At the beginning of a word, it can either be pronounced as an *"r"* (especially in Portugal) or an *"h"* (especially in Brazil).

Example: **rádio, rápido, real.**

ONE MORE DIPHTHONG:

ua (like "qua" in quality) **qualidade, quantidade, quase, água.**

C. GRAMÁTICA E USOS

1. THE INFINITIVE

The infinitive is the basic form of the verb. In English "to be," "to rest," "to work," and "to speak" are all infinitives. In Portuguese, infinitives also consist of two parts: the root and the infinitive ending. Portuguese infinitives belong to three groups determined by these endings:

-ar

-er

-ir

2. PRESENT TENSE OF REGULAR *-AR* VERBS

A verb is considered conjugated when you drop the infinitive ending and add to the root the verb ending appropriate for the subject noun or pronoun. The first group of regular verbs in Portuguese are those ending in *-ar*. All verbs in this group are conjugated exactly alike. Add the personal ending to the root:

PREPARAR   TO PREPARE SOMETHING OR ONESELF

SINGULAR		PLURAL	
I prepare	*eu preparo*	we prepare	*nós preparamos*
you prepare	*tu preparas*	you prepare	*vós preparais*
you prepare	*você prepara*	you prepare	*vocês preparam*
he prepares	*ele prepara*	they prepare *(masc.)*	*eles preparam*
she prepares	*ela prepara*	they prepare *(fem.)*	*elas preparam*

Leva 20 minutos para preparar.
It takes 20 minutes to prepare.

Ela se prepara para a semana seguinte.
She prepares for the coming week.

Este restaurante prepara uma boa salada.
This restaurant prepares (makes) a good salad.

Nós nos preparamos para o jantar.
We get ready for dinner.

FALAR TO SPEAK

I speak	eu falo	we speak	nós falamos
you speak	tu falas	you speak	vós falais
you speak	você fala	you speak	vocês falam
he speaks	ele fala	they speak (masc.)	eles falam
she speaks	ela fala	they speak (fem.)	elas falam

o garçom fala
the waiter speaks

nós falamos
we speak

eles falam
they speak

Note the three possible English translations of the Portuguese verb *trabalhar*:

Você trabalha
   you work
   you are working
   you do work

The words "are" and "do" are "helping verbs"; they indicate that the main verb follows and that it is in the present tense.

More regular *-ar* verbs:

jantar	to dine
pagar	to pay
trabalhar	to work
custar	to cost
andar	to walk
morar	to live
conversar	to converse, to talk

3. QUESTION WORDS: *QUANTO? QUANTOS? QUANTAS? QUEM?*

Use *quanto?* to ask "how much?" or "how long?":

Quanto é?
How much does it cost?

Quanto tempo demora para cozinhar o peixe?
How much time does it take to cook the fish?

Quanto você quer?
How much do you want?

Use *quantos?* and *quantas?* to ask "how many?":

Quantas vezes você visitou o restaurante?
How many times did you visit (go to) the restaurant?

Quantos dias por semana você trabalha?
How many days a week do you work?

Quantas pessoas há no restaurante hoje?
How many people are there at the restaurant today?

Use *quem?* to ask "who?":

Quem é o garçom?
Who's the waiter?

Quem são Luigi e Luíza?
Who are Luigi and Luíza?

Quem é o gerente do restaurante?
Who is the restaurant's manager?

Quem pediu peixe?
Who ordered fish?

4. WORD ORDER IN QUESTIONS

In Portuguese, the word order in questions is always the same as the word order in sentences, it doesn't matter if it's a statement or a question.

To create a question from a statement, simply place a question mark at the end of the statement and give the necessary intonation.

Luigi está no restaurante.
    Luigi is at the restaurant.

Luigi está no restaurante?
    Is Luigi at the restaurant?

Cecília pede peixe no restaurante.
    Cecília orders the fish at the restaurant.

Cecília pede peixe no restaurante?
    Does Cecília order the fish at the restaurant?

A salada é boa.
    The salad is good.

A salada é boa?
    Is the salad good?

5. DAYS OF THE WEEK

DIAS DA SEMANA	DAYS OF THE WEEK
domingo	Sunday
segunda-feira	Monday
terça-feira	Tuesday
quarta-feira	Wednesday
quinta-feira	Thursday
sexta-feira	Friday
sábado	Saturday

Note that the days of the week are not capitalized. Saturday and Sunday are masculine; the rest of the days are feminine. The word *dia* is masculine:

Que dia é hoje?
    What day is it today?

Hoje é sábado.
    Today is Saturday.

The days of the week are pluralized by using the definite article -*aos* or -*as*, however, when making a list of the days of the week use the article only on the first day:

Como salada às segundas, quartas e sextas.
I eat salad on Mondays, Wednesdays, and Fridays.

Gosto de jantar fora aos sábados.
I like to dine out on Saturdays.

Você vai ao restaurante aos domingos?
Do you go to the restaurant on Sundays?

6. NUMBERS 70 TO 1,000,000

OS NÚMEROS

setenta	70
oitenta	80
noventa	90
cem	100
cento e um/uma	101
cento e dois/duas	102
duzentos/as	200
trezentos/as	300
quatrocentos/as	400
quinhentos/as	500
seiscentos/as	600
setecentos/as	700
oitocentos/as	800
novecentos/as	900
mil	1.000
mil novecentos e noventa e cinco	1.995
cinquenta mil	50.000
novencentos e noventa e nove mil	999.000
um milhão	1.000.000

Cem is used before a noun; *cem dias, cem lições*. After a hundred, the number *cem* becomes cento: *cento e um, cento e dois*. The preposition *e*—"and"—is used to separate the digits of the numbers: *vinte e um, cento e trinta e dois*, etc. In Portuguese the decimal point is replaced by a decimal comma and visa versa.

PORTUGUÊS	ENGLISH
8,5 quilos	8.5 kilos
25.000 dólares	25,000 dollars

VOCABULÁRIO

amanhã	tomorrow
andar	to walk
as pessoas preferem	they (the people) prefer
cachorro	dog
carro	car
cerveja	beer
comer	to eat
conversar	to talk or have a conversation
convida	he/she invites
cozinhar	to cook
custar	to cost
dias da semana	days of the week
estou com fome	I am hungry
falar	to talk, to speak
ficar em casa	to stay home
gerente	manager
jantar fora	to eat out
minutos	minutes
não há (muita gente)	there aren't (many people)
pagar	to pay
peixe	fish
quase vazio	almost empty
também	also
todos	all of them
trabalhar	to work
veja	look
vinho	wine
visitou	visited
você está certo	you are right

EXERCÍCIOS

A. *Complete de acordo com o diálogo. Use o modelo.* (Complete according to the dialogue, follow the example.)

   Modelo: Luís convida Cecília para _____
             Luís convida Cecília para jantar.

   1. Cecília e Luís estão _____.
   2. Cecília gosta de jantar fora _____ domingos.
   3. Eles comem _____.
   4. Luís está com _____.
   5. O restaurante _____ um bom peixe.

B. *Complete as frases com a forma correta do verbo "preparar." Use o modelo.* (Complete the sentence with the correct form of verb "to prepare," use the model.)

   Modelo: O restaurante (preparar) uma boa salada.
             O restaurante prepara uma boa salada.

   1. Todos se (preparar) para a semana seguinte.
   2. Este restaurante (preparar) um bom peixe.
   3. Cecilia e Luís se (preparar) para jantar.
   4. O barman (preparar) as bebidas.
   5. Nós também (preparar) boas saladas.

C. *Complete as frases com a forma correta do verbo "falar." Use o modelo.* (Complete the frases with the correct form of the verb "to speak," follow the example).

   Modelo: Cecília e Luís (falar) com o garçom.
             Cecília e Luís falam com o garçom.

   1. Nós também (falar) com ele.
   2. Ela (falar) com sua amiga.
   3. Eles (falar) inglês e português.
   4. Eu (falar) com eles todos os dias.
   5. Eles (falar) muito!

D. *Complete as frases com a forma correta das "palavras interrogativas." Siga o modelo.* (Complete the sentences with "question words," follow the example given.)

Modelo: _____ Cecília e Luís? Onde estão Cecília e Luís?

1. _____ é o garçom?
2. _____ vezes Luís foi ao buffet de salada?
3. _____ pessoas há no restaurante?
4. _____ minutos leva para cozinhar o peixe?
5. _____ dias há na semana?

E. *Relacione os dias da semana da coluna A com os da coluna B.* (Match the days of the week in column A with those of column B.)

COLUNA A
1. segunda-feira
2. domingo
3. quarta-feira
4. sexta-feira
5. terça-feira
6. sábado
7. quinta-feira

COLUNA B
a. Sunday
b. Friday
c. Monday
d. Wednesday
e. Saturday
f. Thursday
g. Tuesday

F. *Escreva por extenso os números abaixo. Siga o modelo.* (Spell out the numbers below, follow the example).

Modelo: 123 livros
          Cento e vinte e três livros.

1. 1998
2. 15 *casas*
3. 1.582 *apartamentos*
4. 365 *dias*
5. 14 *semanas*
6. 15.856 *carros*

G. *ATIVIDADE SUGERIDA*

1. *Escreva em português o número de seu telefone e também o de alguns de seus amigos.* (Write out your telephone number as well as the numbers of some of your friends in Portuguese.)
2. *Diga em português a data de seu nascimento e também a de algumas pessoas de sua família.* (Repeat your date of birth as well as those of your family in Portuguese.)

NOTAS CULTURAIS

In Brazil and Portugal one can use the expressions *da manhã,* (in the morning), *da tarde* (in the afternoon), and *da noite* (at night) to specify what time of day one is referring to. In order to be more specific, many individuals as well as businesses use the twenty four-hour clock. This way a person might agree to have dinner at *às dezoito horas* (at 18:00 hours) or *às seis da tarde* (six in the evening). Remember that in conversation Portuguese does not have the expressions A.M. and P.M.

RESPOSTAS

A. 1. *no restaurante;* 2. *aos;* 3. *peixe;* 4. *fome;* 5. *prepara.*
B. 1. *preparam;* 2. *prepara;* 3. *preparam;* 4. *prepara;* 5. *preparamos.*
C. 1. *falamos;* 2. *fala;* 3. *falam;* 4. *falo;* 5. *falam.*
D. 1. *quem;* 2. *quantas;* 3. *quantas;* 4. *quantos;* 5. *quantos.*
E. 1. c; 2. a; 3. d; 4. b; 5. g; 6. e; 7. f.
F. 1. *mil novecentos e noventa e oito;* 2. *quinze casas;* 3. *mil quinhentos e oitenta e dois apartamentos;* 4. *trezentos e sessenta e cinco dias;* 5. *quartoze semanas;* 6. *quinze mil oitocentos e cinquenta e seis carros.*

LIÇÃO 5
A TEMPERATURA, OS MESES, AS ESTAÇÕES. Weather, months, seasons.

A. DIÁLOGO

Na Avenida Atlântica, Rio de Janeiro, Brasil.

ELENA: Que dia bonito!

REGINA: Sim, mas olhe para todas estas pessoas.

ELENA: É dezembro, você sabe o que isto significa!

REGINA: Claro que sei. Junto com o calor vêm os turistas.

ELENA: De onde você pensa que eles vêm?

REGINA: Talvez dos Estados Unidos ou do Canadá?

ELENA: Certo! O inverno começa em dezembro nos dois países, quando aqui no Brasil começa em junho.

REGINA: Se pudéssemos vender este calor para eles estaríamos ricos!

ELENA: Eu quero saber como está a temperatura em Nova York.

REGINA: Vamos comprar o jornal para sabê-lo.

ELENA: Ok!

On Atlantic Avenue, Rio de Janeiro.

ELENA: What a nice day!

REGINA: Yes, but look at all these people.

ELENA: It's December, you know what that means!

REGINA: I sure do. Along with the heat come the tourists.

ELENA: Where do you think they come from?

REGINA: The United States or Canada, maybe?

ELENA: That's right! Winter starts in December for both countries, when in Brazil it begins in June.

REGINA: If we could sell this heat over there, we would be rich!

ELENA: I'd like to know what the weather is like in New York.

REGINA: Let's buy the newspaper and find out.

REGINA: OK!

B. PRONÚNCIA

MORE CONSONANTS

The letter c has two different sounds depending on the vowels placed after it:

a. Before the vowels *a, o,* and *u,* it has a *k* sound.

c (like "k" in kitchen) **carpete, correto, cubo, curioso.**

b. Before the vowels *e* and *i,* or with a *cedilha* it has the double *s* sound.

c/ç (like "ss" in Mississippi) **cidade, cigarro, você, cebola, espaço, coleção, atenção, ação.**

The letter *s* has two different sounds depending on its location. When it is at the beginning of a word or when it is a double *s* it is pronounced in the same way as its English counterpart:

s (like "s" in sing) **som, sol, salário, passo, passado.**

b. The intervocalic *s* (between vowels) has a "z" sound:

s (like "z" in zebra) **meses, gasolina, vaso, caso.**

C. GRAMÁTICA E USOS

1. THE PRESENT TENSE OF REGULAR -ER VERBS

The second group of regular verbs ends in -er:

VENDER TO SELL

I sell	eu vendo	we sell	nós vendemos
you sell	tu vendes	you sell	vós vendeis
you sell	você vende	you sell	vocês vendem
he sells	ele vende	they sell (masc.)	eles vendem
she sells	ela vende	they sell (fem.)	elas vendem

Note again the three possible English translations:

nós vendemos
    we sell
    we do sell
    we are selling

Nós vendemos recordações aos turistas americanos.
    We sell souvenirs to the American tourists.

Você vende o jornal **"The New York Times"**?
    Do you sell the *New York Times* newspaper?

Vocês vendem sorvete?
    Do you sell ice cream?

Eles vendem refrigerantes na praia.
    They sell soft drinks at the beach.

Escrever is another regular -er verb:

ESCREVER TO WRITE

I write	eu escrevo	we write	nós escrevemos
you write	tu escreves	you write	vós escreveis
you write	você escreve	you write	vocês escrevem
he writes	ele escreve	they write (masc.)	eles escrevem
she writes	ela escreve	they write (fem.)	elas escrevem

Eu escrevo uma carta para minha amiga.
   I'm writing a letter to my friend.

Ela escreve livros interessantes.
   She writes interesting books.

Nós escrevemos relatórios para nossa companhia.
   We write reports for our company.

Eles escrevem artigos para o jornal.
   They write articles for the newspaper.

Other commonly used *-er* verbs are:

conhecer	to know
escolher	to select
beber	to drink
comer	to eat
compreender	to understand
parecer	to seem

2. DEMONSTRATIVE PRONOUNS

These words are used to point out things, or people: "this book," "that hat," etc. As pronouns, they must agree in number and gender with their noun.

	SINGULAR		PLURAL
este	this	*estes*	these
esta	this	*estas*	these
esse	that	*esses*	those
essa	that	*essas*	those
aquele	that (over there)	*aqueles*	those (over there)
aquela	that (over there)	*aquelas*	those (over there)

Olhe para toda essa gente.
   Look at all those people.

Vamos vender este calor.
   Let's sell this heat.

Este verão é muito quente.
   This summer is very hot.

Aquela vendedora é simpática.
   That sales person is nice.

Estes livros são novos.
   These books are new.

Aqueles vestidos são bonitos.
   Those dresses are beautiful.

Note that the difference between the two forms for "that" is the distance of the person or thing being referred to:

este livro	This book, near to the person who is speaking.
essa caneta	That pen, near to the person spoken to.
aquele vestido	That dress, far from both the speaker and the person addressed.

In Portuguese, there are also neuter demonstrative pronouns. They are invariable and are used when the speaker cannot or will not identify an object precisely. The demonstratives *isto, isso,* and *aquilo* are used to refer to things and events, or to describe something:

O que é isto?	What is this?
Isto é interessante.	This is interesting.
Isso deve ser uma loja.	That must be a store.
Aquilo é belo.	That is beautiful.
Isto é terrível.	This is terrible.
Isso aconteceu no último verão.	That happened last summer.

3. THE SEASONS AND THE MONTHS OF THE YEAR

AS ESTAÇÕES	THE SEASONS
verão	Summer
outono	Fall
inverno	Winter
primavera	Spring

OS MESES	THE MONTHS
janeiro	January
fevereiro	February
março	March
abril	April
maio	May
junho	June
julho	July
agosto	August
setembro	September
outubro	October
novembro	November
dezembro	December

4. THE WEATHER

O TEMPO

Que tempo faz?	How's the weather? What's the weather like?
Hoje está frio.	It's cold today.
Está quente.	It's hot.
Está ventando.	It's windy.
Está ensolarado.	It's sunny.
Faz sol.	It's sunny.
Está bom tempo.	It's nice weather.
Está chuvoso.	It's rainy.
Está chovendo.	It's raining.
Está nevando.	It's snowing.
Que tempo horrível!	What terrible weather!
Que dia lindo!	What a nice day!
Que tempo lindo!	What nice weather.

VOCABULÁRIO

achar, encontrar	to find
acreditar	to believe
aquele	that

beber	to drink
bonito	beautiful
calor	heat
caneta	pen
certo	right
chapéus	hats
chuvoso	rainy
claro!	sure!
clima	climate, weather
comer	to eat
como é a temperatura?	what's the weather like?
conhecer	to know
é frio	it's cold
é quente	it's hot
entender	to understand
escolher	to select
escrever	to write
estação	season
está chovendo	it's raining
está nevando	it's snowing
faz sol	it's sunny
férias	vacation
guia turístico	guide book
ler	to read
meio	middle
mês	month
oposto	opposite
ótimo	great
país	country
parecer	to seem
precisa, necessita	(you, he, she) need(s)
quente	hot
refrigerantes	soft drinks
rico	rich
sim	yes
só, somente, apenas	only
sorvete	ice cream
também	also

temperatura	temperature
terrível	terrible
uma boa loja	a good store
umidade	humidity
úmido	humid
vender	to sell
venta	it's windy
verão	summer
vir	to come

EXERCÍCIOS

A. Complete de acordo com o diálogo. Use o modelo. (Complete according to the dialogue, follow the example.)

   Modelo: Agora é _____ nestes dois países.
             Agora é inverno nestes dois países.

   1. Elena e Regina estão na _____.
   2. Elas falam sobre o _____.
   3. Há muitas _____ nas ruas.
   4. A temperatura está muito _____.
   5. O inverno no Brasil começa no mês de _____.
   6. Os turistas são do _____ e dos Estados Unidos.

B. Complete as frases com a forma correta do verbo "vender." Use o modelo. (Complete the sentences with the correct conjugation of the verb *vender*, follow the example.)

   Modelo: Nós _____ sorvete durante o inverno.
             Nós vendemos sorvete durante o inverno.

   1. Eles _____ jornais.
   2. A vendedora _____ muitos vestidos.
   3. Nós não _____ o calor do Rio.
   4. Eles também _____ refrigerantes.
   5. Você _____ chapéus?

C. *Complete as frases abaixo com os demonstrativos. Use o modelo.*
(Complete the sentences below with the correct demonstrative, follow the example.)

Modelo: Todas _____ pessoas são turistas.
Todas estas pessoas são turistas.

1. (This) *moça é americana.*
2. (This) *verão é muito quente.*
3. (That) *homem vende jornais.*
4. (These) *livros são de português.*
5. (This) *vestido é bonito.*
6. (That) *professora é brasileira.*
7. (That) *rapaz é italiano.*

D. Relacione as palavras da coluna A com as da coluna B. (Match the words in column A with the words in column B.)

Coluna A

1. *janeiro*
2. *quente*
3. *dezembro*
4. *setembro*
5. *turistas*
6. *verão*

Coluna B

a. September
b. tourists
c. January
d. December
e. hot
f. Summer

NOTAS CULTURAIS

The climate in Brazil ranges from subtemperate to tropical. It could be said that the northern and northeast parts of the country have only two seasons: summer and winter. The average temperature in Rio de Janeiro ranges between 72° to 85° F in January and 65° to 75° F in July.

Summer begins in December and ends in March, and winter in Rio de Janeiro is more like fall and spring in the U.S.A. One can go out at night in the middle of winter wearing only a light sweater or jacket. The southern states of Brazil, which include São Paulo, Paraná, Rio Grande do Sul, and Santa Catarina, are much cooler than those in the north. Low winter temperatures—as low as 20° F—and occasional winter frosts can be found south of the tropic of Capricorn. From time to time, Rio Grande do Sul will get a bit of snowfall, however, this is very rare.

Climatic conditions vary throughout Portugal. Mild winters, abundant rain, and short, mild summers characterize the northern coastal zone. The zone south of the Tagus River enjoys typical Mediterranean weather. The average annual temperatures for three major cities in Portugal are as follows:

	MAXIMUM	MINIMUM
Oporto	68°	50°
Lisbon	79°	48°
Bragança	64°	43°

RESPOSTAS

A. 1. *Avenida Atlântica;* 2. *verão;* 3. *pessoas;* 4. *quente;* 5. *junho;* 6. *Canadá.*
B. 1. *vendem;* 2. *vende;* 3. *vendemos;* 4. *vendem;* 5. *vende.*
C. 1. *Esta;* 2. *Este;* 3. *Aquele;* 4. *Estes;* 5. *Este;* 6. *Aquela;* 7. *Aquele.*
D. 1. c; 2. e; 3. d; 4. a; 5. b; 6. f.

PRIMEIRA REVISÃO

A. *Complete com verbo ser. Use o modelo.* (Complete with verb *ser*, follow the example.)

Modelo: Eu _____ brasileira.
               Eu sou brasileira.

1. Luigi _____ italiano.
2. A mulher _____ brasileira.
3. Eles _____ estrangeiros.
4. Vocês _____ americanos.
5. Vocês _____ muito simpáticos.
6. Nós _____ do Rio de Janeiro.

B. Complete com a forma correta do verbo estar. Use o modelo.
    (Complete with the correct form of verb estar, follow the example.)

    Modelo: Você _____ na Califórnia.
                Você está na Califórnia.

    1. Elena e Regina _____ na rua.
    2. Os turistas _____ no Rio.
    3. A vendedora _____ na loja.
    4. Nós _____ nos Estados Unidos.
    5. Eu _____ em Nova York.

C. Passe para o plural as frases abaixo. Use o modelo. (Pluralize the sentences below, follow the example.)

    Modelo: O carro é novo.
                Os carros são novos.

    1. O hotel é grande.
    2. O turista está no museu.
    3. Ele está no Brasil.
    4. O turista é italiano.
    5. O médico está no hospital.
    6. Ele compra o jornal.

D. Escreva as horas por extenso. Use o modelo. (Write out the time in words, use the model.)

    Modelo: É 12:30.
                É meio-dia e meia.

    1. São 7:00 da noite.
    2. São 9:15 da manhã.
    3. São 3:00 da tarde.
    4. É 12:00.
    5. São 2:30 em ponto.

E. *Passe as frases para a forma negativa. Use o modelo.* (Change the sentences below to the negative form, use the model).

   Modelo: Ana e Regina são brasileiras.
             Ana e Regina não são brasileiras.

   1. Sete horas é muito tarde.
   2. Você está com fome.
   3. Os turistas são todos americanos.
   4. O jantar é muito caro.
   5. O hotel é perto do aeroporto.

F. *Complete as frases usando os pronomes interrogativos. Use o modelo.* (Complete the sentences using the interrogative pronoun, follow the example given.)

   Modelo: _____ Elena e Regina estão?
             Onde estão Elena e Regina?

   1. _____ custa o livro?
   2. _____ é o restaurante?
   3. _____ estudantes há na classe de português?
   4. _____ você mora?
   5. _____ paga o jantar?

G. *Coloque o pronome pessoal adequado. Use o modelo.* (Use the necessary subject pronoun, follow the example given.)

   Modelo: Você e _____ somos amigas.
             Você e eu somos amigas.

   1. Você e *(him)* são turistas.
   2. *(We)* bebemos cerveja.
   3. *(He)* vende jornais.
   4. *(They)* são dos Estados Unidos.

H. *Substitua o artigo indefinido pelo definido. Use o modelo.* (Substitute the indefinite article for the definite article, follow the example given.)

Modelo: Um turista.
O turista.

1. Um homem simpático.
2. Uma mulher inteligente.
3. Uns turistas estrangeiros.
4. Uns vestidos bonitos.
5. Uma cidade muito quente.

I. *Complete com os demonstrativos. Use o modelo.* (Complete with the demonstrative, follow the example given.)

Modelo: _____ cidade é bonita.
Esta cidade é bonita.

1. _____ é minha amiga Regina.
2. _____ pessoas são turistas.
3. _____ homem vende jornais.
4. _____ é um jornal.
5. Este homem é americano, e _____ mulher é italiana.

RESPOSTAS

A. 1. é; 2. é; 3. são; 4. são; 5. são; 6. somos.
B. 1. estão; 2. estão; 3. está; 4. estamos; 5. estou.
C. 1. Os hotéis são grandes; 2. Os turistas estão nos museus;
3. Eles estão no Brasil; 4. Os turistas são italianos; 5. Os médicos estão nos hospitais; 6. Eles compram os jornais.
D. 1. sete; 2. nove e quinze; 3. três; 4. meio-dia; 5. duas e meia.
E. 1. Sete horas não é muito tarde; 2. Você não está com fome;
3. Os turistas não são todos americanos; 4. O jantar não é muito caro;
5. O hotel não é perto do aeroporto.
F. 1. Quanto; 2. Onde; 3. Quantos; 4. Onde; 5. Quem
G. 1. ele; 2. Nós; 3. Ele; 4. Eles;
H. 1. O; 2. A; 3. Os; 4. Os; 5. A.
I. 1. Esta; 2. Essas; 3. Esse; 4. Isto; 5. esta.

LIÇÃO 6
NUM CINEMA. At the movie theater.

A. DIÁLOGO

Na casa de Ana, Leblon, Rio de Janeiro.

SÔNIA: O que você está fazendo?

ANA: Estou procurando o jornal. Quero saber que filmes estão passando antes de ir ao cinema.

SÔNIA: Você não tem que procurar o jornal, eu sei. No cinema do bairro estão mostrando um filme americano de ação e um drama italiano em preto e branco. Também estão passando uma comédia brasileira no Cinema Copacabana. O que você prefere?

ANA: Não gosto nem de filmes em prêto e branco nem de filmes de ação. Prefiro assistir comédias.

SÔNIA: Eu também prefiro comédias, elas são muito mais divertidas.

ANA: Bem, o filme começa às oito horas, vamos! Só espero que a fila não seja muito longa.

SÔNIA: Não creio que seja, o filme já está passando há muito tempo.

At Ana's house in Leblon, Rio de Janeiro.

SÔNIA: What are you doing?

ANA: I'm looking for the newspaper. I want to know what they're showing at the theater before we go.

SÔNIA: You don't have to look in the paper, I already know. They're showing an American action movie, and an Italian drama in black and white. At the neighborhood theater they're also showing a Brazilian comedy at the Copacabana theater. What do you prefer to watch?

ANA: I don't like action or black and white movies, I prefer to watch comedies.

SÔNIA: I also prefer comedies, they're much more fun.

ANA: Well, the movie starts at 8:00, lets get going! I just hope the line isn't too long.

SÔNIA: I don't think so, the movie's been out for a long time.

B. PRONÚNCIA

ONE MORE CONSONANT

The letter *"l"* at the end of a word is pronounced almost like the letter "u": l (like "u" tube) **filme, hotel, hospital, fútil, móvel.**

C. GRAMÁTICA E USOS

1. THE PRESENT TENSE OF REGULAR -*IR* VERBS

The third type of regular verbs is the *-ir* group.

PREFERIR   **TO PREFER**

eu	prefiro		nós	preferimos
tu	preferes		vós	preferis
você	prefere		vocês	preferem
ele	prefere		eles	preferem
ela	prefere		elas	preferem

Eu prefiro assistir comédias.
   I prefer to watch comedies.

O que você prefere?
   What do you prefer?

Elas preferem o verão.
   They prefer the summer.

ASSISTIR TO WATCH

eu	assisto
tu	assistes
você	assiste
ele	assiste
ela	assiste

nós	assistimos
vós	assistis
vocês	assistem
eles	assistem
elas	assistem

Gosto de assistir comédias.
I like to watch comedies.

Ela assiste muitos filmes italianos.
She watches a lot of Italian movies.

Nós sempre assistimos televisão à noite.
We always watch television at night.

Other commonly used *-ir* verbs:

discutir	to discuss
decidir	to decide
abrir	to open
partir	to leave/depart
repetir	to repeat
dividir	to divide/share

2. THE VERB *SABER*

The verb *saber*, "to know," is used to say that you know facts or general information:

SABER TO KNOW

eu	sei
tu	sabes
você	sabe
ele	sabe
ela	sabe

nós	sabemos
vós	sabeis
vocês	sabem
eles	sabem
elas	sabem

Eu sei que filme está passando no cinema.
I know what's showing at the theater.

Ela quer saber se a fila é muito longa.
She wants to know if the line is too long.

Sabemos a que horas o filme começa.
We know what time the film starts.

3. PRESENT CONTINUOUS

The present continuous is formed by the present tense of verb *estar* plus the gerund of the main verb. To change the verb to the gerund, eliminate the infinitive ending of the verb and add:

1. *-ando* to verbs that end in *-ar:*
    preparar   preparando
2. *-endo* to the verbs that end in *-er:*
    vender   vendendo
3. *indo* to verbs that end in *-ir:*
    asstir   assistindo

Eu estou assistindo um filme.
I am watching a movie.

Ela está se preparando para a semana seguinte.
She is preparing (getting herself ready) for the week ahead.

Ana está falando com Sônia.
Ana is speaking to Sônia.

Ele está lendo o jornal.
He is reading the newspaper.

Elas estão decidindo que filme ver.
They are deciding what movie to see.

VOCABULÁRIO

abrir	to open
assistir	to watch
bairro	neighborhood
cinema	movie theater

comédia	comedy
cor	color
devemos	we should/must
discutir	to discuss
dividir	to share
drama	drama
eu sei	I know
favorito	favorite
fazendo	doing
fila	line
filme de ação	action movie
jornal	newspaper
mais divertidas	more fun
não se preocupe	don't worry
passando	showing
prefere	prefer
preparar	to prepare
preto e branco	black and white
procurando	looking for
repetir	to repeat
saber	to know
teatro	theater
vamos!	let's go!
vender	to sell

EXERCÍCIOS

A. *Responda de acordo com o diálogo.* (Answer according to the dialogue.)

1. Com quem Sônia está conversando?
2. O que elas estão discutindo?
3. O que Ana está procurando?
4. O que é um jornal?
5. A que horas começa o filme?
6. Que tipo de filme elas preferem?

7. Que tipo de filme estão passando no cinema do bairro?
8. Que filme elas decidem ver?

B. Complete com o verbo preferir. Use o modelo. (Complete with verb preferir, follow the example.)

   Modelo: Elas (preferem/assitem) ler o jornal.
             Elas preferem ler o jornal.

   1. Eu (prefiro/assisto) comédias.
   2. Nós não gostamos de dramas (preferimos/assistimos) comédias.
   3. Elas gostam muito de (assistir/preferir) filmes americanos.
   4. Sempre (assisto/prefiro) ir ao cinema com amigos.
   5. Eles não gostam de filmes de ação, (preferem/assistem) comédias.
   6. Você (prefere/assiste) filme italiano ou americano?

C. Complete com verbo saber. Use of modelo. (Fill in the blanks with the verb saber, follow the example.)

   Modelo: Ela _____ onde está o jornal.
             Ela sabe onde está o jornal.

   1. Nós _____ que horas o filme começa.
   2. Você _____ onde está o jornal?
   3. Eles _____ onde é o cinema.
   4. Vocês _____ qual é a melhor comédia?
   5. Eu _____ que o filme é muito bom.

D. Passe as frases para o presente progressivo. Use o modelo. (Change the verbs to the present continuous, follow the example.)

   Modelo: Ana procura o jornal.
             Ana está procurando o jornal.

   1. Ela assiste comédias.
   2. Eu escrevo agora.
   3. O que você come agora?
   4. Você bebe cerveja?
   5. Elas lêm o jornal.

E. *ATIVIDADE SUGERIDA*

1. *Pergunte a um amigo que tipo de filme ele prefere.*
2. *Pergunte se ele sabe onde é o cinema Copacabana.*
3. *Escreva algumas frases usando os verbos assistir, preferir e saber.*

NOTAS CULTURAIS

Rio de Janeiro is home to 23 beaches, of which the most famous is Copacabana beach. In fact, it's arguably one of the most famous beaches in the world. Copacabana bustles from dusk until dawn with trendy sidewalk cafes, elegant nightclubs, five-star hotels and restaurants, and elegant boutiques. It offers 2 miles of white sand beaches for those who want to take in the sun's rays or just observe the characters who give Copacabana beach its colorful reputation.

Besides being a paradise for tourists and a favorite spot for its residents, Copacabana beach is one of the most densely populated areas of Rio de Janeiro. Residents are very proud of their neighborhood which has inspired many poets and musicians to create some of the most beautiful Brazilian poems and songs. All this, plus maddening traffic, unbearable noise, congested streets, packed apartment buildings, and a beautiful white-sand beach make Copacabana one of the most unique and colorful places in Brazil.

RESPOSTAS

A. 1. *Ana;* 2. *Que filme assistir;* 3. *O jornal;* 4. *Newspaper;* 5. *Às oito horas;* 6. *Comédias;* 7. *Um filme americano, um drama italiano e uma comédia;* 8. *Uma comédia brasileira.*
B. 1. *prefiro;* 2. *preferimos;* 3. *assistir;* 4. *prefiro;* 5. *preferem;* 6. *prefere.*
C. 1. *sabemos;* 2. *sabe;* 3. *sabem;* 4. *sabem;* 5. *sei.*
D. 1. *Ela está assistindo comédias.* 2. *Eu estou escrevendo agora.* 3. *O que você está comendo agora?* 4. *Você está bebendo cerveja?* 5. *Elas estão lendo o jornal.*

LIÇÃO 7
O CORPO E A SAÚDE. The body and health.

A. DIÁLOGO

Marina e Diana falam da saúde em Fortaleza, Brasil.

MARINA: Você está pronta para ir correr?

ADRIANA: Não, eu acho que tenho que ir ao médico hoje. Não estou me sentindo bem!

MARINA: Sinto muito. Qual é o problema?

ADRIANA: Tenho dor de cabeça, dor nas costas e dor de garganta. Acho que estou com gripe.

MARIANA: Você acha que tem febre também?

ADRIANA: Não sei, mas também tenho dor no corpo inteiro.

MARIANA: Bem, se você está se sentindo tão mal, definitivamente eu levo você ao médico agora mesmo.

(Mais tarde a caminho de casa, voltando do médico.)

MARINA: O que o médico disse?

ADRIANA: Eu estou com gripe e preciso descansar muito.

MARINA: Você tem que beber muito líquido e tomar vitamina C.

ADRIANA: Sim, eu sei. Também preciso comprar esta receita na farmácia.

MARINA: Passaremos lá no caminho para casa.

ADRIANA: Obrigada.

Marina and Diana talk about health, Fortaleza, Brazil.

MARINA: Are you ready to go jogging?

ADRIANA: No, I think I have to go to the doctor. I'm not feeling well!

MARINA: I'm sorry. What's the problem?

ADRIANA: I have a headache, my back and throat hurt. I think I have the flu.

MARIANA: Are you running a fever?

ADRIANA: I don't know, but my whole body aches.

MARIANA: Well, if you're feeling this bad, I'll definitely take you to see the doctor right now.

(Later, on the way home from the doctor's office.)

MARINA: What did the doctor say?

ADRIANA: He said I have the flu and that I need plenty of rest.

MARINA: You have to drink lots of liquids and take vitamin C.

ADRIANA: Yes, I know. I also have to have this prescription filled at the pharmacy.

MARIANA: We'll stop there on our way home.

ADRIANA: Thanks.

B. PRONÚNCIA

THE LAST CONSONANT

The letter "x" has two different sounds. At the beginning of a word it makes the "sh" sound:

x (like "sh" in shoe): **xarope, xale, xelim.**

when found within a word, it has the "z" sound:

x (like "z" in zebra): **exemplo, exame.**

C. GRAMÁTICA E USOS

1. THE VERB *TER* AND EXPRESSIONS WITH THE VERB *TER*

The verb *ter* means "to have." Its present tense conjugation is irregular.

TER   TO HAVE

eu tenho	nós temos
tu tens	vós tendes
você tem	vocês têm
ele tem	eles têm
ela tem	elas têm

Ter is used with many nouns to describe physical, mental, and emotional states. In these cases, it is the equivalent of the English "to be." The following is a partial list of some common expressions and idioms with *ter*:

ter calor	to be hot	ter sede	to be thirsty
ter frio	to be cold	ter fome	to be hungry
ter razão	to be right	ter tempo	to have time

Eu tenho dor de cabeça.
   I have a headache.

Eu tenho gripe.
   I have a bad cold.

Ela tem febre.
   She has a fever.

The expression *ter que* means "to have to"; it is always followed by the infinitive.

Eu tenho que ir ao médico.
   I have to go the doctor.

Você tem que beber muito líquido.
   You have to drink lots of fluids.

Ela tem que tomar vitamina C.
   She has to take vitamin C.

Elas têm que ir à farmácia.
>They have to go to the pharmacy.

2. *TER* VERSUS *ESTAR COM*

The expression *estar com* (to be with) and *ter* (to have) can be used interchangeably to describe physical, mental, and emotional states:

Adriana está com dor de cabeça.
Adriana tem dor de cabeça.
>Adriana has a headache.

O homem está com dor nas costas.
O homem tem dor nas costas.
>The man has a backache.

O cantor está com dor de garganta.
O cantor tem dor de garganta.
>The singer has a sore throat.

Os jogadores de futebol estão com dor nas pernas.
Os jogadores de futebol têm dor nas pernas.
>The soccer players have leg pains.

A mulher está com dor nos braços.
A mulher tem dor nos braços.
>The lady has pain in her arms.

VOCABULÁRIO

agora mesmo	right now
bem	well, fine
braço	arm
corpo	body
correr	jogging
descansar	to rest
deve	(you, he, she) must
dor de cabeça	headache
dor de garganta	sore throat

estou com gripe	I have the flu
eu tenho	I have
exame	test
exemplo	example
farmácia	pharmacy
futebol	soccer
ir	to go
ir ao médico	go to the doctor
jogador	player
levo você	I'll take you
líquidos	fluids
me sinto	I feel
médico	doctor
não sei	I don't know
para ir	to go
peito	chest
pernas	legs
pílula	pill
receita	prescription
saúde	health
tão mal	so bad
ter	to have
vitamina C	vitamin C
você está com febre	you have a fever
xarope	cough syrup

EXERCÍCIOS

A. *Compreensão do diálogo.* (Dialogue comprehension.)

1. Adriana não está _____.
2. Ela tem que _____ ao médico.
3. O médico disse que ela precisa _____.
4. Ela precisa também _____ e vitamina C.
5. Marina _____ ao consultório médico.
6. Elas precisam também ir _____.

B. *Complete com verbo ter.* (Complete with the verb *ter.*)

1. Eu e você _____ muitos livros.
2. Marina e Adriana _____ amigos.
3. O Rio de Janeiro _____ muitas praias.
4. A professora _____ muitos estudantes de português.
5. A escola _____ muitas professoras.
6. A moça _____ dor de cabeça.

C. *Complete com ter ou ter que* (Complete with *ter* or *ter que.*)

1. Adriana _____ ir ao médico.
2. Você _____ muito amigos.
3. Eu _____ limpar a casa hoje.
4. Nós _____ ir à farmácia.
5. Eu e você _____ trabalhar muito hoje.

D. *Complete com partes do corpo.* (Complete with parts of the body.)

1. Adriana está com dor de _____.
2. Jogadores estão com dor nas _____.
3. Ele não podem falar porque têm dor de _____.
4. Ela está com dor nas _____.
5. Ele comeu demais, por isso está com dor de _____.

E. *Substitua ter por estar com. Use o modelo.* (Substitue *ter* for *estar com,* follow the example given.)

Modelo: Ela tem dor nas costas.
          Ela está com dor nas costas.

1. Ela tem dor de cabeça.
2. Os jogadores têm dor nas pernas.
3. Ela tem febre.
4. Nós temos dor de estômago.
5. O cantor tem dor de garganta.

F. ATIVIDADE SUGERIDA

1. Escreva algumas frases usando o verbo ter.
2. Escreva algumas frases usando o verbo estar com, mude para ter.
3. Faça um lista em português das partes do corpo.

NOTAS CULTURAIS

At first glance the Brazilian healthcare system seems to be ideal. The government provides all levels of medical services for all those who can't afford to pay for a private doctor or health insurance. In theory, no one can be denied medical assistance. If you are ill or have been in an accident, all you have to do is walk into a hospital's emergency room and you will be treated. No one will ask you if you have insurance, much less ask you to fill out endless forms before beginning treatment. The Brazilian healthcare system also provides free ambulance service to those in need of it.

However, due to the country's economic situation, many of the public hospitals are understaffed and underfunded. Shortages of beds can force an individual onto a waiting list until there is sufficient bed space to accommodate him. In the event of a serious emergency, the patient is checked into a private hospital at the government's expense.

RESPOSTAS

A. 1. *se sentindo bem;*   2. *ir;*   3. *descansar;*   4. *tomar muito líquido;*   5. *a leva;*   6. *à farmácia.*
B. 1. *temos;*   2. *têm;*   3. *tem;*   4. *tem;*   5. *tem;*   6. *tem.*
C. 1. *tem que;*   2. *tem;*   3. *tenho que;*   4. *temos que;*   5. *temos que.*
D. 1. *cabeça;*   2. *pernas;*   3. *garganta;*   4. *costas;*   5. *estômago.*
E. 1. *Ela está com dor de cabeça;*   2. *Os jogadores têm dor nas pernas;*   3. *Ela está com febre;*   4. *Nós estamos com dor de estômago;*   5. *O cantor está com dor de garganta.*

LIÇÃO 8
MEMBROS DA FAMÍLIA.   Family members.

A. DIÁLOGO

Celebrando um aniversário em Barcelos, Portugal.

JOÃO: Onde vais, Patrícia?

PATRÍCIA: Tenho que comprar um presente para a minha avó.

JOÃO: É o aniversário dela?

PATRÍCIA: Sim, amanhã vamos ter uma grande festa.

JOÃO: Quantos anos tem a tua avó?

PATRÍCIA: Ela tem 85 anos, mas é muito activa.

JOÃO: A minha avó também é muito activa. Toda a tua família vai à festa?

PATRÍCIA: Sim, a minha família inteira vai à festa. A minha irmã, os meus pais, os meus tios, tias e primos.

JOÃO: O teu noivo também vai?

PATRÍCIA: Sim, e o irmão dele também.

JOÃO: Vai ser uma festa muito boa. Boa sorte na compra do presente.

PATRÍCIA: Obrigada.

JOÃO: Feliz aniversário para a tua avó.

Celebrating a birthday in Barcelos, Portugal.

JOÃO: Where are you going Patrícia?

PATRÍCIA: I have to buy a gift for my grandmother.

JOÃO: Is it her birthday?

PATRÍCIA: Yes, tomorrow we're having a big party for her.

JOÃO: How old is your grandmother?

PATRÍCIA: She's 85 years old, but she's very active.

JOÃO: My grandmother's very active as well. Is all your family coming to the party?

PATRÍCIA: Yes, my whole family's coming: My sister, my parents, my aunts and uncles, and all our cousins.

JOÃO: Is your fiancé coming to the party?

PATRÍCIA: Yes, and so is his brother.

JOÃO: That's going to be a great party. Good luck shopping for a gift.

PATRÍCIA: Thanks.

JOÃO: Wish your grandmother a happy birthday for me.

B. PRONÚNCIA

Although the language spoken in Portugal and Brazil is the same, there are certain differences, just as there are differences between British and American English. The real distinctions between continental and Brazilian Portuguese are minor spelling differences and the fact that in Portugal the familiar form of the personal pronouns *tu* and *vós* are used instead of *você* (singular) and *vocês* (plural). The pronoun *tu* is seldom used in Brazil, it's used mostly in the southern part of the country and in very informal situations. *Vós* is hardly ever used in Brazil, the preferred form is *vocês*. For the sake of consistency, all the verbs conjugated in this book will include the *tu* and the *vós* form, however, examples and exercises will use the *você* and *vocês* forms.

C. GRAMÁTICA E USOS

1. POSSESSIVE PRONOUNS AND ADJECTIVES

Possessive pronouns and adjectives have the same form, however the article is optional with possessive pronouns. Note that in Brazilian Portuguese the definite article is frequently omitted before possessive adjectives.

my	meu, minha	meus, minhas
your (familiar)	teu, tua	teus, tuas
his, her, their, your	seu, sua	seus, suas
his, her	dele, dela	deles, delas
our	nosso, nossa	nossos, nossas
your	vosso, vossa	vossos, vossas

The possessive *seu, seus* can mean "his," "her," "your," or "their." In order to clarify the meaning, very often the descriptions *dele, dela, deles, delas, de você,* or *de vocês* follow the definite articles and the noun. The possessive adjectives will agree with the word they refer to in gender and number and not with the possessor:

POSSESSIVE ADJECTIVES

Tenho que comprar um presente para a minha avó.
    I have to buy a gift for my grandmother.
Minhas irmãs são simpáticas.
    My sisters are nice.
Seu tio é alto.
    Your uncle is tall.
Nosso jantar está frio.
    Our dinner is cold.
Tua família é grande?
    Is your family large?

POSSESSIVE PRONOUNS

O presente é meu.
    The present is mine.
As malas são minhas.
    The suitcases are mine.
O carro é seu.
    The car is mine.
O jantar é nosso.
    The dinner is ours.
Essa família é minha.
    That family is mine.

Note that *dele, dela, deles, delas* agrees with the person, not with the thing possessed.

A família deles é muito grande?
    Is their family very big?

A casa delas é muito bonita.
    Their house is very pretty.

A irmã dela está passando férias no Brasil.
    Her sister is vacationing in Brazil.

2. THE POSITION OF ADJECTIVES

1. Unlike in English, adjectives in Portuguese come after the nouns they modify.

minha tia favorita
　my favorite aunt

minha irmã simpática
　my nice sister

meu pai alto
　my tall father

2. Some adjectives have a different meaning according to their position. After the modified noun they have their literal (usual) meaning, and before the noun they have a figurative (extended meaning):

homem grande	a big man
grande homem	great man
meu amigo velho	my old (not young) friend
meu velho amigo	my old friend
uma cidade grande	a big city
uma grande cidade	a great city
presentes caros	expensive gifts
meus caros amigos	my dear friends

3. THE NEAR FUTURE

The near future is formed by the conjugated presented form of the verb *ir,* to go, plus the infinitive of the main verb.

O que você vai fazer?
　What are you going to do?

O que você vai fazer amanhã?
　What are you going to do tomorrow?

Amanhã vou comprar um presente.
　Tomorrow I'm going to buy a present.

Sábado vou viajar para São Paulo.
　Saturday I'm going to travel to São Paulo.

VOCABULÁRIO

aniversário	birthday
activo/a (Port.), *ativo/a* (Braz.)	active
avó	grandmother
avô	grandfather
bonitas	beautiful
caro	expensive
comprar	to buy
feliz aniversário	happy birthday
festa	party
filha	daughter
filho	son
genro	son-in-law
grande	big
irmã	sister
irmão	brother
neta/o	grandchild
noiva/o	fiancée
nora	daughter-in-law
Para onde vais? *(Onde você está indo?)*	Where are you going?
preciso	I need
presente	gift
pressa	in a hurry
primo/a	cousin
sobrinha	niece
sobrinho	nephew
sogra	mother-in-law
sogro	father-in-law
tia	aunt
tio	uncle

NOTAS CULTURAIS

The town of Barcelos, Portugal, is famous for its pottery, artesanes, and earthenware. The Feira de Barrelas, held every thursday, is one of the largest in the country. You can find anything from kitchen equipment to typical Portuguese artisanies. One of its most typical baked clay items is the renowned rooster of Barcelos, with its crest well reared up and its spurs standing out. The devotion of the people of Barcelos to the rooster can be attributed to this ancient legend, which has been passed from generation to generation.

A certain man from the neighboring Spanish province of Galicia was condemned to the gallows for a crime he did not commit. A devout Catholic, he appealed to the Virgin Mary and to St. James, his patron saint, for a miracle. As if touched by the hand of God, the Galician man was granted a private audience with the judge which was to be held in the magistrate's own private dining room. So sure was he of his innocence, he told the judge, that the roasted rooster being served for dinner that evening would get up and crow if his statements were really true. To the judge's great astonishment, the rooster immediately jumped up out of the tray and started crowing vibrantly. The Galician man was immediately set free.

EXERCÍCIOS

A. *Relacione a coluna da esquerda com a correta palavra da coluna da direita.* (Match the questions from the column on the left with the correct answer from the column on the right.)

1. Com quem João está conversando?
2. O noivo de Patrícia está vindo à festa?
3. Quando é o aniversário da avó?
4. O que Patrícia vai comprar para ela?
5. Quem vem à festa?
6. Quantos anos tem a avó de Patrícia?

a. *Sábado.*
b. *Com Patrícia.*
c. *Um presente.*
d. *Toda a família.*
e. *85 anos.*
f. *Sim, também o irmão dele.*

B. *Complete com adjetivos possessivos.* (Complete with a possessive adjective.)

1. (Her) *casa é grande?*
2. *Esta é* (your) *tia?*
3. *João é* (your) *tio?*

4. Patrícia vai a lojas de música com (her) amiga.
5. Este é (our) carro?

C. Complete com a forma correta do futuro próximo. (Complete with the correct form of the near future.)

Modelo: A avó de Patrícia _____ muito do presente. (gostar)
A avó de Patrícia vai gostar muito do presente.

1. Amanhã ela _____ um presente. (comprar)
2. Hoje eu _____. até às dez horas. (trabalhar)
3. Patrícia e Elvira _____ o tio João. (visitar)
4. Elas _____ muito sobre a festa. (falar)
5. A família de Patrícia _____ muito da festa. (gostar)

D. Traduza as palavras para o português. (Translate the following words.)

1. parentes
2. família
3. avós
4. pais
5. tio
6. tia
7. prima
8. primo
9. irmão
10. irmã
11. cunhada
12. namorodo
13. filho
14. filha
15. esposo
16. viúva
17. mãe
18. avó
19. nora
20. genro

RESPOSTAS

A. 1. b; 2. f; 3. a; 4. c; 5. d; 6. e.
B. 1. Sua; 2. tua; 3. teu; 4. sua; 5. nosso.
C. 1. vai; 2. vou; 3. vão; 4. vão; 5. vai.
D. 1. relatives; 2. family; 3. grandparents; 4. parents; 5. uncle; 6. aunt; 7. cousin (female); 8. cousin (male); 9. brother; 10. sister; 11. sister-in-law; 12. boyfriend; 13. son; 14. daughter; 15. husband; 16. widow; 17. mother; 18. grandfather; 19. daughter-in-law; 20. son-in-law.

LIÇÃO 9
ALIMENTOS. Groceries.

A. DIÁLOGO

No supermercado no Paraná, Brasil.

DONA MARIA: Rosa, você gostaria de me ajudar a encontrar estes artigos da minha lista?

ROSA: Claro. Por que você não me dá a metade de sua lista?

DONA MARIA: OK, aqui está a sua metade.

ROSA: Voltarei logo com as compras para você.

DONA MARIA: (PARA SI MESMA) Vamos ver, aqui está o pão, os ovos e o leite. Também preciso manteiga, café e um quilo de salmão.

ROSA: (MAIS TARDE) Oh, aqui está você! Aqui estão os tomates, pêssegos, uvas e o mamão. Não encontrei o azeite de oliva.

DONA MARIA: Perguntarei ao vendedor. Por favor, onde está o azeite de oliva?

VENDEDOR: Está em frente da sessão de congelados.

At the supermarket in Paraná, Brazil.

DONA MARIA: Rosa, can you help me find these items on my list?

ROSA: Sure. Why don't you give me half of the list?

DONA MARIA: OK, here's your half.

ROSA: I'll be back in a bit with the groceries for you.

DONA MARIA: (TO HERSELF) Let's see, here's the bread, the eggs and the milk. I also need butter, coffee, and a kilo of salmon.

ROSA: (LATER ON) There you are! Here are the tomatoes, peaches, grapes, and papaya. I couldn't find the olive oil.

DONA MARIA: I'll ask the sales person. Excuse me, where's the olive oil?

SALESPERSON: It's across from the frozen foods section.

B. PRONÚNCIA

THE ALPHABET

a	a	n	ene
b	bê	o	o
c	cê	p	pê
d	dê	q	quê
e	e	r	erre
f	éfe	s	esse
g	gê	t	tê
h	agá	u	u
i	i	v	vê
j	jota	w	dábliu
k	ka	x	xis
l	ele	y	ípslon
m	eme	z	zê

The letters *"k," "w,"* and *"y"* are used to spell foreign words, such as Wilson, Hollywood, and York. The letter *"k"* is used as an abbreviation for mathematical symbols or traffic signs, such *"k"* for *quilo* or *quilômetro*.

C. GRAMÁTICA E USOS

1. COMMON PREPOSITIONS

para, ao, à	to
em	in, on, at
de	by, of, from
a	to
depois	after
com	with
e	and

até	until, up to
antes	before
por cima	above, over
sobre	over, on
sob	under
além	besides, beyond
ao lado	beside, next to

Ajude-me a encontrar os artigos em minha lista.
    Help me find the items on my list.

Vamos ao supermecado.
    Let's go to the supermarket.

Rosa vai com Dona Maria ao supermercado.
    Rosa goes to the supermarket with Dona Maria.

Elas compram frutas e verduras.
    They buy fruits and vegetables.

Ela está em casa.
    She's home.

Eu sou de São Paulo.
    I'm from São Paulo.

2. CONTRACTIONS WITH THE PREPOSITION *A*, *POR*, *EM*, AND *DE*

    a. The prepostion *a* + the articles *o, a, os, as* is contracted as follows:

a + *o* = *ao*   *Dona Maria e Rosa vão ao supermercado*
                 Dona Maria and Rosa go to the supermarket.
                 Nós vamos ao escritório.
                 We go to the office.

a + *a* = *à*   *Os estudantes vão à escola.*
                 The students go to school.
                 Ela pergunta à vendedora onde está o azeite de oliva.
                 She asks the salesperson where the olive oil is located.

a + *os* = *aos*   *Ela gosta de ir aos parques em Nova York.*
                     She likes to go the parks in New York.

　　　　　　　Não gosto de trabalhar aos sábados e domingos.
　　　　　　　I don't like to work on Saturdays and Sundays.

a + as = às　*Prefiro trabalhar às segundas, quartas e sextas.*
　　　　　　　I prefer to work on Mondays, Wednesdays, and Fridays.
　　　　　　　Eles fizeram uma viagem às Cataratas do Iguaçu.
　　　　　　　They took a trip to the Iguaçu Falls.

　　b. The preposition *por* + the articles *o, a, os, as* is contracted as follows: [for, by, through]

por + o = pelo　*Quanto você pagou pelo ingresso?*
　　　　　　　　How much did you pay for the ticket?
　　　　　　　　Este ônibus passa pelo parque?
　　　　　　　　Does this bus go by the park?

por + a = pela　*O ônibus não passa pelo parque, passa pela Avenida Atlântica.*
　　　　　　　　The bus doesn't go by the park, it goes by Atlantic Avenue.
　　　　　　　　Eles vêm aqui pela primeira vez.
　　　　　　　　They are coming here for the first time.

por + os = pelos　*Sabemos das notícias pelos jornais.*
　　　　　　　　　We hear the news through the newspapers.
　　　　　　　　　Os pais fazem tudo pelos filhos.
　　　　　　　　　Parents do everything for the sake of their children.

por + as = pelas　*Fazemos isto pelas mesmas razões.*
　　　　　　　　　We do it for the same reasons.
　　　　　　　　　Gosto de andar pelas ruas de Nova York.
　　　　　　　　　I like to walk in the streets of New York.

　　c. The preposition *em* + the articles *o, a, os, as* are contracted as follows: [at, in]

em + o = no　*Dona Maria e Rosa estão no supermercado.*
　　　　　　　Dona Maria and Rosa are at the supermarket.
　　　　　　　Elas põem os alimentos no carro.
　　　　　　　They put the groceries in the car.

em + a = na   Nós compramos tudo que está na lista.
We bought everything on our list.
Pagamos pelas compras na caixa registradora.
We payed for the groceries at the cash register.

em + os = nos   Há muitas pessoas nos supermercados.
There are many people in the supermarkets.
Gosto de morar nos Estados Unidos.
I like living in the United States.

em + as = nas   Gostamos de fazer compras nas lojas de Nova York.
We like shopping in New York stores.

   d. The preposition *de* + the articles *o, a, o, as*, is contracted as follows: from, with

de + o = do   Meus amigos vêm do Brasil.
My friends come from Brazil.
Vocês sacam dinheiro do banco e do escritório.
You withdraw money from the bank and from the office.

de + a = da   Elas emprestam roupas da mãe delas.
They borrow clothes from their mother.
Nós sempre compramos frutas da loja aqui perto.
We always buy fruits from the nearby store.

de + os = dos   Vôce é muito amigo dos vizinhos.
You are good friends with your neighbors.
Eu vou buscar as suas bebidas e as dos seus amigos.
I am going to get your beverages and those of your friends.

de + as = das   Minha namorada viaja das ilhas para o continente.
My girlfriend is traveling from the islands to the continent.
Meus colegas de classe aceitaram ajuda das boas freiras.
My classmates accepted help from the good nuns.

3. THE VERB *GOSTAR*

The verb *gostar* means "to like." Note that *gostar* is used with the preposition *de*, and if another verb is used in the same sentence, it stays in the infinitive.

GOSTAR TO LIKE

eu gosto	nós gostamos
tu gostas	vós gostais
você gosta	vocês gostam
ele gosta	eles gostam
ela gosta	elas gostam

Rosa gosta de ajudar Dona Maria.
Rosa likes to help Dona Maria.

Nós gostamos de nossos amigos.
We like our friends.

Ela gosta de comprar neste supermercado.
She likes to shop at this supermarket.

Eu gosto muito de andar no parque.
I like to walk in the park.

4. THE VERB *VIR*

The verb *vir*, "to come," is irregular. Its forms are:

VIR TO COME

eu venho	nós vimos
tu vens	vós vindes
você vem	vocês vêm
ele vem	eles vêm
ela vem	elas vêm

Rosa vem sempre ao supermercado com Dona Maria.
Rosa always comes to the supermarket with Dona Maria.

Elas vêm comigo.
They come with me.

Você vem à minha casa domingo?
Are you coming to my house on Sunday?

Eles vêm a Nova Yorque todos os anos.
They come to New York every year.

VOCABULÁRIO

azeite de oliva	olive oil
alface	lettuce
as compras	the groceries
bananas	bananas
brócoli	broccoli
café	coffee
carne	meat
fazer compras	go shopping
frutas	fruit
laranja	orange
leite	milk
libra	pound
lista	list
maçã	apple
mamão	papaya
manteiga	butter
meio/a	half
melancia	watermelon
nozes	walnuts
ovos	eggs
pão	bread
peixe	fish
pêssego	peach
pimenta-do-reino	black pepper
preciso	I need
pronta	ready
salmão	salmon
supermercado	supermarket
tomate	tomato
uvas	grapes
vegetais	vegetables
vendedor	salesman

EXERCÍCIOS

A. *Responda de acordo com o diálogo.* (Use the dialogue to answer the following question.)

   1. *Que tipo de produtos Dona Maria e Rosa vão comprar? Faça um círculo em volta das palavras certas.* (What items are Dona Maria and Rosa going to buy? Circle the correct responses.)

   a. *tomates*
   b. *alface*
   c. *pêssegos*
   d. *uvas*
   e. *mamão*
   f. *manteiga*
   g. *ovos*
   h. *pão*
   i. *leite*
   j. *manteiga*
   k. *salmão*
   l. *azeite de oliva*
   m. *açúcar*

B. *Complete com a preposição apropriada.* (Complete with the appropriate preposition, refer to pages 90–92.)

   1. *Vamos _____ supermercado.*
   2. *Rosa vai _____ Dona Maria ao supermercado.*
   3. *O avião voa _____ os prédios.*
   4. *O supermercado é _____ do ponto de ônibus.*
   5. *Vou ao escritório _____ de tomar café.*
   6. *Gosto de ler _____ de dormir.*

C. *Complete com o verbo gostar. Use o modelo.* (Complete with the verb "to like," follow the example.)

   Modelo: *Nós _____ de morar em Nova York.*
            Nós gostamos de morar em Nova York.

   1. *Dona Maria _____ de comprar neste supermercado.*
   2. *Rosa _____ de ajudar Dona Maria.*
   3. *Elas _____ de andar no parque.*
   4. *Nós _____ de filmes clássicos.*
   5. *Ele _____ de viajar nas férias.*

D. ATIVIDADE SUGERIDA

Make a fruit salad with the following ingredients.

1. *1/5 mamão*
2. *6 pêssegos*
3. *2 maçãs*
4. *1 xícara de melancia cortada*
5. *2 bananas*
6. *1/2 xícara de nozes*

NOTAS CULTURAIS

Brazil offers its citizens and visitors a rich variety of seafood, meats, fruits, and vegetables. They are readily available at supermarkets, fruit stands and neighborhood grocery stores. However, like all Latin American countries, you can find *feiras livres*, open markets, year round. This type of street market can be found in every neighborhood, city, and town of Brazil. Here you'll find all types of products and foodstuffs for sale. The fruits and vegetables sold at *feiras livres* are usually fresher and less expensive than those sold in supermarkets. Besides fruits and vegetables, you can find other products such as rice, beans, flour, arts and crafts and any number of herbs and spices as well as household goods and even clothing.

RESPOSTAS

A. *tomates, pêssegos, uvas, mamão, manteiga, ovos, pão, leite, salmão, óleo de oliva.*
B. 1. *ao;*   2. *com;*   3. *sobre;*   4. *ao lado;*   5. *depois;*   6. *antes.*
C. 1. *gosta;*   2. *gosta;*   3. *gostam;*   4. *gostamos;*   5. *gosta.*

LIÇÃO 10
NA ESTAÇÃO DE TREM. At the train station.

A. DIÁLOGO

Comprando uma passagem de trem em Vitória, Brasil.

TOBIAS: Gostaria de fazer uma reserva, por favor.

FUNCIONÁRIO: Qual é o seu destino?

TOBIAS: Gostaria de ir de trem expresso para Belo Horizonte.

FUNCIONÁRIO: Há um expresso partindo às 8:30.

TOBIAS: Ótimo! Eu gostaria de fazer uma reserva.

FUNCIONÁRIO: Você quer passagem de ida e volta?

TOBIAS: Ida apenas, obrigado.

FUNCIONÁRIO: Primeira ou segunda classe?

TOBIAS: Segunda classe, por favor.

FUNCIONÁRIO: Você vai fazer alguma coisa especial em Belo Horizonte?

TOBIAS: Vou visitar alguns amigos.

FUNCIONÁRIO: Parece interessante. Aqui está sua passagem, divirta-se!

Buying a train ticket in Vitória, Brazil.

TOBIAS: I'd like to make a reservation, please.

EMPLOYEE: What's your destination?

TOBIAS: I'd like to go by express train to Belo Horizonte.

EMPLOYEE: There's an express departing at 8:30.

TOBIAS: Great! I'd like to reserve a seat.

EMPLOYEE: One way or round trip?

TOBIAS: One way, thank you.

EMPLOYEE: First or second class?

TOBIAS: Second class, please.

EMPLOYEE: Are you doing anything special in Belo Horizonte?

TOBIAS: I'm visiting some friends.

EMPLOYEE: That sounds like fun. Here is your ticket, have a great time!

B. PRONÚNCIA

MORE DIPHTHONGS

lh (like "l" in million): **milhão, bilhão, medalha, trabalho.**
nh: **montanha, minha, tamanho, grunhir.**

MORE CONSONANTS

The letter "g" has two sounds. Before the vowels "a," "o," and "u" it has the hard "g" sound, such as:
g (like "g" in garage) **garagem, governo, guru.**
Before the letters "e" and "i" it has the soft "g" sound.
g (like in "g" in giraffe): **gelo, gelatina, girafa, gigante.**

C. GRAMÁTICA E USOS

1. THE VERB *IR*

IR   TO GO

eu	vou
tu	vais
você	vai
ele	vai
ela	vai

nós	vamos
vós	ides
vocês	vão
eles	vão
elas	vão

Eu gostaria de ir para Belo Horizonte.
   I would like to go to Belo Horizonte.

Ele vai para a estação de trem.
   He goes to the train station.

Luigi vai para a Itália.
   Luigi goes to Italy.

Eles vão para a praia.
   They go to the beach.

Elas vão ao cinema.
   They go to the movies.

2. THE PREPOSITIONS *PARA* AND *DE*

The verb *ir* is often used with the prepositions *para, a, ao,* and the preposition *de.*
para, a, and *ao,* means "to" and it is used to indicate movement towards something. *De* means "by" and indicates the means of transportation.
Note when referring to places one goes on foot, the preposition to be used is *a* instead of *de.*

Eu gostaria de ir para Belo Horizonte de trem.
   I would like to go by train to Belo Horizonte.

Ele vai para Belo Horizonte de trem.
   He goes to Belo Horizonte by trem.

Ela vai para a praia a pé.
   She goes to the beach on foot.

Eu vou para o cinema a pé.
   I go to the movies on foot.

Note: The difference between *para, à,* and *ao* is distance and how long the person is going to be at the place he or she is going. The words *à* and *ao* are contractions of the preposition *a,* plus the articles *a* and *o,* it indicates that the word requires the use of this articles before the word.

Eu vou para Belo Horizonte.
I go to Belo Horizonte.

Ele vai ao cinema.
She goes to the movies.

Nós vamos à praia.
We go to the beach.

Ela vai para a Itália.
She goes to Italy.

3. THE VERB *FAZER*

FAZER   TO MAKE, TO DO

eu	faço	nós	fazemos
tu	fazes	vós	fazeis
você	faz	vocês	fazem
ele	faz	eles	fazem
ela	faz	elas	fazem

Eu gostaria de fazer uma reserva.
I would like to make a reservation.

Ele quer fazer uma viagem para Belo Horizonte.
He would like to take a trip to Belo Horizonte.

Elas querem fazer um telefonema.
They would like to make a phone call.

Eles gostariam de fazer um passeio pela praia.
They would like to take stroll along the beach.

4. TRANSLATION OF THE VERB "TO BE" IN PORTUGUESE

a. To describe states or conditions of people or things, use the verb *estar:*

Eles estão tristes.
They are sad.

b. To describe professions and inherent characteristics, use the verb *ser:*

Eu sou médico.
I am a doctor.

c. To talk about weather or temperature conditions, use the verb *fazer:*

Faz calor no verão.
It is warm in the summer.

d. To describe one's age, use the verb *ter:*

Eu tenho 35 anos.
I'm 35 years old.

VOCABULÁRIO

a pé	on foot
alguma coisa	something
comprar	to buy
de	by
destino	destination
especial	special
estação de trem	train station
expresso	express
fazer	to make/to do
garagem	garage
gato	cat
gelatina	gelatin
gigante	giant
guru	guru
ida e volta	round trip
ir	to go
medalha	medallion
milhão	million
Ótimo!	Great!
para	to

passagem de ida	one way ticket
passagem	ticket
passeio	stroll
por	along
primeira classe	first class
quero	I want
reserva	reservation
segunda classe	second class
telefonema	a phone call
trem	train
tristes	sad
um assento	a seat
viagem	a trip
visitando	visiting

EXERCÍCIOS

A. *Responda de acordo com o diálogo. Use o modelo.* (Answer according to the dialogue, use the model).

Modelo: Tobias está na _____ de trem.
                Tobias está na estação de trem.

1. Ele quer _____ para Belo Horizonte.
2. O trem expresso parte _____.
3. Ele vai visitar alguns _____.
4. Ele quer uma passagem de _____.
5. Ele viaja _____ classe.

B. *Complete com verbo ir. Use o modelo:* (Complete with the verb *ir*, use the model.)

Modelo: Eles _____ para a praia.
                Eles vão para a praia.

1. Nós _____ para o escritório.
2. Elas _____ ao cinema.

3. Luigi _____ para Milão.
4. Nós _____ ao supermercado.
5. A professora _____ para a escola.

C. Complete com de ou, a. Use o modelo. (Complete with "de"or "a," use the model.)

Modelo: Elas vão para a praia _____ pé.
          Elas vão para a praia a pé.

1. Vou para a escola _____ pé.
2. Nós vamos para escritório _____ metrô.
3. As moças vão _____ pé para o cinema.
4. Os homens vão para o escritório _____ táxi.
5. Eu e você vamos _____ ônibus para casa.

D. Complete com verbo fazer. Use o modelo. (Complete with the verb *fazer*, use the model.)

Modelo: Eu _____ um telefonema para minha amiga.
          Eu faço um telefonema para minha amiga.

1. Eles _____ uma viagem a Belo Horizonte.
2. Ele _____ uma reserva no trem das oito.
3. Vocês _____ uma visita a Europa todos os anos?
4. Eu _____ uma reserva no restaurante.
5. Ela _____ uma visita à família.

E. Complete com o verbo ser ou estar. Use o modelo. (Complete with the verbs *ser* or *estar*, follow the example given.)

Modelo: Eles _____ cansados.
          Eles estão cansados.

1. Ela _____ médica.
2. Eles _____ tristes.
3. Luigi _____ turista.
4. Paulo _____ engenheiro.
5. Ele _____ no Brasil.

G. ATIVIDADE SUGERIDA

1. Escreva algumas frases usando o verbo ir.
2. Escreva frases usando o verbo fazer.
3. Escreva de três a cinco frases usando os verbos ser ou estar.

NOTAS CULTURAIS

Belo Horizonte is the capital of the state of Minas Gerais (meaning "general mines"), a name inspired by the area's great mineral wealth. In the eighteenth century, vast precious metal reserves provoked a gold rush that made this state the de facto capital of the Portuguese colony. Minas Gerais is located in the eastern part of Brazil, several hours by car from Rio de Janeiro and São Paulo. The state is also a major producer of dairy products, minerals, and precious stones.

Every year, millions of tourists go to Minas Gerais to visit the historic sites and to admire the work of the famous artist Antônio Francisco Lisboa. Nicknamed *O Aleijandinho,*—"the little cripple"—due to the deformity of his two hands, he was born in what is today Ouro Preto, a small town in the interior of Minas Gerais. *O Aleijandinho* was a sculptor who carved beautiful religious icons that adorn the region's churches. The house where he was born is now a museum where all those who visit can admire the great beauty of his works of art.

RESPOSTAS

A. 1. *ir;* 2. *às 8:30;* 3. *amigos;* 4. *ida;* 5. *de segunda.*
B. 1. *vamos;* 2. *vão;* 3. *vai;* 4. *vamos;* 5. *vai.*
C. 1. *a;* 2. *de;* 3. *a pé;* 4. *de;* 5. *de.*
D. 1. *fazem;* 2. *faz;* 3. *fazem;* 4. *faço;* 5. *faz.*
E. 1. *é;* 2. *estão;* 3. *é;* 4. *é;* 5. *está.*

SEGUNDA REVISÃO

A. Complete com a forma correta do verbo preferir ou assistir. Use o modelo. (Complete with the correct form of the verbs "to prefer" or "to watch," follow the example given.)

   Modelo: Eu (preferir) assistir comédias.
             Eu prefiro assistir comédias.

   1. Ela também (preferir) comédias.
   2. Elas (preferir) ir ao Cinema Copacabana.
   3. Nós (assistir) filmes italianos.
   4. Eles (preferir) filmes de ação.
   5. A amiga de Ana (assistir) um filme brasileiro.

B. Mude os verbos para o presente contínuo. Use o modelo. (Change the verbs to the present continuous, follow the example given.)

   Modelo: Ela procura o jornal.
             Ela está procurando o jornal.

   1. Elas assistem um filme.
   2. Ana fala com a amiga.
   3. Lúcia fala com Ana.
   4. Vocês falam com o garçom.
   5. Eu escrevo o exercício.

C. Complete com o verbo, ir de, ir a, ou ir para. Use o modelo. (Complete with the conjugated form of the verb "to go" plus the prepositions: de, a, or para, follow the example given.)

   Modelo: Minha amiga _____ ônibus para o escritório.
             Minha amiga vai de ônibus para o escritório.

   1. Eu _____ táxi para o restaurante.
   2. Luigi _____ avião _____ São Paulo.
   3. Ele _____ ônibus para Friburgo.
   4. Nós _____ o supermercado.
   5. Eles _____ escritório.

D. *Complete com pronomes possessivos. Use o modelo.* (Complete with possessive pronouns, follow the example given.)

Modelo: Esta é *(my)* avó.
          Esta é *minha* avó.

1. *Este é (my) tio.*
2. *(Your) apartamento é pequeno?*
3. *A casa de (his) é grande.*
4. *Carlos Jobim é o compositor favorito de (them).*
5. *Regina e Paulo são (my) amigos.*

E. *Complete com o futuro próximo. Use o modelo.* (Complete with the near future, follow the example given.)

Modelo: Amanhã _____ almoçar com minha amiga.
          Amanhã *vou* almoçar com minha amiga.

1. *O que você _____ fazer amanhã?*
2. *Domingo elas não _____ conduzir ao escritório.*
3. *Ele _____ viajar para São Paula na próxima sexta-feira.*
4. *Meu filho _____ comprar um CD de seu cantor favorito.*
5. *Nós _____ visitar nossa família no verão.*

RESPOSTAS

A. 1. *prefere;*   2. *preferem;*   3. *assistimos;*   4. *preferem;*   5. *assiste.*
B. 1. *estão assistindo;*   2. *está falando;*   3. *está falando;*   4. *estão falando;*   5. *estou escrevendo.*
C. 1. *vou de;*   2. *vai de, para;*   3. *vai de;*   4. *vamos para;*   5. *vão ao.*
D. 1. *meu;*   2. *Seu;*   3. *dele;*   4. *deles;*   5. *meus.*
E. 1. *vai;*   2. *vão;*   3. *vai;*   4. *vai;*   5. *vamos.*

PRIMEIRA LEITURA

Now you're ready to practice your reading skills! While you've been "reading" the dialogues, the four LEITURA passages offer you a chance to practice reading as you would read a newspaper article or essay. First, read through each passage without referring to the accompanying vocabulary notes. Try to understand the main idea and the main points guessing the meanings of any new words from the context or from their similarities to English. Don't worry if a passage seems long or if you don't know each word; you can go back and reread it, checking the vocabulary notes to learn the exact meaning of the new words and phrases. Now, let's begin!

A VIDA DE CARMEM SILVA

Carmem Silva é uma advogada[1] brasileira. Ela trabalha para um escritório de advocacia[2] em São Paulo. Ela é muito eficiente[3] e gosta muito de seu trabalho. Além de trabalhar, ela está estudando na universidade[4] pois ela quer completar o mestrado[5] em Direito.[6] Como hobbies, ela gosta muito de ler, ir ao cinema e ir ao teatro com amigos. Durante as férias, ela gosta de viajar.[7] Às vezes ela visita[8] outros estados brasileiros e outras vezes ela faz viagens à Europa e aos Estados Unidos. Ela fala inglês e francês, mas sempre que possível ela prefere falar português.

VOCABULÁRIO

1. *advogada* — lawyer
2. *escritório de advocacia* — law firm
3. *eficiente* — efficient
4. *universidade* — university
5. *mestrado* — masters
6. *Direito* — law
7. *viajar* — to travel
8. *visita* — visits

LIÇÃO 11
COMENDO NUM RESTAURANTE. Eating in a restaurant.

A. DIÁLOGO

Em um restaurante no Recife, Pernambuco, Brasil.

GARÇOM: Boa-tarde! Em que posso servi-lo?

PAULO: Uma mesa para um, por favor.

GARÇOM: Pois não! Siga-me por favor. Aqui está o menu.

PAULO: Hum! Tudo parece muito bom, o que você recomenda?

GARÇOM: O especial do dia é frango assado, servido com arroz ou batata, salada e legumes.

PAULO: Parece bom, mas eu prefiro peixe. Que tipo de peixe você recomenda?

GARÇOM: Hoje temos camarão à baiana, bacalhoada e salmão grelhado.

PAULO: Que tipo de vegetais acompanham o salmão?

GARÇOM: Vem com brócoli, couve-flor e pode escolher entre sopa ou salada.

PAULO: Muito bem, traga o salmão grelhado, com brócoli e salada de alface.

GARÇOM: O senhor gostaria de vinho para acompanhar?

PAULO: Não obrigado, vou beber apenas água mineral.

GARÇOM: Trarei tudo isto para o senhor em um momento.

At a restaurant in Recife, Pernambuco, Brazil.

WAITER: Good afternoon! How can I help you?

PAULO: A table for one, please.

WAITER: Sure! Follow me. Here's the menu.

PAULO: Mmm, everything looks so good! What do you recommend?

WAITER: The special of the day is baked chicken. We serve it with potatoes or rice, steamed vegetables, and a green salad.

PAULO: It sounds good, but I prefer fish. What do you recommend?

WAITER: Today we have shrimp in a spicy sauce, codfish stew, and grilled salmon.

PAULO: What kind of vegetables come with the salmon?

WAITER: It comes with broccoli, cauliflower florets, and your choice of soup or salad.

PAULO: Great. Bring me the grilled salmon with the broccoli and the salad.

WAITER: Would you like to have some wine with that?

PAULO: No thank you, I'll just have mineral water.

WAITER: I'll bring your order right out.

B. GRAMÁTICA E USOS

1. THE IRREGULAR VERB *PODER*

The verb *poder* means "can" or "to be able to," sometimes it's used in the sense of having the capability to do something, like speaking a foreign language, or just accomplishing a simple task such closing a window.

PODER   TO BE ABLE TO, CAN

eu	posso		nós	podemos
tu	podes		vós	podeis
você	pode		vocês	podem
ele	pode		eles	podem
ela	pode		elas	podem

Em que posso servi-lo?
 How can I help you?

Você pode recomendar alguma coisa?
 Can you recommend something?

Posso ver o menu?
 Can I see the menu?

Você pode escolher arroz ou batatas.
 You can choose rice or potatoes.

Eu posso ir ao cinema com você.
 I can go to movies with you.

Elas podem falar português e inglês muito bem.
 They can speak Portuguese and English very well.

2. THE VERB *SERVIR*

The verb *servir* means "to serve" or "to be good at something."

SERVIR   TO SERVE, TO BE GOOD FOR SOMETHING

eu	sirvo	nós	servimos
tu	serves	vós	servis
você	serve	vocês	servem
ele	serve	eles	servem
ela	serve	elas	servem

Nós servimos o frango com batatas e arroz.
 We serve the chicken with potatoes and rice.

Este restaurante serve um bom peixe.
 This restaurant serves good fish.

O garçom serve o almoço.
 The waiter serves lunch.

Minha mãe serve sobremesa para as visitas.
 My mother serves dessert to the guests.

Este carro não serve para nada!
 This car is no good!

Estas laranjas não servem, pegue as outras.
 These oranges are no good, take the others.

3. A SAMPLE MENU

Canja ou sopa de cebola	Chicken-rice soup or onion soup
Omelete	Omelet
Bacalhau	Cod
Frango assado	Roast chicken
Costeletas grelhadas	Grilled ribs
Bife come batatas fritas	Steak with fried potatoes
Salada de alface com tomate	Lettuce and tomato salad
Queijo e frutas	Cheese and fruit
Café	Coffee

VOCABULÁRIO

almoço	lunch
aqui está o menu	here is the menu
bacalhoada	codfish stew
batata assada	baked potato
Boa tarde.	Good afternoon.
com arroz	with rice
comer	to eat
comida	food
couve-flor	cauliflower florets
escolher	to choose
espinafre	spinach
frango assado	baked chicken
hoje temos	today we have
jantar	dinner
legumes	legumes, vegetables
manteiga	butter
o especial do dia	the special of the day
parece bom	looks good
peixe	fish
pois não	sure
por favor	please
refeição	meal
restaurante	restaurant

salmão grelhado	grilled salmon
siga-me	follow me
sopa	soup
traga	bring
uma mesa	a table
vegetais cozidos	steamed vegetables

EXERCÍCIOS

A. *Relacione as palavras da coluna A com as palavras da coluna B.*

COLUNA A

1. Onde está Paulo?
2. Quem está servindo Paulo?
3. Paulo vai comer camarão?
4. Ele prefere beber . . .
5. Quais são as pratos especiais do dia?

COLUNA B

a. Frango assado com arroz e batata.
b. água mineral.
c. No restaurante.
d. O garçom.
e. Não, ele vai comer salmão.

B. *Complete com verbo servir. Use o modelo.*

Modelo:　Ela _____ o jantar às 8:00 horas.
　　　　　Ela serve o jantar às 8:00 horas.

1. O garçom _____ Paulo.
2. Nós _____ sobremesa para as visitas.
3. Os restaurantes em sua cidade _____ boa comida?
4. O carro velho não _____ para nada.
5. Quero outras laranjas, estas não _____.
6. No verão eu _____ muita salada para meu filhos.

C. *Complete com verbo poder. Use o modelo.* (Complete with the verb poder, follow the example given.)

Modelo:　Você _____ abrir a porta, por favor?
　　　　　Você pode abrir a porta, por favor?

1. Márcia _____ falar português e inglês muito bem.
2. Nós _____ ir para ao cinema a pé.
3. Quantos quilômetros você _____ andar todos os dias?
4. _____ ver o menu?
5. Não _____ falar com meu filho todos os dias.
6. Paulo _____ comer brócoli e salada com salmão.

D. ATIVIDADE SUGERIDA

1. Procure por um restaurante no jornal de sua cidade que sirva comida brasileira.
2. Crie um menu típico brasileiro com suas comidas favoritas.
3. Pratique pedir comida em português.

NOTAS CULTURAIS

As you have read in previous lessons, Brazilian cuisine is rich in variety and tradition. Many of its traditional dishes are adaptations of Portuguese specialties. Beef stews called *cozidos* and fish stews called *caldeiras* are examples of the strong Portuguese culinary influence. *Camarão à baiana* and *bacalhau* are also prime examples of traditional Brazilian cuisine. *Camarão à baiana* (spiced shrimp) is a dish brought to Brazil by African slaves and *bacalhoada* (codfish stew with potatoes, tomatoes and all sort of seasonings) was brought to Brazil by the Portuguese.

Brazilian desserts are referred to as *doces* (sweets) and are sweeter that most Americans are used to. Many *doces* are based on the custards and puddings of France and Portugal. *Cafezinho* is strong Brazilian black coffee and it is usually taken with milk *(café com leite)* only at breakfast. *Caipirinha* could be considered the national drink of Brazil. It is a combination of crushed lime, sugar, and *pinga* or *cachaça* (liquor made from sugarcane).

RESPOSTAS

A. 1. *c*; 2. *d*; 3. *e*; 4. *b*; 5. *a*.
B. 1. *serve;* 2. *servimos;* 3. *servem;* 4. *serve;* 5. *servem;* 6. *sirvo.*
C. 1. *pode;* 2. *podemos;* 3. *pode;* 4. *Posso;* 5. *posso;* 6. *pode.*

LIÇÃO 12
UM TELEFONEMA A COBRAR. Making a collect call.

A. DIÁLOGO

Um telefonema a cobrar de Nova Iorque para o Rio de Janeiro, Brasil.

FREITAS: Telefonista, quero fazer um telefonema internacional pessoa-a-pessoa a cobrar para o Rio de Janeiro, Brasil.

TELEFONISTA: Certamente senhor. Qual é o código da área e o número do telefone?

FREITAS: O código da área é 21 e o número é 325-0045.

TELEFONISTA: Há alguém lá para aceitar esta chamada?

FREITAS: Sim.

TELEFONISTA: Qualé o seu nome?

FREITAS: Freitas.

TELEFONISTA: Um momento por favor, enquanto eu faço a chamada.

MARTA: Alô?

TELFONISTA: Aqui é a telefonista. A senhora aceita uma chamada a cobrar do senhor Freitas?

MARTA: Sim, certamente.

TELEFONISTA: Obrigada. Farei a conexão.

A long distance collect call from New York to Rio de Janeiro, Brazil.

FREITAS: Operator, I want to make a collect call person to person to Rio de Janeiro, Brazil.

OPERATOR: Certainly, sir. What's the area code and telephone number?

FREITAS: The area code is 21 and the telephone number is 325-0045.

OPERATOR: Is there someone to accept the call?

FREITAS: Yes.

OPERATOR: What is your name?

FREITAS: Freitas.

OPERATOR: Just a moment please, while I make the call.

MARTA: Hello?

OPERATOR: This is the operator. Will you accept a collect call from Freitas?

MARTA: Yes, certainly.

OPERATOR: Thank you. I'll connect you.

B. GRAMÁTICA E USOS

1. IRREGULAR VERBS *QUERER* E *FAZER*

QUERER TO WANT

eu	quero
tu	queres
você	quer
ele	quer
ela	quer

nós	queremos
vós	quereis
vocês	querem
eles	querem
elas	querem

Ele quer fazer um telefonema a cobrar.
   He wants to make a collect call.

Eu quero falar com Marta.
   I want to speak to Martha.

Nós queremos ir para o Rio.
   We want to go to Rio.

FAZER   TO MAKE, TO DO

eu	faço
tu	fazes
você	faz
ele	faz
ela	faz

nós	fazemos
vós	fazeis
vocês	fazem
eles	fazem
elas	fazem

Um momento por favor, enquanto eu faço a ligação.
   One moment please, while I make the connection.

Eu tenho um milhão de coisas para fazer.
   I have a million things to do.

Este restaurante faz uma boa sopa.
   This restaurant makes a good soup.

Por favor, faça isto o mais cedo possível.
   Please do this as soon as possible.

2. ADVERBS

Many English adverbs are easily recognized by the ending "-ly." The Portuguese adverbial ending is *-mente*. It is added to adjectives ending in a consonant; to the feminine form *(-a)* of adjectives in *o;* and to the final *e* of any adjective.

certo	certamente	certainly
claro	claramente	clearly
absoluto	absolutamente	absolutely
rápido	rapidamente	rapidly
eficiente	eficientemente	efficiently

When two or more adverbs appear in the same sentence, only the *final* one has the *-mente* ending:

Ela ouve atenta e pacientemente as explicações dele.
   She listens attentively and patiently to his explanations.

Eles trabalham rapida e eficientemente.
   They work rapidly and efficiently.

If the word has a written accent, the accent is dropped after adding *mente:*

só-somente		only
ênfase-enfaticamente		emphatically
sólido-solidamente		solidly

Adverbs are generally compared like adjectives

positive	*rapidamente*	rapidly
comparative	*mais rapidamente*	more rapidly
superlative	*o mais rapidamente*	most rapidly

Note that not all adverbs end in *mente*. Some examples:

de repente	suddenly	*cedo*	early
mal	badly	*talvez*	maybe, perhaps
bem	well	*aqui*	here
depressa	fast	*muito*	much, a lot

Adverbs can take many forms, such as:

1. Adverbs of time.

hoje	today	*sempre*	always
ontem	yesterday	*de vez em quando*	sometimes
amanhã	tomorrow	*de imediato*	immediately
nunca	never	*raramente*	rarely, seldom

2. Adverbs of doubt.

possivelmente	possibly
provavelmente	probably

3. Adverbs of mode (most adverbs ending in *mente* fall into this category).

facilmente	easily	*devagar*	slowly
rapidamente	rapidly	*à vontade*	comfortably

4. Adverbs of intensity.

pouco	little, few	*tanto*	as much as
tão	so	*ainda*	still, yet
quase	almost	*apenas*	only

5. Adverbs of place.

acima	above, over, on	ali	there (far away)
aí	over there (near you)	lá	there (remote)

6. Adverbs of quantity.

muito(s), muita(s)	much, a lot	mais	more
pouco(s), pouca(s)	little	menos	less

7. Adverbs expressing affirmation.

sim	yes	certo(a)	certainly
também	also, too	claro	of course

8. Adverbs expressing negation.

não	no, not	nem	nor
nunca	never	nem . . . nem	neither . . . not

3. OTHER QUESTION WORDS WITH *QUEM?*

Use *Com quem* _____? for "With whom?":

Com quem você quer falar?
  With whom do you want to speak?

Use *A quem* _____? for "To whom?":

A quem você vai chamar?
  Whom are you going to call?

Use *Para quem?* for "For whom?":

Para quem é a chamada?
  For whom is the call?

Use *De quem?* for "Whose" or "Of Whom"?

4. USING THE TELEPONE

Para fazer um telefonema:
    To make a telephone call:

Alô! De onde fala?
    Hello! Who is this?

Aqui é três-meia-cinco, um-meia-dois-nove.
    It's 365-1629.

É engano.
    It's the wrong number.

Disquei o número errado.
    I dialed the wrong number.

Está ocupado.
    It's busy.

Está tocando.
    It's ringing.

Ninguém atende.
    Nobody answers it.

Há um telefone aqui?
    Is there a telephone here?

Onde posso telefonar?
    Where can I phone?

Dá licença para o usar o telefone?
    May I use your phone?

Poderia usar a lista telefônica, por favor?
    Could I use the telephone book, please?

Você sabe onde há uma cabine telefônica?
    Do you know where there's a telephone booth?

No vestíbulo do hotel.
    In the hotel lobby.

O senhor tem cartão de telefone?
    Do you have telephone cards?

Quero um cartão, por favor.
  I want a phone card, please.

Quero fazer um telefonema interurbano.
  I want to make a long-distance call.

Telefonista, quanto custa um telefonema para Lisboa?
  Operator, how much is a phone call to Lisbon?

Um momento, por favor!
  Just a moment, please!

VOCABULÁRIO

a cobrar	collect call
aceitar	to accept
alguém	someone
atentamente	attentively
bem	well
calmamente	calmly
cedo	early
certamente	certainly
chamada	call
código de área	area code
com	with
conexão	connection
explicação	explanation
fazer	to do, to make
interurbano/a	long distance
ligação	connection
mais	more
mal	bad
número	number
pacientemente	patiently
pessoa-a-pessoa	person to person
quem	who
quer falar	want to speak
quero	I want
senhor/a	Sir/Mrs.

sopa	soup
tarde	late
telefone	telephone
telefonista	operator
um telefonema	a phone call

EXERCÍCIOS

A. *Responda de acordo com o diálogo.*

1. Com quem Freitas está falando?
2. Para quem ele quer telefonar?
3. Qual é o código da área que ele quer chamar?
4. Que tipo de telefonema Freitas quer fazer?
5. Quem faz a ligação para Freitas?

B. *Complete com o verbo querer. Use o modelo.*

Modelo: Nós _____ terminar este projeto hoje.
          Nós queremos terminar este projeto hoje.

1. Ele _____ falar com Marta.
2. A telefonista _____ fazer a ligação.
3. Os turistas _____ ir à praia.
4. Os estudantes _____ aprender português.
5. Você _____ café?

C. *Complete com o verbo fazer. Use o modelo.*

Môdelo: Eu _____ novos amigos.
          Eu faço novos amigos.

1. Você _____ café todas as manhãs?
2. Eles _____ uma boa sopa.
3. Marta _____ bolo de chocolate.
4. Sempre _____ meus exercícios de português.
5. Os diretores de cinema _____ filmes.
6. A General Motors _____ carros.

D. ATIVIDADE SUGERIDA

Keep a spiral notebook nearby to jot down any new words you would like to learn in Portuguese. When you have a moment, look up the words in the dictionary, making sure to write the meaning of the word in the notebook. You can also make flashcards of the words that are giving you the most trouble.

NOTAS CULTURAIS

Brazil has a highly efficient public telephone system. To use public telephones in Brazil, you should buy a telephone card, *cartão de telefone*, which are sold at newspaper stands, phone offices, post offices, and some convenience stores. These are pre-paid phone cards that come with a predetermined amount of minutes depending on the price.

When calling Brazil from the United States, dial 011 plus the country code for Brazil (55), the area code of the city (Rio de Janeiro's is 21), and the seven digit number. When making a call from Brazil to the United States, you can dial 000-111 and this will get you the assistance of an operator. International collect calls can be made by dialing 000-111 and then specifying the long distance carrier service of your choice.

The country code for Portugal is 351. Drop the initial "0" from the local area code when dialing a Portuguese number from abroad. To use a public phone the minimum cost will be 20$00 to 50$00 to call another province. The easiest thing to do is to go into a bar or café and use their metered phones; just ask the attendant if you may use the phone.

Alô? is used most often in Brazil to say "hello" on the phone. In Portugal you might also hear *Está! De onde fala?* which means, "Hello! Who is this?"

RESPOSTAS

A. 1. *Com a telefonista;*   2. *A Marta;*   3. *21.*   4. *A cobrar;*
5. *A telefonista.*
B. 1. *quer;*   2. *quer;*   3. *querem;*   4. *querem;*   5. *quer.*
C. 1. *faz;*   2. *fazem;*   3. *faz;*   4. *faço;*   5. *fazem;*   6. *faz.*

LIÇÃO 13
ALUGANDO UM APARTAMENTO. Renting an apartment.

A. DIÁLOGO

Alugando um apartamento em Lisboa, Portugal.

MARISIA: Estou à procura de um apartamento para alugar. Conheces uma boa agência imobiliária?

PAULO: Sim, conheço uma excelente agência imobiliária no centro da cidade. Que tipo de apartamento queres alugar?

MARISIA: Quero alugar um apartamento com dois quartos, sala de visitas, uma cozinha, uma ou duas casas de banho, e uma área de serviço.

PAULO: Que coincidência! A minha vizinha tem um apartamento para alugar idêntico a esse.

MARISIA: Que bom! Quanto é que ela quer pelo apartamento?

PAULO: Não tenho a certeza, mas eu sei que o apartamento fica numa área excelente.

MARISIA: O edifício tem garagem?

PAULO: Claro! É um edifício de luxo, tem garagem e porteiro.

MARISIA: Eu só posso pagar mil dólares por mês.

PAULO: Mil dólares é muito dinheiro em Lisboa!

Renting an apartment in Lisbon, Portugal.

MARISIA: I need to rent an apartment, do you know a good broker?

PAULO: Yes, I know an excellent broker downtown. What kind of apartment are you looking for?

MARISIA: I want an apartment with two bedrooms, a living room, kitchen, one or two bathrooms, and a laundry room.

PAULO: What a coincidence! My neighbor's renting an apartment similar to the one you just described.

MARISIA: Great! How much does she want for it?

PAULO: I'm not sure, but I know the apartment's in a good area.

MARISIA: Does the building have a garage?

PAULO: Of course! It is a luxury building. It has a garage and doorman.

MARISIA: I can only pay $1,000 a month.

PAULO: $1,000 is a lot of money in Lisbon!

B. GRAMÁTICA E USOS

1. THE USE OF THE VERB *SABER*

The verb *saber* means "to know," in the sense of to know how to do something, "or to know a fact."

SABER   TO KNOW

eu	sei		nós	sabemos
tu	sabes		vós	sabeis
você	sabe		vocês	sabem
ele	sabe		eles	sabem
ela	sabe		elas	sabem

Eu sei que a minha vizinha está alugando um apartamento similar.
 I know my neighbor's renting a similar apartment.

Eu sei onde você mora.
 I know where you live.

Eu sei que o apartamento fica numa boa área.
 I know the apartment's located in a good area.

Nós sabemos dirigir um carro.
 We know how to drive a car.

Eu não sei nadar.
 I don't know how to swim.

Eu não sei o número do seu telefone.
I don't know your telephone number.

2. THE USE OF VERB *CONHECER*

The verb *conhecer* means "to know someone" or "to know a place."

CONHECER   TO KNOW

eu	conheço		nós	conhecemos
tu	conheces		vós	conheceis
você	conhece		vocês	conhecem
ele	conhece		eles	conhecem
ela	conhece		elas	conhecem

Eu conheço uma boa agência imobiliária.
I know a good apartment broker (real estate agency).

Nós conhecemos a dona do apartamento.
We know the apartment's owner.

Eles conhecem o Rio de Janeiro muito bem.
They know Rio de Janeiro very well.

Ele conhece o presidente da companhia.
He knows the company's president.

Você conhece um bom restaurante brasileiro neste bairro?
Do you know a good Brazilian restaurant in this neighborhood?

3. THE USE OF THE VERB *PROCURAR*

The verb *procurar* means "to look for" and "to try to."

PROCURAR   TO LOOK FOR, TO TRY TO

eu	procuro		nós	procuramos
tu	procuras		vós	procurais
você	procura		vocês	procuram
ele	procura		eles	procuram
ela	procura		elas	procuram

Ele procura um apartamento para alugar.
Ele está a procura de um apartamento para alugar.
   He's looking for an apartment to rent.

Nós procuramos um bom bairro para morar.
   We're looking for a good neighborhood to live in.

Eu procuro sempre andar pelo menos dez quilômetros por semana.
   I always try to walk at least ten miles a week.

Procuro aprender algumas palavras novas em português todos os dias.
   I try to learn some new words in Portuguese every day.

VOCABULÁRIO

agência imobiliária	real estate agency
alugar (para alugar)	to rent
andar	to walk
área	area
área de serviço	laundry room
bairro	neighborhood
boa	good
casa de banho	bathroom
centro	center
coincidência	coincidence
conhece	know
cozinha	kitchen
custa	costs
dona	owner
empregada	maid
exatamente	exactly
fica	is located
garagem	garage
lavabo	powder room
luxo	luxury
mas	but
minha	my
não tenho a certeza	I am not sure
porteiro	doorman
prédio/edifício	building

quarto de empregada	maid's room
quartos	bedroom
que	that
quero	I want
sala de visitas	living room
similar	similar
tipo	type
vizinha	neighbor

EXCERCÍCIOS

A. *Complete com o verbo apropriado, de acordo com o diálago. Use o modelo.* (Complete with the appropriate verb, according to the dialogue, use the model given.)

    Modelo: Marisia _____ um apartamento. (alugar)
                    Marisia aluga um apartamento.

1. Você _____ uma boa agência imobiliária? (conhecer)
2. Marisia _____ um apartamento com três quartos. (querer)
3. Paulo _____ que a vizinha quer alugar um apartamento. (saber)
4. O apartamento da vizinha de Paulo _____ numa boa área. (ficar)
5. O edifício _____ garagem e porteiro. (ter)

B. *Complete com verbo saber. Use o modelo.*

    Modelo: Paulo _____ onde é o apartamento da vizinha.
                    Paulo sabe onde é o apartamento da vizinha.

1. Ele não _____ quanto custa a apartamento.
2. Nós _____ onde fica o edifício.
3. Você _____ falar português bem?
4. Eu não _____ jogar tênis.
5. Ela _____ falar inglês e português.

C. Complete as frases com o verbo conhecer. Use o modelo.

Modelo: Paulo _____ a dona do apartamento.
          Paulo conhece a dona do apartamento.

1. Eu _____ uma boa agência imobiliária.
2. Nós _____ Paulo e Marcos.
3. Eles _____ um restaurante brasileiro neste bairro.
4. Eu não _____ todos os residentes do prédio.
5. Ela _____ muitas lojas em Nova York.

D. Traduza as frases abaixo usando o verbo procurar. Use o modelo. (Translate the sentences bellow into Portuguese using the verb *procurar*, follow the example given.)

Modelo: I try to keep my apartment organized.
          Eu procuro manter meu apartamento organizado.

1. We're looking for a Brazilian restaurant in this neighborhood.
2. I try to exercise every day.
3. They are looking for a parking space.
4. She tries to use Portuguese words on a daily basis.
5. She is looking for interesting Christmas presents for the entire family.

E. ATIVIDADE SUGERIDA

1. Describe your house or apartment in Portuguese.
2. Describe the house or apartment of your dreams in Portuguese.

NOTAS CULTURAIS

There are no restrictions regarding the purchase or ownership of property by foreigners in Portugal, but as the laws sometimes change, it is advisable that those interested in purchasing houses intended for their residence in Portugal secure the necessary authorization from the *Banco de Portugal*. As for apartment rentals, an unfurnished apartment in Lisbon suitable for a small family (two bedroom apartment), would rent for about $550.00 to $700.00 per month, depending on the location of the apartment. Rents are lower in the Lisbon suburbs, particularly in the country villages, but not in the seaside resorts, namely in Estoril and Cascais. Real estate agents are usually willing to show houses or apartments for rent to prospective tenants. It is advisable to first stay at a hotel or pension and then view any houses or apartments available for renting before making a formal commitment.

RESPOSTAS

A. 1. *conhece;*   2. *quer;*   3. *sabe;*   4. *fica;*   5. *tem.*
B. 1. *sabe;*   2. *sabemos;*   3. *sabe;*   4. *sei;*   5. *sabe.*
C. 1. *conheço;*   2. *conhecemos;*   3. *conhecem;*   4. *conheço;* 5. *conhece.*
D. 1. *Nós estamos procurando um restaurante brasileiro neste bairro;* 2. *Eu procuro fazer exercícios todos os dias;*   3. *Eles estão procurando por um lugar para estacionar o carro;*   4. *Ela procura usar palavras em português todos os dias;*   5. *Ela está procurando por presentes de Natal interessantes para toda a família.*

LIÇÃO 14
NA FARMÁCIA. At the pharmacy.

A. DIÁLOGO

Na farmácia Saúde em Belo Horizonte, Brasil.

MÁRCIA: Por favor, preciso de um remédio para resfriado. O que o senhor me recomenda?

FARMACÊUTICO: É para a senhorita?

MÁRCIA: Não, é para minha mãe. Ela está com um resfriado muito forte.

FARMACÊUTICO: Você sabe quais são os sintomas?

MÁRCIA: Ela tosse muito e tem um pouco de febre.

FARMACÊUTICO: Bem, para a febre você pode lhe dar aspirina, e para a tosse eu recomendo um destes três tipos de xarope. Você pode escolher qualquer um deles, os três são muito bons.

MÁRCIA: Muito obrigada por sua ajuda. Preciso também de shampoo, pasta de dente e desodorante.

FARMACÊUTICO: Estes produtos você encontra na seção de cosméticos, perto do caixa.

At the Saúde Pharmacy in Belo Horizonte, Brazil.

MÁRCIA: I need medication for a cold, please. What do you recommend?

PHARMACIST: Is it for you?

MÁRCIA: No, it's for my mother. She has a bad cold.

PHARMACIST: Do you know what the symptoms are?

MÁRCIA: She coughs a lot, and she also has a slight fever.

PHARMACIST: Well, you can give her aspirin for the fever, and for the cough I recommend one of these three types of cough syrup. You can choose any one of them, all three are good.

MÁRCIA: Thank you for your help. I also need shampoo, toothpaste, and deodorant.

PHARMACIST: You can find these products in the cosmetics section, near the cash register.

B. GRAMÁTICA E USOS

1. OBJECT PRONOUNS

The direct object of a sentence can be replaced by a direct object pronoun. According to the general rule, object pronouns come after the verb and are linked to it by a hyphen. However, the direct object pronoun precedes the verb in the following cases:

1. In negative sentences *(não, nunca, jamais, nem, ninguém, nenhum)*:
Ele não nos viu na farmácia.
He didn't see us at the pharmacy.

2. In questions introduced by an interrogative *(quem?, qual?, quando?, onde?, etc.)*:
Quem me fará um favor?
Who will do me a favor?

3. After conjunctions such as *que* or *como*:
Acho que me viram na farmácia.
I think they saw me at the pharmacy.

4. When it follows adverbs such as: *ainda, tudo, todos, sempre, também, talvez, pouco, bastante, muito*:

Ainda os tens?
Do you still have them?

Márcia compra aspirina.
    Márcia buys aspirin.

Márcia compra-a.
    Márcia buys it.

Ela escolhe o xarope.
    She chooses the cough syrup.

Ela escolhe-o.
    She chooses it.

O farmacêutico ajuda a Márcia.
    The pharmacist helps Márcia.

O farmacêutico ajuda-a.
    The pharmacist helps her.

The object pronouns in Portuguese are:

SINGULAR	PLURAL
me (me)	*nos* (us)
te (you)	*vós* (you)
o (him, it)	*os* (them) masc.
a (her, it)	*as* (them) fem.

O farmacêutico mostra os remédios para Márcia.
O farmacêutico mostra-os para Márcia.

    The pharmacist shows the medication to Márcia.
    The pharmacist shows them to Márcia.

Ela compra também shampoo e pasta de dentes.
Ela também os compra.

    She also buys shampoo and toothpaste.
    She also buys them.

Ele a ajuda a escolher o xarope.
Ele a ajuda a escolhê-lo.

    He helps her choose the cough syrup.
    He helps her choose it.

Eu vejo Márcia na farmácia.
Eu a vejo na farmácia.

> I see Márcia at the pharmacy.
> I see her at the pharmacy.

As with the direct object pronoun, the indirect object pronoun is linked to the verb by a hyphen and is placed after it in affirmative sentences, commands, questions not introduced by an interrogative and after coordinating conjunctions:

"Dê-me o dinheiro," disse o caixa.
> "Give me the money," said the cashier.

Eu dei-lhe o dinheiro.
> I gave him the money.

However, it precedes the verb in negative and interrogative sentences, and after certain adverbs, just as the direct object pronoun (see above):

Não lhes digas que eu estive aqui.
> Don't tell them I was here.

Quem te deu essa idéia?
> Who gave you that idea?

Eles sempre me incomodam muito.
> They always upset me deeply.

The indirect object pronouns in Portuguese are:

SINGULAR	PLURAL
me (to me)	*nos* (to us)
te (you)	*vós* (you)
lhe (to him, her, it)	*lhes* (to them)

2. THE IRREGULAR VERB *DAR*

DAR   TO GIVE

eu	dou
tu	dás
você	dá
ele	dá
ela	dá

nós	damos
vós	dais
vocês	dão
eles	dão
elas	dão

Ela dá o remédio para sua mãe.
   She gives the medicine to her mother.

O caixa dá o troco certo.
   The cashier gives the correct change.

Ele dá a informação certa.
   He gives the right information.

Ele dá o endereço para o motorista de táxi.
   He gives the address to the taxi driver.

Nós damos lições de português.
   We give Portuguese lessons.

Você dá presentes para seu tio?
   Do you give your uncle presents?

Eu dou os livros para meus filhos.
   I give the books to my children.

VOCABULÁRIO

ajuda	help
aspirina	aspirin
caixa	cashier
cosméticos	cosmetics
dar	to give
deles	theirs
encontrar	to find, to meet up
endereço	address
farmácia	pharmacy

febre	fever
informação	information
lhe	to him, to her, to you
recomendar	to recommend
moça	girl, young lady
muito forte	very strong
na	at the
nos	us (indirect object pronoun)
pasta de dente	toothpaste
por favor	please
preciso	I need
produtos	products
remédio	remedy, medication
resfriado	cold
secção/seção	section
senhorita	Miss
sintomas	symptoms
tipos	types
tosse	cough
xarope	syrup

EXERCÍCIOS

A. Baseado no diálogo, relacione as palavras da coluna A com as da coluna B.

COLUNA A

1. Márcia está na . . .
2. A mãe dela está com . . .
3. O farmacêutico recomenda . . .
4. A pasta de dentes está na seção de . . .
5. Márcia compra também . . .
6. Márcia dá os remédios para sua . . .

COLUNA B

a. cosméticos.
b. farmácia.
c. pasta de dentes e shampoo.
d. resfriado.
e. aspirina e xarope.
f. mãe.

B. Complete com o verbo dar.

1. Ele _____ o endereço para o amigo.
2. Nós _____ presente para nossa família.
3. O caixa _____ o troco para o freguês.
4. Eles _____ o número do telefone para a telefonista.
5. A recepcionista _____ a informação certa para os clientes.
6. A filha _____ os remédios para a mãe.

C. Substitua com os pronomes objeto. (Replace with the object pronouns.)

Modelo: Compro remédios na farmácia.
          Compro-os na farmácia.

1. Dou muitos presentes para meus filhos.
2. Mostro a cidade para meus amigos.
3. Vejo Paulo todos os dias no escritório.
4. Freitas ama Marta.
5. Vejo a Regina de manhã.
6. Conheço esta cidade muito bem.

D. Traduza para o português.

1. The mother is ill and the daughter helps her.
2. She needs deodorant and toothpaste, so she buys them at the pharmacy.
3. We need information about the best products and he gives it to us.
4. We see them at the office and they see us.
5. She sees the products near the cash register.

NOTAS CULTURAIS

Pharmacists in Brazil are trained and licensed to prescribe medication, check a person's blood pressure and vital statistics, as well as to provide treatment for minor injuries. They are trained and well-informed about drug interaction and emergency medical intervention, therefore, they are able to help someone in need of minor medical services as long as they don't require a doctor's prescription and the treatment doesn't involve surgery. Because many Brazilians cannot afford private medical care, they often consult local pharmacists for medical advice.

RESPOSTAS

A. 1. *farmácia;*   2. *resfriado;*   3. *aspirina e xarope;*   4. *cosméticos;*
5. *pasta de dentes e shampoo;*   6. *mãe.*
B. 1. *dá;*   2. *damos;*   3. *dá;*   4. *dão;*   5. *dá;*   6. *dá.*
C. 1. *-lhes;*   2. *-lhes;*   3. *-o;*   4. *-a;*   5. *-a;*   6. *-a.*
D. 1. *A mãe está doente e a filha a ajuda;*   2. *Ela precisa de desodorante e pasta de dentes, então ela os compra na farmácia;*
3. *Nós precisamos de informação sobre os melhores produtos e ele nos dá;*   4. *Nós os vemos no escritório e eles nos vêem;*   5. *Ela vê os produtos perto da caixa registradora.*

LIÇÃO 15
ATIVIDADES DIÁRIAS. Daily activities.

A. DIÁLOGO

Vestir-se para ir ao teatro em Lisboa, Portugal.

MARTA: Querido, não te vais vestir? Lembra-te que hoje vamos ao teatro e a peça começa às oito horas.

FREITAS: Não te preocupes, eu só preciso de cinco minutos para me vestir, não preciso de cinco horas como vocês mulheres.

MARTA: Tu sabes que eu me posso vestir, maquilhar e pentear em menos de uma hora!

FREITAS: Vamos lá, não precisas de te aborrecer! Eu só estava brincando, eu sei que tu te vestes muito rápido.

MARTA: Tens os bilhetes?

FREITAS: Claro, estão no bolso do meu casaco.

Getting dressed to go to the theater in Lisbon, Portugal.

MARTA: Honey, aren't you going to get dressed? Remember we're going to the theater tonight and it starts at 8:00.

FREITAS: Don't worry, I only need five minutes to get dressed, not five hours like you women.

MARTA: I can get dressed, put my make-up on, and do my hair in less than an hour!

FREITAS: Come on, don't get upset! I was just joking, I know you can get dressed quickly.

MARTA: Do you have the tickets?

FREITAS: Of course, they're in my jacket pocket.

B. GRAMÁTICA E USOS

1. THE REFLEXIVE VERBS

A reflexive verb shows that the subject of an action is also the object (recipient) of that same action. The action literally "reflects" back. This structure exists in English, but is used only for emphasis: "I did it to myself" ("myself" is a reflexive object pronoun). In Portuguese, the reflexive pronoun *(me, te, se, nos, vos, se)* must be used with all reflexive verbs.

VESTIR TO DRESS

eu me visto	*nós nos vestimos*
tu te vestes	*vós vos vestis*
você se veste	*vocês se vestem*
ele se veste	*eles se vestem*
ela se veste	*elas se vestem*

2. THE REFLEXIVE OBJECT PRONOUNS

To conjugate the reflexive verb you must know the reflexive object pronouns. They are already familiar to you from your study of other types of object pronouns:

me	myself
te	yourself (familiar sing.)
se	himself/herself
nos	ourselves
vos	yourselves
se	themselves

Eu me visto muito rápido.
I get dressed (dress myself) very fast.

Você se penteia muito devagar.
You do your hair slowly.

Ele se barbeia todos os dias.
He shaves every day.

Nós nos maquilhamos para ir à festa.
   We put our make-up on to go to the party.

Vocês se levantam muito cedo todos os dias?
   Do you get up very early every day?

Eles se fazem muitas perguntas sobre este projeto.
   They ask themselves many questions about the project.

Elas se desculpam por estarem atrasadas.
   They apologize for being late.

3. THE RECIPROCAL OBJECT PRONOUNS

A reciprocal verb expresses a mutual action or relationship; it requires a reciprocal pronoun. Thus in English:

We love each other.
They visit one another.

In Portuguese, the reflexive pronouns *se* and *nos* can have the reciprocal meanings "each other" and "one another."

Marta e Freitas se amam.
   Marta and Freitas love each other.

Nós nos vemos freqüentemente no escritório.
   We see one another frequently at the office.

Amigos devem se ajudar mutualmente.
   Friends must help one another other mutually.

Here are some of the most used reflexive verbs:

vestir-se
   to get dressed

pentear-se
   to comb one's hair

maquiar-se
   to put make up on

deitar-se
   to laydown

sentar-se
   to sit down

levantar-se
   to get up

preocupar-se
   to worry

decidir-se
   to decide on something

esquecer-se
   to forget

Ele se veste rapidamente.
   He gets dressed fast.

Marta se maquia e se penteia em pouco tempo.
   Marta puts her makeup and cobs her hair in little time.

Nós nos vestimos bem para irmos ao teatro.
   We dress up to go to the theater.

Eu sempre me lembro de telefonar para meus amigos.
   I always remember to telephone my friends.

Eles se divertem muito quando estão de férias.
   They enjoy themselves a lot on their vacation.

Eu não me diverto assistindo filmes violentos.
   I don't have fun watching violent movies.

Não se preocupe, eu nunca me esqueço das minhas obrigações!
   Don't worry, I never forget my obligations!

VOCABULÁRIO

ajudar	to help
amam-se	love each other
a peça	the play
às oito horas	at eight o'clock
atividades diárias	daily activities
barbear	to shave
billetes (ingressos)	tickets

bolso	pocket
casaco	jacket
cinco minutos	five minutes
começa	starts
como	like
desculpar-se	to excuse oneself
em menos de	in less than
eu sei	I know
eu só estava (a brincar)	I was just joking
fazer perguntas	to ask questions
ha!	ha!
lembrar	to remember
levantar-se	to get up
maquilhar	put make up
me vestir	to get (myself) dressed
mulheres	women
não precisas de te aborrecer	you don't need to get annoyed
não te preocupes!	don't worry!
para	to
pentear	to comb
posso	can, be able
preciso	need
que engraçado! (Port.)/que gracinha! (Brazil)	how cute!
que te vestes muito rápido	that you get dressed very fast
saber	to know
só	only
um hora	an hour
vamos ao teatro	we are going to the theater
vamos lá!	come on!
vemo-nos	see each other
vestir-se	to get dressed

EXERCÍCIOS

A. Responda as perguntas usando as palavras entre parênteses. (Answer the questions using the words given in parenthesis.)

Modelo: Ele se chama Manuel? (não, Marcos)
Não, ele se chama Marcos.

1. Você se levanta tarde de manhã? (não, cedo)
2. À que horas você se penteia? (8:00)
3. Como você se chama? (Elena)
4. Como você se sente? (muito bem)
5. Quando eles se casam? (maio)

B. Complete com o pronome reflexivo. (Complete with the reflexive pronoun.)

Modelo: Eu _____ deito sempre às onze da noite.
Eu me deito sempre às onze da noite.

1. Eu _____ levanto sempre às sete horas.
2. Nós _____ vestimos rapidamente.
3. Eles _____ barbeiam todos os dias.
4. Ela não _____ maqueia para ir à praia.
5. Ele _____ veste em cinco minutos.

C. Traduza as frases usando o pronome recíproco. (Translate the sentences using the reciprocal pronoun.)

1. Marta and Freitas love each other.
2. We see each other every day at the office.
3. They know each other very well.
4. My name is Marta.
5. He shaves every day.

D. Traduza as frases para o inglês.

1. Eu me lavo todos os dias.
2. Nós nos vemos no espelho.
3. Eu me conheço bem.
4. Eles se sentam.
5. Eu não me lembro disto.

NOTAS CULTURAIS

Present-day Portugal's cultural life thrives with new architecture, art exhibitions, theatrical and musical performances, fashion shows and designers, and much more. Lisbon, having hosted the 1998 World Exhibition and having been named the European Cultural Capital in 1994, flutters in a state of activity and modernity while maintaining its artistic and historical links to the past. The *Fundação Calouste Gulbenkian* is the most important organization that promotes cultural and artistic events. The foundation publishes a schedule of events which can be picked up at the reception desk of their Lisbon headquarters (Av. de Berna 45). For the traveler who seeks time-honored traditions, a rich cultural heritage, and a taste of history, Lisbon offers a cornucopia of opportunities and sites to be discovered and explored.

RESPOSTAS

A. 1. *Não, eu me levanto cedo.* 2. *Eu me penteio às oito horas.*
3. *Eu me chamo Elena.* 4. *Me sinto muito bem.* 5. *Se casam em maio.*
B. 1. *Eu me levanto sempre às sete horas.* 2. *Nós nos vestimos rapidamente.* 3. *Eles se barbeiam todos os dias.* 4. *Ela não se maqueia para ir à praia.* 5. *Ele se veste em cinco minutos.*
C. 1. *Marta e Freitas se amam.* 2. *Nós nos vemos todos os dias no escritório.* 3. *Eles se conhecem muito bem.* 4. *Eu me chamo Marta.*
5. *Ele se barbeia todos os dias.*
D. 1. I bathe every day. 2. We see ourselves in the mirror. 3. I know myself well. 4. They sit down. 5. I don't remember this.

TERCEIRA REVISÃO

A. *Mude as sentenças usando o impessoal se.* (Change the sentences using the impersonal *se*.)

   Modelo: *Vendemos livros aqui.*
                 Vende-se livros aqui.

1. Almoçamos ao meio-dia no Brasil.
2. Muitas pessoas comem nos restaurantes brasileiros.
3. Não fumam aqui.
4. Pensamos que a comida é excelente.
5. Podemos saber qual é a especialidade da casa.

B. Responda usando as palavras em parêntesis.

Modelo: O que Freitas quer fazer? (um telefonema)
Ele quer fazer um telefonema.

1. Para onde queremos ir? (Rio)
2. Com quem ele quer falar? (Marta)
3. Como ela ouve as explicações dele? (atentamente)
4. Quando posso ver os documentos? (amanhã)
5. Para quem é a chamada? (você)

C. Complete as sentenças com os verbos em parêntesis, no tempo apropriado.

1. Você _____ onde é a farmácia? (saber)
2. Nós _____ falar várias línguas. (saber)
3. Você _____ um bom agente imobiliário? (conhecer)
4. Eles _____ muitas pessoas nesta cidade. (conhecer)
5. Marcos _____ um apartamento para alugar. (procurar)

D. Traduza para o português.

1. I always see her at school.
2. Who will do me a favor?
3. I gave the medication to her.
4. I've never seen him before.
5. They gave him the right information.

E. Traduza para o inglês.

1. Ela se levanta às sete da manhã.
2. Nos vestimos muito rápido.
3. Eles cuidam um do outro.
4. Por favor, não se aborreça sem razão.
5. Ele nunca se lembra de me chamar.

RESPOSTAS

A. 1. *almoça-se;*   2. *come-se;*   3. *se fuma;*   4. *pensa-se;*   5. *sabe-se.*
B. 1. *Queremos ir para o Rio;*   2. *Ele que falar com Marta;*   3. *Ela ouve as explicações dele atentamente;*   4. *Pode ver os documentos amanhã;*   5. *A chamada é para você.*
C. 1. *sabe;*   2. *sabemos;*   3. *conhece;*   4. *conhecem;*   5. *procura.*
D. 1. *Sempre a vejo na escola;*   2. *Quem me fará um favor?;*   3. *Dei-lhe o medicamento;*   4. *Nunca o vi antes;*   5. *Deram-lhe a informação correta.*
E. 1. She gets up at 7:00 a.m.;   2. We get dressed very fast;   3. They take care of each other;   4. Please don't get upset for no reason;   5. He never remembers to call me.

LIÇÃO 16
NA ESTAÇÃO RODOVIÁRIA. At the bus station.

A. DIÁLOGO

Na estação rodoviária, no Rio de Janeiro, Brasil.

DARCY: Uma passagem de ida e volta para São Paulo no ônibus das onze, por favor.

AGENTE: O ônibus das onze acabou de partir.

DARCY: Quando parte o próximo ônibus?

AGENTE: Temos o ônibus-leito que parte à meia-noite, e chega em São Paulo às seis da manhã.

DARCY: O ônibus-leito é mais caro que o comum, não é?

AGENTE: Sim, é mais caro, mas é bem mais rápido e mais confortável.

DARCY: O ônibus-leito faz menos paradas?

AGENTE: Sim, de fato ele faz uma parada de apenas dez minutos para encher o tanque de gasolina e trocar de motorista.

DARCY: Vale a pena gastar mais para chegar mais rápido e com mais conforto.

At the bus station in Rio de Janeiro, Brazil.

DARCY: One round-trip ticket to São Paulo on the eleven o'clock bus, please.

CLERK: The eleven o'clock bus has just left.

DARCY: When does the next bus leave?

CLERK: We have the Sleeper that leaves at midnight and arrives at six A.M.

DARCY: The Sleeper is much more expensive, isn't it?

CLERK: Yes, it's more expensive, but it's faster and more comfortable than the regular bus.

DARCY: It makes fewer stops, right?

CLERK: Yes, as matter of fact it stops for ten minutes only; for gasoline and to change drivers.

DARCY: It's worth paying more in order to get there faster and more comfortably.

B. GRAMÁTICA E USOS

1. COMPARATIVES

In English, there are two possible comparative forms for adjectives and adverbs: a synthetic form, "rich>richer," or a compound form, "beautiful>more beautiful: interesting>less interesting." In Portuguese, the compound form is used, with the exception of a few irregular comparatives. There are three kinds of comparisons:

superiority: *mais* + adjective, adverb or noun + *que* or *do que*

O ônibus-leito é mais rápido do que o comum.
   The Sleeper bus is faster than the regular bus.

O ônibus-leito é mais caro do que o ônibus comum.
   The Sleeper bus is more expensive than the regular bus.

inferiority: *menos* + adjective, adverb or noun + plus *que* or *do que*.

O ônibus é menos rápido que o carro.
   The bus is slower than the car.

O ônibus comum é menos confortável do que o ônibus leito.
   The regular bus is less comfortable than the Sleeper bus.

equality: *tão* + adjective or adverb + *quanto*.

O ônibus-leito é tão confortável quanto o comum.
The Sleeper bus is as comfortable as the regular bus.

Este ônibus é tão rápido quanto o outro.
This bus is as fast as the other.

Some irregular adjectives:

ADJECTIVE		COMPARATIVE	
bom/boa	good	*melhor*	better
grande	big	*maior*	bigger
mais	more	*muito*	a lot, many
mau/ruim	bad	*pior*	worst
pequeno	small	*menor*	smaller
pouco	few	*menos*	less
superior	superior	*inferior*	inferior

É bom viajar de ônibus.
It's good to travel by bus.

É melhor viajar de ônibus-leito.
It is better to travel by Sleeper.

Este ônibus é grande.
This bus is big.

Aqueles ônibus são maiores.
Those buses are bigger.

Este carro é pequeno.
This car is small.

Aquele carro é menor.
That car is smaller.

2. THE VERBS *VIAJAR* AND *CHEGAR*

VIAJAR   TO TRAVEL

eu	*viajo*		nós	*viajamos*
tu	*viajas*		vós	*viajais*
você	*viaja*		vocês	*viajam*
ele	*viaja*		eles	*viajam*
ela	*viaja*		elas	*viajam*

Eu sempre viajo de ônibus.
I always travel by bus.

Você viaja para São Paulo de avião?
Do you travel to São Paulo by airplane?

Nós viajamos de avião porque é mais rápido.
We travel by plane because it is faster.

Eles sempre viajam nas férias.
They always travel during their vacation.

CHEGAR   TO ARRIVE

eu	chego		nós	chegamos
tu	chegas		vós	chegais
você	chega		vocês	chegam
ele	chega		eles	chegam
ela	chega		elas	chegam

O ônibus chega em São Paulo às seis da manhã.
The bus arrives in São Paulo at six in the morning.

Eu chego sempre na hora certa para meus encontros.
I always arrive on time for my appointments.

Eles chegam do trabalho muito cansados.
They arrive from work very tired.

3. EXPRESSION WITH *ACABAR DE* + INFINITIVE

The verb *acabar* means "to finish." The expression *acabar de* means "to have just (done something)." In English this expression is followed by a past participle: "I have just arrived." In Portuguese, the expression is followed by an infinitive: *Acabo de chegar.*

O ônibus das onze acaba de partir.
The eleven o'clock bus has just left.

Ela acaba de chegar.
She has just arrived.

Eu acabo de comprar a passagem.
I have just bought a ticket.

Vocês acabam de chegar aqui?
   Did you just arrive here?

VOCABULÁRIO

acabar	to finish
acabar de chegar	to have just arrived
bom	good
caro	expensive
chega	arrives
confortável	comfortable
comum	regular, common
descer do ônibus	to get off the bus
entrar no ônibus	to get on the bus
estação	station
estação rodoviária	bus station
grande	big
ida e volta	round trip
leito	Sleeper, first class
maior	bigger
mais do que	more than
mais taxas	plus tax
mau	bad
melhor	better
meia-noite	midnight
menor	smaller
ônibus	bus
parada	stop
partida	departure
passagem/bilhete	ticket/fare
pequeno	small
pior	worst
próximo	next
rápido	fast
tão	so
tão . . . quanto	as . . . as

tomar/pegar o ônibus	to take the bus
transporte/condução	transportation
viajar	to travel

EXERCÍCIOS

A. Relacione as palavras da coluna A com as palavras da coluna B.

COLUNA A

1. Darcy está . . .
2. Ela quer viajar para . . .
3. Ela prefere viajar de . . .
4. O ônibus leito é mais caro do que . . .
5. O ônibus das onze acaba de . . .
6. O ônibus leito é mais . . .

COLUNA B

a. confortável do que o ônibus comum.
b. na estação rodoviária.
c. São Paulo.
d. ônibus leito.
e. o ônibus comum.
f. partir.

B. Complete as frases com as palavras mais ou menos, quando apropriado. Use o modelo. (Complete the following sentences with the words "more" or "less," follow the example given.)

Modelo: O ônibus é _____ rápido do que o trem.
O ônibus é menos rápido que o trem.

1. O avião é _____ rápido que o ônibus.
2. A passagem de ônibus é _____ cara que a passagem de avião.
3. O ônibus comum é _____ rápido do que o ônibus leito.
4. A viagem de carro é _____ confortável do que a viagem de ônibus.
5. A viagem de avião é _____ confortável do que a viagem de ônibus comum.

C. Complete com o verbo viajar. Use o modelo.

Modelo: Eu sempre (viajar) de avião.
Eu sempre viajo de avião.

1. Eles sempre (viajar) de ônibus leito.
2. Nós (viajar) para São Paulo.

3. *Você (viajar) de carro?*
4. *Elas (viajar) de trem.*
5. *Vocês (viajar) muito.*

D. Complete com o verbo chegar. Use o modelo.

Modelo: O avião _____ muito rápido.
          O avião chega muito rápido.

1. *Ele (chegar) em São Paulo amanhã.*
2. *Nós (chegar) em Nova York.*
3. *Eles (chegar) hoje.*
4. *Quando vocês (chegar)?*
5. *Elas (chegar) em casa às 8:00 da noite.*

NOTAS CULTURAIS

The transportation system in Brazil differs in price and efficiency, depending on how you choose to travel. The bus network is efficient, extensive, and reasonably priced. Every major city can be reached by bus, and these buses are usually clean and comfortable. The difference between regular service and the *ônibus-leito* (the night sleeper bus) is the number of seats and the comfort level. Sleeper buses are all air-conditioned, have more legroom, make fewer stops, and the seats recline more.

The subway system is also efficient, clean, and inexpensive. However, the subway is not yet completely finished in Rio de Janeiro and in São Paulo it leaves out many of the southern districts. This is understandable since Brazil's subway system is relatively new. For the areas that it does service, the subway is the fastest and most efficient way of getting around Rio and São Paulo.

RESPOSTAS

A. 1. b;   2. c;   3. d;   4. e;   5. f;   6. a.
B. 1. *mais;*   2. *menos;*   3. *menos;*   4. *mais;*   5. *mais.*
C. 1. *viajam;*   2. *viajamos;*   3. *viaja;*   4. *viajam;*   5. *viajam.*
D. 1. *chega;*   2. *chegamos;*   3. *chegam;*   4. *chegam;*   5. *chegam.*

LIÇÃO 17
NO AEROPORTO. At the airport.

A. DIÁLOGO

No Aeroporto de Congonhas em São Paulo, Brasil.

ROBERTO: Senhor, dê-me uma passagem na ponte aérea para o Rio, no vôo das 8:00, por favor.

AGENTE: Sinto muito senhor, mas o vôo das 8:00 já está lotado. O senhor pode tomar o vôo das 9:00, ou eu posso pôr o seu nome na lista de espera. É possível que haja desistências.

ROBERTO: O senhor é muito gentil, mas quem vai desistir de viajar para o Rio numa sexta-feira?

AGENTE: Nunca se sabe, desistências são sempre possíveis.

ROBERTO: Neste caso, por favor dê-me uma passagem para o vôo das 9:00 e também ponha meu nome na lista de espera. Quanto custa a passagem?

AGENTE: Custa cem reais.

ROBERTO: Ótimo, diga-me qual é o portão de embarque?

AGENTE: O portão de embarque é o número 36, no fim do corredor à sua direita. Boa viagem.

ROBERTO: Muito obrigado.

At the Congonhas Airport in São Paulo, Brazil.

ROBERTO: I'd like a round-trip ticket to Rio on the eight o'clock flight, please.

AGENT: I'm sorry sir, but the eight o'clock flight is booked. You can take the nine o'clock flight or I can put you on the waiting list, there might be a cancellation.

ROBERTO: You're very kind sir, but who'll cancel a trip to Rio on a Friday?

AGENT: You never know, cancellations are always possible.

ROBERTO: In that case, give me a ticket on the nine o'clock flight and put me on the waiting list, please. How much is the ticket?

AGENT: It costs one hundred reais.

ROBERTO: Great. Tell me, which is the departure gate?

AGENT: The departure gate is number 36, at the end of the corridor to your right. Have a good trip.

ROBERTO: Thank you very much.

B. GRAMÁTICA E USOS

1. POLITE COMMANDS

Using a command, we make requests or give orders to one person or to groups of people: Stop! Eat! These are direct commands. We can also soften a direct command by adding the word "please": "Please wait for me." In Portuguese, there are similar forms of the command (which is also called the imperative). Commands can be made by using the imperative with the expression *por favor:*

Dê-me uma passagem para o Rio, por favor.
Please give me a ticket to Rio.

Ponha meu nome na lista de espera, por favor.
Please put my name on the waiting list.

Por favor, traga um copo de água.
Bring me a glass of water, please.

Por favor, dê-me as horas?
Could you give me the time, please?

2. THE VERBS *DESISTIR* AND *EMBARCAR*

Conjugation of verb *desistir*, to give up or to cancel:

eu	desisto	nós	desistimos
tu	desistes	vós	desisteis
você	desiste	vocês	desistem
ele	desiste	eles	desistem
ela	desiste	elas	desistem

Ele desiste da viagem para o Rio.
   He gives up his trip to Rio.

Elas desistem de ficar na lista de espera.
   They give up their place on the waiting list.

Eles desistem de ir ao teatro.
   They give up on going to the theater.

Ele nunca desiste de suas idéias.
   He never gives up on his ideas.

Desista desta idéia!
   Give up this idea!

Conjugation of verb *embarcar*, to board or to ship something:

eu	embarco	nós	embarcamos
tu	embarcas	vós	embarcais
você	embarca	vocês	embarcam
ele	embarca	eles	embarcam
ela	embarca	elas	embarcam

Ele embarca no vôo das 9:00.
   He boards the 9:00 flight.

Os passageiros embarcam no portão 36.
   The passengers board the plane on gate 36.

A companhia embarca a mercadoria.
   The company ships the merchandise.

Eles embarcam no avião apressadamente.
   They board the plane in a hurry.

Note that verb *embarcar* changes spelling in the polite command form:

É possível que ele embarque no vôo das 9:00?
    Is it possible that he will board the nine o'clock flight?

Quero que você embarque esta mercadoria hoje.
    I want you to ship this merchandise today.

Por favor, embarque este pedido o mais cedo possível.
    Ship this order as soon as possible, please.

Embarque no trem das nove, por favor.
    Please board the nine o'clock train.

3. THE RELATIVE PRONOUNS *QUE* AND *QUEM*

A relative pronoun refers back to a previous noun, literally taking its place.

> The plane that just left was the last one tonight.
> Take it to the porter, who will store it for you.

"That" refers back to the plane; "who" refers back to the porter. In Portuguese there are several relative pronouns. Use *que* (which, that, who) for both persons and things:

O avião que acabou de partir vai para o Rio.
    The plane that just left is going to Rio.

O vôo que o senhor quer já está lotado.
    The flight that you want is already booked.

A salada que você fez é muito boa.
    The salad that you made is very good.

O livro que você pediu já chegou.
    The book that you ordered has arrived.

Use *quem* when referring to a person and when following a preposition such as: *com, contra, entre, para, por, sobre, a*:

O homem com quem falo é o senhor Roberto.
    The man with whom I speak is Mr. Roberto.

A pessoa com quem viajo é meu amigo.
　　The person with whom I travel is my friend.

A agente com quem Roberto fala é muito gentil.
　　The agent with whom Roberto speaks is very kind.

Podem embarcar todos, exceto quem não tem passagem.
　　All can board, except those without a ticket.

VOCABULÁRIO

corredor	corridor, hall way
desistência	cancelation
desistir	to give up, to cancel
direita	right
embarcar	to board a plane, to make a shipment
fundo	back, rear
gentil	kind
lista de espera	waiting list
lotado	booked
mercadoria	merchandize
passageiro	passenger
passagem	ticket
pedido	order
ponte aérea	shuttle
portão de embarque	departure gate
possível	possible
que	that
que haja	that there will be
quem	whom, who
tenha uma boa viagem	have a god trip
trazer	to bring
viajar	to travel
vôo	flight

EXERCÍCIOS

A. *Responda de acordo com o diálogo. Use o modelo.*

Modelo: Roberto está no _____.
          Roberto está no aeroporto.

1. Roberto quer uma passagem no vôo das _____.
2. O agente diz que é possível que haja _____.
3. Roberto pensa que _____ desiste de viajar para o Rio numa sexta-feira.
4. O vôo das 8:00 está _____.
5. O agente quer pôr Roberto na _____.
6. Ele pergunta ao agente: "_____?"
7. O portão de embarque é _____ do corredor.

B. *Complete com o verbo desistir. Use o modelo.*

Modelo: Ninguém _____ de viajar para o Rio.
          Ninguém desiste de viajar para o Rio.

1. Eles _____ do projeto.
2. Elas nunca _____ de suas idéias.
3. Nós _____ de ir ao cinema hoje.
4. Eu _____ de minha viagem à Itália.
5. Ele _____ de ir no vôo das 8:00?

C. *Complete com o verbo embarcar. Use o modelo.*

Modelo: Eu _____ para o Brasil amanhã.
          Eu embarco para o Brasil amanhã.

1. Eu _____ no vôo das 8:00.
2. A companhia _____ a mercadoria.
3. Por favor _____ no primeiro vôo.
4. Nós _____ o mais cedo possível.
5. Elas _____ no vôo da manhã.

D. Complete usando com quem ou quem. Use o modelo.

Modelo: _____ (o que/com quem) você viaja?
Com quem você viaja?

1. O passageiro (com quem/que) viaja no vôo das 8:00 é meu amigo.
2. Ele conhece o agente (que/com quem) está falando com Roberto.
3. Você sempre diz (com quem/que) vai ao cinema.
4. Gosta da atriz (com quem/que) trabalha neste filme.
5. Comprei o CD (que/com quem) você recomendou.

E. ATIVIDADE SUGERIDA

1. Practice using the polite command with friends or family. Use the verbs dar, querer, and fazer.
2. Write five sentences using the relative pronouns *que* and *quem*.
3. Try calling a Brazilian airline and asking for information—in Portuguese! Transbrasil has an "800" number.

NOTAS CULTURAIS

The cities of Rio de Janeiro and São Paulo are the two most important business centers in Brazil. Commuting between Rio to São Paulo is a way of life for many residents of both cities. Professionals often travel to and from Rio de Janeiro and São Paulo more than once a week. The *Ponte Aérea* shuttle service has flights departing every hour between Rio de Janeiro and São Paulo.

The *Ponte Aérea* service is served by several domestic airlines, and since there are flights from the *Santos Dumont* airport in Rio and the *Congonhas* airport in São Paulo every hour, it isn't necessary to make reservations. The airport *Santos Dumont* is conveniently located about forty five minutes from downtown Rio and the *Congonhas* airport is only nine miles from downtown São Paulo. All one has to do is walk into the airport and buy his or her ticket half an hour before departure time.

On Fridays these flights are particularly busy and availability is scarce. This is because on Fridays, residents of São Paulo are in a hurry to return home and spend the weekend with their families. As for *Cariocas,* the residents of Rio, besides the desire to spend the weekend with their families, it would be a sin to spend it in São Paulo with all those miles of white sand waiting for them in Rio.

RESPOSTAS

A. 1. *oito (8:00);*   2. *desistências;*   3. *ninguém;*   4. *lotado;*
5. *lista de espera;*   6. *Onde é o portão de embarque;*   7. *o número 36, no fundo.*
B. 1. *desistem;*   2. *desistem;*   3. *desistimos;*   4. *desisto;*
5. *desiste.*
C. 1. *embarco;*   2. *embarca;*   3. *embarque;*   4. *embarcamos;*
5. *embarcam.*
D. 1. *que;*   2. *com quem;*   3. *com quem;*   4. *que;*   5. *que.*

LIÇÃO 18
ALUGANDO UM CARRO. Renting a car

A. DIÁLOGO

Na Agência de carros, Fortaleza, Ceará.

MÁRIO: Preciso alugar um carro para o fim de semana. Que tipos de carros o senhor tem?

JORGE: Como o senhor pode ver, temos uma seleção variadíssima de carros. Que tipo de carro o senhor está procurando?

MÁRIO: Prefiro um modelo pequeno, esporte. Eles são mais econômicos.

JORGE: Sim, o senhor está certo, os carros pequenos são bem mais econômicos.

MÁRIO: E os preços da sua agência, como são? Espero que não sejam altíssimos, como os preços de uma agência que eu usei na semana passada.

JORGE: Não, ao contrário! Os preços da nossa agência são os mais baratos da cidade, e incluem as despesas de seguro e um tanque de gasolina grátis.

At a car rental agency in Fortaleza, Ceará.

MÁRIO: I need to rent a car for the weekend. What kind of cars do you have?

GEORGE: As you can see sir, we have a very large selection of cars. What kind of car are you looking for?

MÁRIO: I prefer a small model, a sports car. They're more economical.

GEORGE: You're right, Sir. Compact cars are much more economical.

MÁRIO: What about your agency's rates? I hope they're not as high as the rental agency I used last week.

GEORGE: No, on the contrary! Our agency's prices are the lowest in town. Insurance is included in the price and you also get a free tank of gas.

B. GRAMÁTICA E USOS

1. THE SUPERLATIVE

We have used the comparative to compare things, to show their relative value. With the superlative, no comparison is made; rather, one thing is said to show some extreme—good or bad—in its group. In English we use expressions such as "the most important person," "the least interesting book," "the fastest car," "the best friend." In Portuguese the patterns are as follows:

a. article+(noun)+*mais* or *menos*+adjective+*(de)*

É o carro mais bonito da agência.
It's the agency's nicest car.

É o carro mais caro da agência.
It's the agency's most expensive car.

São os modelos mais modernos da agência.
They're the agency's newest (most modern) models.

É a agência menos cara da cidade.
It's the least expensive agency in town.

The use of the noun is optional. Also, the *de* is necessary only when "in" or "of" is expressed.
The absolute superlative expresses the idea of "very." It is formed by using the adverb *muito*+adjective:

É um preço muito bom.
It's a very good price.

An alternative form of the absolute superlative is made by adding the suffix *-íssimo, -a, -os, -as* to an adjective minus its final vowel, or to an adjective ending in a consonant:

caro>caríssimo
interessante>interessantíssimo
cordial>cordialíssimo

The ending of the adjective, however, may need to be changed before the suffix can be added:

triste>tristíssimo
baixo>baixíssimo
horrível>horribilíssimo
comum>comuníssimo
feliz>felicíssimo
são>saníssimo

A cor do carro é lindíssima.
The car's color is very pretty.

A agência tem uma seleção variadíssima de carros esportes.
The agency has a huge selection of sports cars.

O carro é caríssimo.
The car is very expensive.

Os preços são altíssimos.
The prices are very high.

2. CONJUGATION OF THE VERB *VER*

VER   TO SEE, TO LOOK AT

eu	vejo		nós	vemos
tu	vês		vós	vedes
você	vê		vocês	vêem
ele	vê		eles	vêem
ela	vê		elas	vêem

Ele vê os carros na agência.
He sees the cars at the agency.

Nós vemos os modelos esportes.
We look at the sports cars.

Eles vêem os carros e os preços.
They look at the cars and the prices.

Eles vêem os amigos.
They see their friends.

3. CONJUGATION OF THE VERB *PEDIR*

PEDIR   TO ASK FOR

eu	peço
tu	pedes
você	pede
ele	pede
ela	pede

nós	pedimos
vós	pedis
vocês	pedem
eles	pedem
elas	pedem

Elas pedem para ver o carro.
They ask to see the car.

Nós pedimos para ver um modelo esporte.
We ask to see a sports car.

Ele pede uma garrafa de vinho.
He asks for a bottle of wine.

Eles pedem café com leite.
They order coffee with milk.

4. AFFIRMATIVE AND NEGATIVE EXPRESSIONS

Certain common affirmative expressions have negative counterparts:

alguém	someone	*ninguém*	no one, nobody
algo	something	*nada*	nothing
algum, alguma	some	*nenhum, nenhuma*	none, not any
sempre	always	*nunca*	never
ou . . . ou	either . . . or	*nem . . . nem*	neither . . . nor
também	also	*tampouco*	neither

Alguns carros são bonitos.
Some cars are pretty.

Algumas cores são lindíssimas.
Some colors are beautiful.

Não há nenhum carro na vitrine.
   There aren't any cars on display (in the store window).

Há alguém na loja.
   There's somebody/someone in the store.

Não há ninguém na agência.
   There's no one at the agency.

Eu devo alugar este ou aquele carro?
   Should I rent this car or that car?

Não compro nem este nem aquele carro.
   I'm neither buying this car nor that one.

Eu sempre alugo carros nesta agência.
   I always rent cars at this agency.

VOCABULÁRIO

agência	agency
alguém	somebody/someone
algum/alguma	something
altos/altíssimos	high/very high
caro	expensive
despesas de seguro	insurance (expenses)
esporte	sport
excelente	excellent
já	already
linda/lindíssima	pretty/very pretty
mais modernos	the most modern/the latest
menos alta	shortest
mercado	market
modelo	model
muito bonito	very pretty
nada	nothing
nem	nor
nem . . . nem	neither . . . nor
ninguém	nobody/no one
nunca	never
o mais	the most

ou . . . ou	either . . . or
pedir	to ask
plano de pagamento	payment plan
preços	prices
procurar	to look for
realmente	really/true
semana passada	last week
sempre	always
taxa de juros	interest rate
variada/variadíssima	variety/large variety or selection
Veja!	Look!
vi	I saw
vitrine	(shop) window

EXERCÍCIOS

A. Relacione as palavras da coluna A com as da coluna B de acordo com o diálogo.

COLUNA A

1. Mário e Jorge estão . . .
2. O que Mário precisa?
3. Mário prefere um carro . . .
4. Como são os preços da agência?
5. Onde é a agência?

COLUNA B

a. Precisa alugar um carro.
b. Em Fortaleza, Ceará.
c. São os mais baratos da cidade.
d. pequeno, esporte.
e. numa agência de carros.

B. Escreva uma sentença usando o superlativo absoluto. (Write a sentence using the absolute superlative, follow the example given.)

Modelo: Ele é rico.
Ele é riquíssimo.

1. O preço é barato.
2. Ela é original.
3. Eu sou calmo.
4. A agência é cara.
5. O carro é veloz.

C. Complete com o verbo ver ou pedir. Use o modelo.

Modelo: Eles (ver/pedir) _____ o carro.
Eles vêem o carro.

1. Mário (ver/pedir) para ver modelos mais modernos.
2. Nós (ver/pedir) muitos carros na vitrina da agência.
3. Elas não (ver/pedir) os modelos mais modernos.
4. Eu (ver/pedir) a cor lindíssima do carro.
5. Vocês (ver/pedir) o filme americano.
6. Eles (ver/pedir) um garrafa de vinho ao garçom.
7. Você (ver/pedir) seus amigos nos fins de semana?

D. Complete com a palavra oposta. Use o modelo. (Complete with the opposite word as shown in the section on affirmative and negative words, follow the example given.)

Modelo: Há <u>alguém</u> na loja.
Não há ninguém na loja.

1. Eu <u>sempre</u> vejo carros bonitos na vitrina.
2. Há <u>muitos</u> carros baratos na agência.
3. Você <u>também</u> pediu CDs do Jobim.
4. Ela não conhece <u>ninguém</u> aqui.
5. Eu gosto de filmes de ação e de dramas.

NOTAS CULTURAIS

Driving in Brazil is recommended only for the very brave. Traffic jams, aggressive Brazilian driving, and the confusion of being in a different country with a different language can make the driving experience quite harrowing. Defensive driving is very important because people have a more causal attitude toward the "rules of the road." Hotels and travel agencies can arrange car rentals which cost about US$80–US$100 per day. If you want the convenience of having your own car without the responsibility of driving it, you can ask your travel agent or your hotel concierge to arrange for your own driver.

You will find that driving in Portugal is a little less stressful than driving in Brazil, however, you should still be cautious and practice defensive driving. Car rental offices can be found throughout Portugal's major cities and airports. The minimum age for car rental is 21 and a U.S. driver's license is valid throughout the country. You will be happy to know that the Brazilians and the Portuguese drive on the right-hand side of the road.

RESPOSTAS

A. 1. e;   2. a;   3. d;   4. c.;   5. b.
B. 1. *baratíssimo*.   2. *originalíssima*.   3. *calmíssimo*.   4. *caríssima*.   5. *velocíssimo*.
C. 1. *pede;*   2. *vimos;*   3. *vêem;*   4. *vejo;*   5. *vêem;*   6. *pedem;*   7. *vê*.
D. 1. *nunca;*   2. *não há nenhum;*   3. *tampouco;*   4. *alguém;*   5. *Eu não gosto nem de filmes de ação nem de dramas.*

LIÇÃO 19
NO ESCRITÓRIO. At the office.

A. DIÁLOGO

No escritório de advocacia em São Paulo, Brasil.

ANTÔNIO: Onde você esteve na sexta-feira à noite? Telefonei várias vezes e não o encontrei.

CARLOS: Ontem eu trabalhei até às dez e cheguei em casa muito tarde.

ANTÔNIO: Você trabalha demais. Como pode trabalhar até às dez numa sexta-feira?

CARLOS: Eu sei, eu devo ser louco, mas eu estive trabalhando num projeto muito importante. Graças a Deus o terminei na sexta-feira.

ANTÔNIO: Eu também trabalhei muito na semana passada, mas nos fins de semana eu nunca trabalho, prefiro ir à praia com os amigos e a família.

CARLOS: Vamos começar esta reunião logo, porque eu não quero ficar neste escritório até às dez outra vez.

At a law firm in São Paulo, Brazil.

ANTÔNIO: Where were you last Friday night? I called you a couple of times and couldn't find you.

CARLOS: I worked until ten yesterday and I got home very late.

ANTÔNIO: You work too much. How can you work until ten on a Friday?

CARLOS: I know, I must be crazy, but I've been working on a very important project. Thank God I finished it Friday.

ANTÔNIO: I worked a lot last week as well, but I never work on weekends. I prefer to go to the beach with my friends and family.

CARLOS: Let's start this meeting immediately. I don't want to leave this office after ten again.

B. GRAMÁTICA E USOS

1. THE CONCEPT OF PAST TENSES

Until now, we have only been using the present tense, speaking about present events or actions in the immediate future. We have also learned to talk about future events by using *ir + a +* infinitive. Now we will learn how to talk about past events. The concept of the past involves several tenses. The principal ones are the preterite and the imperfect, each with its distinctive uses.

The preterite is the simple past, describing a fact or an action that took place at one moment in the past and ended. Often, one of the following adverbs of time will appear in the sentence:

ontem	yesterday
a noite passada	last night
mês passado	last month
o ano passado	last year

Ontem eu trabalhei até às dez da noite.
  Yesterday I worked until 10 (at night) p.m.

A noite passada telefonei para você várias vezes.
  Last night I called you several times.

No mês passado viajei para a Europa.
  Last month I traveled to Europe.

2. THE PRETERITE OF REGULAR -*AR* VERBS

Remember that all infinitives are made up of two parts: the root and the infinitive ending. When we conjugated the verb in the present tense, we dropped off the infinitive ending and added personal inflections to the root which indicated both the tense and the person:

TELEFONAR TO CALL SOMEONE, TO MAKE A TELEPHONE CALL

	SINGULAR			PLURAL
eu	telefonei		nós	telefonamos
tu	telefonaste		vós	telefonastes
você	telefonou		vocês	telefonaram
ele	telefonou		eles	telefonaram
ela	telefonou		elas	telefonaram

TRABALHAR TO WORK

	SINGULAR			PLURAL
eu	trabalhei		nós	trabalhamos
tu	trabalhaste		vós	trabalhastes
você	trabalhou		vocês	trabalharam
ele	trabalhou		eles	trabalharam
ela	trabalhou		elas	trabalharam

3. THE IRREGULAR PRETERITE OF *ESTAR*

Estar is completely irregular in the preterite tense:

ESTAR TO BE

	SINGULAR			PLURAL
eu	estive		nós	estivemos
tu	estiveste		vós	estivestes
você	esteve		vocês	estiveram
ele	esteve		eles	estiveram
ela	esteve		elas	estiveram

The preterite of the verb *estar* is often used with an adverb of time:

Ontem eu estive muito ocupado.
Yesterday I was very busy.

Ele esteve muito cansado na semana passada.
Last week he was very tired.

Nós estivemos na Europa no ano passado.
We were in Europe last year.

Ontem nós estivemos na casa dele.
Yesterday we were at his house.

VOCABULÁRIO

ano passado	last year
cansado/a	tired
cheguei	arrived
demais	too much
encontrei	found
escritório	office
esteve	were
estivemos	we were
importante	important
louco/a	crazy
mês passado	last month
neste	in this
num/numa	in one, in a
ocupado/a	busy
onde	where
ontem	yesterday
outra vez	again
prefiro	I prefer
projeto	project
reunião	meeting
semana passada	last week
tarde	late
telefonei	I called/phoned
terminei	I finished
trabalhei	I worked
vamos lá!	let's go
várias vezes	many times

EXERCÍCIOS

A. *Traduza para o português.*

1. I worked ten hours yesterday.
2. I was very busy at work today.
3. She drank coffee this morning.
4. They went to the store last night.
5. We went to church this morning.

B. *Escreva as orações abaixo no pretérito. Use o modelo.* (Write the sentences below using the preterite, follow the example given.)

Modelo: No mês passado eu (trabalhar) muito.
No mês passado eu trabalhei muito.

1. Ontem à noite ele (falar) com minha irmã.
2. Sexta-feira passada nós (terminar) o projeto.
3. Ele (chegar) em casa muito tarde.
4. Carlos (trabalhar) num projeto muito importante.
5. Elas (comprar) o jornal.
6. Eles (jantar) no rodízio.
7. Eles (visitar) a Califórnia.

C. *Complete com o tempo correto de estar. Use o modelo.*

Modelo: Ontem eu (estar) na casa dele.
Ontem eu estive na casa dele.

1. Semana passada eu (estar) no escritório até às dez.
2. Onde ele (estar) ontem?
3. Eles (estar) na Europa no ano passado.
4. Domingo passado vocês (estar) na praia.
5. Você (estar) muito cansado na sexta-feira?

NOTAS CULTURAIS

São Paulo is the largest city in Brazil, with a population of approximately 17 million and a size of over 3,000 square miles. Other leading cities in Brazil are Rio de Janeiro, Salvador, Belo Horizonte, Brasília, Recife, Curitiba, Porto Alegre, and Belém. However, São Paulo, the largest city in South America, makes even New York look small. The state of São Paulo is the financial and business center of Brazil, accounting for over half of the country's $630 billion GNP (1995). São Paulo is also the most expensive city in Brazil. It is not unheard of to pay 2 to 10 times what you would pay in the United States for certain goods and services. Nevertheless, native *Paulistanos* take tremendous pride in their city, not only because it's the financial and commercial center of Brazil, but because it's the educational and cultural center of the country as well.

RESPOSTAS

A. 1. *Eu trabalhei dez horas ontem;* 2. *Eu estive muito ocupado no trabalho hoje;* 3. *Ela tomou café esta manhã;* 4. *Eles foram ao supermercado ontem à noite;* 5. *Nós fomos à igreja esta manhã.*
B. 1. *falou;* 2. *terminamos;* 3. *chegou;* 4. *trabalhou;* 5. *compraram;* 6. *jantaram;* 7. *visitaram.*
C. 1. *estive;* 2. *esteve;* 3. *estiveram;* 4. *estiveram;* 5. *esteve.*

LIÇÃO 20
NO PARQUE. At the park.

A. DIÁLOGO

Vera e Magaly conversam no parque de Ouro Preto, Brasil.

VERA: Magaly, o que você está fazendo aqui no parque? Eu estava procurando por você.

MAGALY: Oi Vera, como vai? Eu estou olhando as crianças brincarem, elas não são lindas? Onde está o Sérgio?

VERA: Ele está jogando tênis com minha irmã. Você sabe como ele é, nunca recusa uma boa partida de tênis.

MAGALY: E eu sei que o Sérgio jogaria o dia todo, ele é louco por tênis.

VERA: O que você vai fazer amanhã à noite?

MAGALY: Não tenho nenhum plano ainda, por quê?

VERA: Porque eu tenho um ingresso extra para o concerto de amanhã, e sei que você adora música. Você gostaria de ir conosco?

MAGALY: Eu gostaria de ir com vocês, se eu soubesse quem vai tocar.

VERA: Eu não tenho o programa aqui agora, telefono para você mais tarde para lhe dizer os nomes. Você vai estar em casa?

MAGALY: Não, mas você pode deixar uma mensagem na minha secretária eletrônica, eu gostaria de ir com vocês.

VERA: Gostaria de ficar aqui com você e conversar o dia todo, mas eu preciso encontrar com o Sérgio. Falo com você mais tarde.

Vera and Magaly have a conversation in a park in Ouro Preto, Brazil.

VERA: Magaly, what are you doing here at the park? I've been looking for you.

MAGALY: Hi Vera, how are you? I'm here watching the kids play, aren't they beautiful? Where's Sergio?

VERA: He's playing tennis with my sister. You know how he is, he can never refuse a good tennis match.

MAGALY: I know Sergio would love to play tennis all day long, he's crazy about it.

VERA: What are you doing tomorrow night?

MAGALY: I don't have any plans yet, why?

VERA: Because I have an extra ticket for tomorrow's concert and I know how much you love music. Would you like to join us?

MAGALY: I would like to go with you if I knew who was playing.

VERA: I don't have the program with me now, but I'll call you later and tell you who's playing. Are you going to be home?

MAGALY: I'm not sure, but you can leave a message on my answering machine, I'd love to go with you.

VERA: I would love to sit here and chat all day, but I have to go meet up with Sergio. I'll talk to you soon!

B. GRAMÁTICA E USOS

1. IRREGULAR PRETERITES

The verb *brincar* means to play, usually associated with children's games. It can also mean to joke, kid, or tease.

BRINCAR   TO PLAY, JOKE, OR TEASE

eu	brinquei		nós	brincamos
tu	brincaste		vós	brincastes
você	brincou		vocês	brincaram
ele	brincou		eles	bricaram
ela	brincou		elas	brincaram

As crianças brincaram no parque.
The children played in the park.

Eles brincaram toda a manhã.
   They played the entire morning.

Eu brinquei com os meus amigos.
   I played with my friends.

Você brincou no tanque de areia.
   You played in the sandbox.

2. THE VERB *JOGAR*

The verb *jogar* means to play a game or a sport, in Brazil it can also mean to throw something out.

JOGAR   TO PLAY A GAME, TO THROW OUT (WITH *FORA*)

eu	joguei		nós	jogamos
tu	jogaste		vós	jogastes
você	jogou		vocês	jogaram
ele	jogou		eles	jogaram
ela	jogou		elas	jogaram

Sérgio jogou tênis no clube.
   Sérgio played tennis at the club.

Ele jogou muito bem.
   He played very well.

Nós não jogamos tênis ontem, jogamos baralho.
   We didn't played tennis yesterday, we played cards.

Os atletas jogaram futebol em Paris.
   The athletes played soccer in Paris.

Eu joguei fora os jornais velhos.
   I threw away the old newspaper.

Ela jogou fora as frutas estragadas.
   She threw away the spoiled fruit.

3. THE VERB *TOCAR*

Tocar means to play an instrument or to touch someone/something.

TOCAR   TO PLAY, TO TOUCH

eu	toquei	nós	tocamos
tu	tocaste	vós	tocastes
você	tocou	vocês	tocaram
ele	tocou	eles	tocaram
ela	tocou	elas	tocaram

Os músicos tocaram no concerto.
   The musicians played at the concert.

Eles tocaram piano.
   They played the piano.

Elas não tocaram violão, elas tocaram violino.
   They didn't play the guitar, they played the violin.

Eu toquei piano quando era criança.
   I played the piano when I was a child.

Não toque nesta bola, ela está suja.
   Don't touch this ball, it's dirty.

As crianças não tocaram na comida.
   The children didn't touch their food.

4. THE PRESENT CONDITIONAL

The conditional form in Portuguese is used as a polite form when making a request or asking for a favor. It is also used to express probability or uncertainty about past facts. The conditional is also used to as a condition of a fact that probably will not happen. It is formed by adding the endings *-ia, -íamos, -iam* to the infinitive form of the verbs:

	GOSTAR	COMER	PEDIR
eu	gostaria	comeria	pediria
tu	gostarias	comerias	pedirias
ele, ela, você	gostaria	comeria	pediria
nós	gostaríamos	comeríamos	pediríamos
vós	gostaríeis	comeríeis	pediríeis
eles, elas, vocês	gostariam	comeriam	pediriam

The present conditional is generally translated into English with "would":

Você gostaria de me ajudar?
   Would you like to help me?

Gostaria de falar com você.
   I would like to speak to you.

Gostaria de um café, por favor.
   I would like some coffee, please.

Here are a few more examples of the use of the present conditional. The conditional will be further discussed in lesson 30.

Você poderia me dizer onde está o azeite de oliva?
   Can you tell where the olive oil is?

Eu pediria água se estivesse com sede.
   I would ask for water if I were thirty.

Ela compraria mais mantimentos se tivesse tempo.
   She would buy more groceries if she had time.

VOCABULÁRIO

adora	he/she adores, he/she loves
amanhã à noite	tomorrow night
atleta	athlete
atletismo	athletics
brincadeira	a joke, a game
brincar	to play or frolic
tanque de areia	sandbox
campo de tênis	tennis court (Port)
centro esportivo	sports center (Brazil)
concerto	concert
convites	invitations
crianças	children
quadra de tênis	tennis court (Brazil)
desporto	sport (Portugal)
esporte	sport (Brazil)

futebol	soccer
jogar	to play a game,
	to throw out (with *fora*) (Brazil)
mensagem	message
músicos	musicians
partida	a game, a match
pavilhão de desportos	sports center (Port)
piano	piano
plano	plan
programa	program
recusar	to refuse
secretária eletrônica	answering machine
tênis	tennis
trompete	trumpet
violino	violin
violoncelo	cello

EXERCÍCIOS

A. *Traduza para o português usando o pretérito dos verbos irregulares.* (Translate into Portuguese using the preterite of the irregular verbs given.)

   Modelo: The children played in the park.
             As crianças brincaram no parque.

   1. They went to the sports stadium yesterday.
   2. She played the piano for her family.
   3. I left a message on her answering machine.
   4. We played a game of soccer at the park.
   5. The musicians played Beethoven at the concert.

B. *Complete as frases com o verbo adequado.*

   Modelo: Ela (jogou/brincou) o lixo.
             Ela jogou o lixo.

1. Os estudantes (tocaram/brincaram) os instrumentos.
2. Nós (jogamos/brincamos) tênis com nossos amigos.
3. Vocês (tocaram/brincaram) no tanque de areia toda a manhã!
4. As crianças não (tocaram/brincaram) no dever de casa.
5. Eu (joguei/brinquei) tênis no clube.

C. Traduza para o inglês usando o condicional.

Modelo: Eu gostaria de jogar tênis.
           I would like to play tennis.

1. Eu gostaria de ir ao estádio.
2. Ela gostaria de ir ao concerto.
3. Nós gostaríamos de ver um filme.
4. Eles gostariam de ver uma partida de futebol no Estádio do Maracanã.
5. Você gostaria de vir ao concerto?

D. Relacione as palavras da colunas A com as da coluna B.

COLUNA A

1. Não vejo.
2. Não é nada.
3. Não me diga!
4. Nunca vou.
5. Não o vi.
6. Acho que não.
7. Não tão depressa.
8. Não sei nada.
9. Não vejo nada.
10. Não é bastante.
11. Não me importa.
12. Não aconteceu nada.
13. Ele nunca vem.
14. Não é mau.
15. Nunca irei.
16. Ele não está aqui.
17. Ninguém vem.
18. Nem isto nem isso.
19. Não sei onde.
20. Não tenho tempo.

COLUNA B

a. Neither this nor that.
b. I have no time.
c. I don't know where.
d. Nothing happened.
e. I don't see.
f. I don't know anything.
g. It's not enough.
h. I didn't see him.
i. You don't say!
j. He never comes.
k. I see nothing.
l. I'll never go.
m. It's nothing.
n. He's not here.
o. I don't think so.
p. It's not bad.
q. It makes no difference to me.
r. Not so fast.
s. I never go.
t. No one comes.

NOTAS CULTURAIS

Brazilians are avid sports enthusiasts and enjoy playing and watching all kinds of sports including basketball, tennis, automobile racing, and volleyball, among others. However, soccer, or *futebol,* is by far the most popular sport in Brazil. Soccer was introduced in Brazil in 1894 as an amateur sport practiced mostly by upper-class young men. By the 1920s the game had gained in popularity and in a few decades became the most popular sport in the country. Brazil has never missed the World Cup final and it also holds the record for the most World Cup championships (five times: Sweden 1958, Chile 1962, Mexico 1970, USA 1994, and Japan/South Korea 2002). The world's most famous player, Pelé, a Brazilian, is the leading scorer of all time. He scored 1,284 goals during his career and he's still seen as a national and international hero more than twenty years after his retirement. As a testament to their love for the sport, Brazilians built *Maracanã* Stadium, the world's largest soccer stadium, which holds the record for the highest soccer game attendance of all time. This was set during the 1950 World Cup, for which 200,000 soccer fans packed the stadium to watch the final match. Recently the official capacity was reduced to 125,000 people, this was largely due to safety concerns.

RESPOSTAS

A. 1. *Eles foram ao estádio ontem;*   2. *Ela tocou piano para sua família;*   3. *Eu deixei uma messagem na sua secretária eletrônica;*   4. *Nós jogamos uma partida de futebol no parque;*   5. *Os músicos tocaram Beethoven no concerto.*
B. 1. *tocaram;*   2. *jogamos;*   3. *brincaram;*   4. *tocaram;*   5. *joguei.*
C. 1. I would like to go to the stadium.   2. She would like to go to the concert.   3. We would like to see a movie.   4. They would like to see a soccer match at Maracanã Stadium.   5. Would you like to come to the concert?
D. 1. *e;*   2. *m;*   3. *i;*   4. *s;*   5. *h;*   6. *o;*   7. *r;*   8. *f;*   9. *k;*   10. *g;*   11. *q;*   12. *d;*   13. *j;*   14. *p;*   15. *l;*   16. *n;*   17. *t;*   18. *a;*   19. *c;*   20. *b.*

QUARTA REVISÃO

A. *Escreva novamente as sentenças usando o oposto das palavras sublinhadas.*

   Modelo: Alugamos <u>mais</u> carros do que eles.
             Alugamos menos carros do que eles.

   1. O avião é <u>mais</u> rápido do que o carro.
   2. Este ônibus é <u>grande.</u>
   3. <u>Sempre</u> viajo de ônibus.
   4. O ônibus <u>chega</u> em São Paulo às oito horas.
   5. Eles acabaram de <u>chegar.</u>

B. *Escreva novamente as sentenças usando os verbos em parêntesis na forma comando.*

   1. Por favor, _____ meu nome na lista de espera. (por)
   2. Não _____ aqui, por favor. (fumar)
   3. (Você) _____ desta idéia. (desistir)
   4. (Você) _____ no vôo das 7:30. (embarcar)

C. *Traduza para o português as sentenças abaixo.*

   1. Where were you yesterday?
   2. I called you many times.
   3. Last month I worked on a very important project.
   4. Yesterday I was very busy.
   5. I spoke with him last week.

D. *Traduza as sentenças para o português.*

   1. He asked which was the most comfortable car in the agency.
   2. The most comfortable car is very expensive.
   3. There were many people at the agency.
   4. We asked to be the first to be served.
   5. We were extremely tired.

RESPOSTAS

A. 1. *menos;* 2. *pequeno;* 3. *nunca;* 4. *parte;* 5. *partir.*
B. 1. *ponha;* 2. *fume;* 3. *desista;* 4. *embarque.*
C. 1. *Onde estava você ontem?;* 2. *Eu o chamei muitas vezes;* 3. *No mês passado trabalhei num projeto muito importante;* 4. *Ontem eu estive muito ocupado;* 5. *Falei com ele na semana passada.*
D. 1. *Ele perguntou qual o carro mas confortável da agência;* 2. *O carro mais confortável é muito caro;* 3. *Havia muita gente na agência;* 4. *Pedimos para sermos atendidos primeiro;* 5. *Estivemos extremamente cansados.*

SEGUNDA LEITURA

VISITANDO O BRASIL DE CARRO

Agora[1] que você já está na metade[2] do seu curso de português, talvez você esteja planejando[3] visitar o Brasil. Caso você pretenda viajar de carro, através[4] do imenso[5] território[6] brasileiro, a primeira coisa que você deve fazer, é comprar um exemplar[7] do Guia Quatro Rodas.[8] Apesar do nome, *(Four Wheels)* este guia não é apenas[9] útil para os motoristas, ele também é muito útil[10] para qualquer[11] turista porque traz uma variedade[12] imensa de informações, sobre hotéis, restaurantes, mapas, números úteis de telefones, e muito mais.

Juntamente[13] com os endereços de restaurantes, hotéis de alta categoria[14] e outros tipos de acomodações,[15] tais como,[16] pensões[17] e albergues,[18] O Guia Quatro Rodas inclui também a classificação por categorias e preços destes hotéis e restaurantes.

VOCABULÁRIO

1. *agora* — now
2. *metade* — middle
3. *planejando* — planning
4. *através* — throughout
5. *imenso* — immense
6. *exemplar* — issue
7. *território* — territory
8. *Quatro Rodas* — Four Wheels
9. *apenas* — only
10. *qualquer* — any
11. *útil* — has utility, useful
12. *variedade* — variety
13. *juntamente* — in addition/together
14. *categoria* — category
15. *acomodações* — accommodations
16. *tais como* — such as
17. *pensões* — bread and breakfast/ boarding house
18. *albergue* — youth hostel

LIÇÃO 21
NO CONSULTÓRIO MÉDICO. At the doctor's office.

A. DIÁLOGO

Num consultório médico em Ilhéus, Bahia.

MÉDICO: Por aqui senhor. Sente-se. Qual é o problema?

SENHOR SILVA: Quando acordei esta manhã, quase não consegui me levantar. Tive muita dor de cabeça e dor de estômago. Foi muito desagradável. Fui ao banheiro e tomei duas aspirinas.

MÉDICO: O senhor pôde andar sem sentir vertígem?

SENHOR SILVA: Não doutor, tive que me apoiar nos móveis. Comi torradas com chá, voltei para a cama e o chamei.

MÉDICO: Como se sente agora? As dores ainda continuam?

SENHOR SILVA: Pouco a pouco começaram a diminuir. Só pude levantar-me e vestir-me para vir aqui há duas horas atrás.

MÉDICO: O que o senhor comeu ontem à noite?

SENHOR SILVA: Tivemos uma festa em casa. Houve muita comida e bebida. Nossos convidados partiram muito tarde.

MÉDICO: Bem senhor Silva, me parece que o senhor comeu demais ontem à noite. Hoje deve descansar e amanhã estará perfeitamente bem.

In a doctor's office in Ilhéus, Bahia.

DOCTOR: This way, sir. Sit down. What's the problem?

MR. SILVA: When I woke up this morning, I almost couldn't get out of bed. I had a bad headache and stomach ache. It was very unpleasant. I went to the bathroom and took two aspirins.

DOCTOR: Were you able to walk without feeling dizzy?

MR. SILVA: No doctor, I had to hold on to the furniture. I ate some toast and drank some tea. Then I went to bed and called you.

DOCTOR: How do you feel now? Are the pains still continuing?

MR. SILVA: Little by little they began to diminish. Only two hours ago, I was able to get up and put on some clothes to come here.

DOCTOR: What did you eat last night?

MR. SILVA: We had a party at home. There was lots of food and drink. Our guests left very late.

DOCTOR: Well, Mr. Silva, it seems to me that you ate too much last night. Today you must rest and tomorrow you will be completely well.

B. GRAMÁTICA E USOS

1. THE PRETERITE OF REGULAR -ER AND -IR VERBS

The conjugation of the verb *comer:*

COMER   TO EAT

eu	comi		nós	comemos
tu	comeste		vós	comestes
você	comeu		vocês	comeram
ele	comeu		eles	comeram
ela	comeu		elas	comeram

Ele comeu muito ontem à noite.
   He ate a lot last night.

Nós comemos muito na festa.
   We ate a lot at the party.

Ela comeu muito pouco.
   She ate very little.

Elas não comeram muito pão.
   They didn't eat a lot of bread.

The conjugation of the verb *partir:*

PARTIR   TO LEAVE/DEPART

eu	parti	nós	partimos
tu	partiste	vós	partistes
você	partiu	vocês	partiram
ele	partiu	eles	partiram
ela	partiu	elas	partiram

Os convidados partiram muito tarde.
  The guests left very late.

Eles partiram às onze horas da noite.
  They left at 11 p.m.

Ele partiu para São Paulo ontem.
  He departed to Sao Paulo yesterday.

O avião partiu no horário.
  The airplane departed on schedule.

2. IRREGULAR PRETERITES

PODER   TO BE ABLE

eu	pude	nós	pudemos
tu	pudeste	vós	pudestes
você	pôde	vocês	puderam
ele	pôde	eles	puderam
ela	pôde	elas	puderam

Ele pôde ir ao consultório do médico.
  He was able to go to the doctor's office.

Eles não puderam falar com os amigos.
  They were not able to talk to their friends.

Nós pudemos vir à festa ontem.
  We were able to come to the party yesterday.

Você pôde andar sem sentir vertigem?
  Were you able to walk without feeling dizzy?

TER   TO HAVE

eu	tive
tu	tiveste
você	teve
ele	teve
ela	teve

nós	tivemos
vós	tivestes
vocês	tiveram
eles	tiveram
elas	tiveram

Ele teve muita dor de cabeça.
   He had a bad headache.

Você teve que ir ao médico?
   Did you have to go the doctor?

Eles tiveram uma festa com muita comida e bebida.
   They had a party with a lot food and drinks.

Nós não tivemos muito tempo para descansar.
   We didn't have much time to rest.

3. THE PRETERITE OF *IR* AND *SER*

Ir and *ser* are the same in the preterite. The context will clarify the meaning.

IR   TO GO AND *SER*   TO BE

eu	fui
tu	foste
você	foi
ele	foi
ela	foi

nós	fomos
vós	fostes
vocês	foram
eles	foram
elas	foram

Foi muito desagradável.
   It was very unpleasant.

Eu fui ao banheiro.
   I went to the bathroom.

Os convidados foram muito simpáticos.
   The guests were very nice.

Nós fomos dormir muito tarde.
   We went to bed very late.

4. *FAZ* + PRETERITE

Faz + preterite expresses the concept of "ago":

Faz duas horas que pude levantar-me.
Two hours ago I was able to get up.

Faz cinco horas que comeram.
They ate five hours ago.

VOCABULÁRIO

afinal	finally
ainda	still
apoiar-se	to support oneself (physically)
as dores começaram	the pain began
cabeça	head
cama	bed
caminhar/andar	to walk
chá	tea
clínica	clinic
Como se sente agora?	How do you feel now?
consultório médico	doctor's office
demais	to much
diminuir	diminish/lessen
dor de cabeça	headache
dor de estômago	stomach ache
estar doente	to be sick
estômago	stomach
festa	party
foi muito desagradável	it was very unpleasant
forte	strong
fraco	weak
houve	there was, there were
o médico/a médica	the doctor
perfeitamente bem	perfectly well
por aqui	this way
pouco a pouco	little by little
Qual é o problema?	What's the problem?

sem	without
Sente-se!	Sit down!
sentir-se	to feel
tomar uma aspirina	to take an aspirin
torradas	toasts

EXERCÍCIOS

A. *Responda a pergunta de acordo com o diálogo. Use o modelo.*

   Modelo: Por que o senhor Silva foi ao médico? (doente)
   Porque está doente.

   1. O que tem? (dor de cabeça)
   2. O que o senhor Silva tomou? (duas aspirinas)
   3. As dores começaram a diminuir? (pouco a pouco)
   4. Como se sente agora? (perfeitamente bem)
   5. Que devo fazer? (descansar hoje)

B. *Escreva as sentenças abaixo no pretérito. Use o modelo.*

   Modelo: Se sente bem pela manhã.
   Se sentiu bem pela manhã.

   1. Quando me levanto me sinto bem.
   2. Tenho dor de estômago porque como demais.
   3. Vou ao médico quando estou doente.
   4. Ando um pouco e sinto vertigem.
   5. Vou às oito e posso sentar-me no trem.

C. *Traduza para o português.*

   1. What's the matter with you?
   2. Sit down!
   3. Do the pains still continue?
   4. Do you feel strong or weak?
   5. Yesterday I went to the doctor's office.

NOTAS CULTURAIS

In Brazil, the term *doutor* or *doutora* is used as a polite form of address to any educated or professional person with a M.D. or Ph.D. It is occasionally used to address individuals who don't hold a doctorate or an advanced degree, however, this is not the norm. A doctor of medicine is professionally called a *médico/a* and can be addressed as *doutor* or *doutora*.

RESPOSTAS

A. 1. *Tenho dor de cabeça;*   2. *Tomou duas aspirinas;*   3. *As dores começaram a diminuir pouco a pouco;*   4. *Me sinto perfeitamente bem;*   5. *Deve descansar hoje.*
B. 1. *Quando me levantei me senti bem;*   2. *Tive dor de estômago porque comi demais;*   3. *Fui ao médico quando estive doente;*   4. *Andei um pouco e senti vertigem;*   5. *Fui às oito e pude sentar-me no trem.*
C. 1. *Qual é o problema com você?;*   2. *Sente-se!;*   3. *As dores ainda continuam?;*   4. *Você se sente forte ou fraco?;*   5. *Ontem fui ao consultório do médico.*

LIÇÃO 22
NO DENTISTA. At the dentist's.

A. DIÁLOGO

No dentista, Salvador, Bahia

OLGA: Alô, aqui é Olga Oliveira, o Dr. Milton está?

SECRETÁRIA: Sim está, mas ele está atendendo um paciente, posso anotar seu recado?

OLGA: Não, sinto muito mas eu preciso falar com ele. Ele tirou algumas radiografias e me pediu para voltar na próxima semana, mas meu dente doeu muito a noite passada e eu não pude dormir a noite toda. Pergunte a ele se ele pode me atender hoje?

SECRETÁRIA: Um momento por favor.

Mais tarde.

DR. MILTON: Alô Olga, como vai? Eu tenho sua ficha aqui comigo e sinto muito mas eu tenho más notícias. A radiografia mostra que você tem uma cárie muito grande no molar direito, e seu dente do siso está em más condições. Acho que teremos que extraí-lo. Olga, eu não quero assustá-la, mas acho que também precisamos fazer um tratamento de canal.

OLGA: Puxa, isso são realmente más notícias! Por isso eu tenho tido tanta dor.

DR. MILTON: Vou pedir à minha secretária para marcar uma consulta para você hoje à tarde, à uma e meia. Está bom para você?

OLGA: Claro, obrigada Dr. Milton. Eu estarei aí à uma e meia. Muito obrigada por marcar uma consulta de última hora.

At the dentist's in Salvador, Bahia.

OLGA: Hi, this is Olga Oliveira, Is Dr. Milton in?

SECRETARY: Yes, but he's with a patient, may I take a message?

OLGA: No, I'm sorry but I need to talk to him. He took some x-rays and asked me to return next week, but I had a terrible toothache last night and I couldn't sleep all night. Can you please ask him if he can see me today?

SECRETARY: One moment, please.

(Mais tarde.)

DR. MILTON: Hello Olga, how are you? I have your chart here and I'm sorry but I have bad news. Your x rays show that you have a large cavity in your right molar and your wisdom tooth is in bad shape, I think it has to be pulled out. Olga, I don't mean to scare you, but I'm afraid we need to do a root canal.

OLGA: Wow, this is really bad news! No wonder I've been in such pain.

DR. MILTON: I'm going to ask my secretary to make an appointment for you to see me this afternoon at 1:30. Is that OK with you?

OLGA: Sure, thank you, Dr. Milton. I'll be there at 1:30. I really appreciate you seeing me on such short notice.

B. GRAMÁTICA E USOS

1. THE PRETERITE OF THE VERB *PEDIR*

The verb *pedir* means to ask for something, to make a request or to order something.

PEDIR TO ASK

eu	pedi	nós	pedimos
tu	pediste	vós	pedistes
você	pediu	vocês	pediram
ele	pediu	eles	pediram
ela	pediu	elas	pediram

Ela pediu à secretária para falar com o dentista.
She asked the secretary to speak to the dentist.

Ele pediu a ela para vir ao consultório.
  He asked her to come to the office.

Nós pedimos uma informação.
  We asked for information.

Eles pediram a conta.
  They asked for the bill.

2. THE PRETERITE OF THE VERB *PERGUNTAR*

Perguntar means to ask a question, or to ask for information.

PERGUNTAR   TO ASK A QUESTION

eu	perguntei
tu	perguntaste
você	perguntou
ele	perguntou
ela	perguntou

nós	perguntamos
vós	perguntastes
vocês	perguntaram
eles	perguntaram
elas	perguntaram

Ela perguntou onde estava o dentista.
  She asked where the dentist was.

Elas perguntaram onde é o consultório do dentista.
  They asked where the dentist's office is.

Eles perguntaram onde estava o raio-x/a radiografia.
  They asked where the x-rays were.

Nós perguntamos quanto é o tratamento.
  We asked how much the treatment is.

3. THE PRETERITE OF THE VERB *DORMIR*

DORMIR   TO SLEEP

eu	dormi
tu	dormiste
você	dormiu
ele	dormiu
ela	dormiu

nós	dormimos
vós	dormistes
vocês	dormiram
eles	dormiram
elas	dormiram

Ela não dormiu bem a noite passada.
　　She didn't sleep well last night.

Ele dormiu muito no último fim de semana.
　　He slept a lot last weekend.

Nós dormimos às 11:00 ontem.
　　We fell asleep at 11:00 last night.

Elas dormiram na casa da praia.
　　They slept at the beach house.

4. THE PRETERITE OF THE VERB *DOER*

The verb *doer* is conjugated only in the second person, singular and plural.

DOER　TO HURT/ACHE

	PRESENT		PRETERITE
ele, ela	*dói*	*ele, ela*	*doeu*
eles, elas	*doem*	*eles, elas*	*doeram*

O dente dela doeu muito a noite passada.
　　Her tooth hurt a lot last night.

As gengivas dela também doeram muito.
　　Her gums also hurt a lot.

Os dentes dele doeram muito.
　　His teeth did hurt a lot.

Meus pés doem quando eu ando muito.
　　My feet hurt when I walk too much.

VOCABULÁRIO

aceitar	to accept
canal	canal
cárie	cavity
cliente	client
comigo	with me
dente	tooth

dente do siso	wisdom tooth
dentista	dentist
dói	hurts
doer	to hurt
dor	ache
dormir	to sleep
extrair	to pull out
ficha	chart
gengivas	gums
inflamada	inflamed
marcar	to make
má(s)	bad
molar	molar
mostra	shows
notícias	news
pedir	to ask
penso	think
perguntar	to ask
Puxa!	Wow!
radiografias	x-rays
recado	message
secretária	secretary
tanto	so much
toda a noite	all night
tomar	to take
tratamento	treatment
última hora	last minute
uma consulta	an appointment
visita	visit

EXERCÍCIOS

A. Relacione as palavras da coluna A com as da coluna B.

COLUNA A

1. Dr. Milton é _____.
2. Olga está com _____.
3. Ela não _____ bem a noite passada.
4. A secretária marcou uma _____.
5. Ela precisa fazer um _____.
6. O _____ está em más condições.

COLUNA B

a. dor de dentes
b. dente do siso
c. dentista
d. dormiu
e. consulta para 1:30
f. tratamento de canal

B. Complete com a forma apropriada do verbo pedir ou perguntar. Use o modelo.

Modelo: Nós _____ a ele qual é o telefone do dentista.
          Nós perguntamos a ele qual é o telefone do dentista.

1. Ela _____ qual é o endereço do dentista. (pedir/perguntar)
2. Olga _____ para falar com dentista. (pedir/perguntar)
3. Dr. Milton _____ a ela para vir ao consultório. (pedir/perguntar)
4. Eles _____ qual o melhor do restaurante. (pedir/perguntar)
5. Eu _____ a ele para me esperar. (pedir/perguntar)

C. Complete com a forma apropriada do verbo dormir. Use o modelo.

Modelo: Ontem ela não _____ muito.
          Ontem ela não dormiu muito.

1. Olga não _____ bem a noite passada.
2. Eles não gostaram de _____ naquele hotel.
3. Ontem ele _____ até às 10:00 horas.
4. Vocês _____ na casa de sua amiga ontem?
5. Ele _____ muito no fim de semana.

D. *Complete com o verbo doer.*

1. *O dente dela* _____ *muito ontem à noite.*
2. *Os dentes deles* _____ *muito.*
3. *Ela foi ao dentista porque estava com* _____ *de dentes.*
4. *Ela disse que os olhos* _____ *quando ela ler muito.*
5. *Seus pés* _____ *quando você anda muito.*

NOTAS CULTURAIS

One of the most expensive health related services in Brazil is dental care. The city you live in and the dental procedure determine the cost of the service. Rio de Janeiro and São Paulo are the most expensive cities to have dental work done. Insurance companies usually pay for routine treatments such as x-rays, fillings, and cleanings, however, many people in Brazil don't have dental insurance and have to pay for these services out of their own pocket. This can get quite expensive when extensive dental work is required. Many of these people are forced to seek dental treatment from dentists who are not well trained and who offer inferior service.

RESPOSTAS

A. 1. *c;*   2. *a;*   3. *d;*   4. *e;*   5. *f;*   6. *b.*
B. 1. *perguntou;*   2. *pediu;*   3. *pediu;*   4. *perguntaram;*   5. *pedi.*
C. 1. *dormiu;*   2. *dormir;*   3. *dormiu;*   4. *dormiram;*   5. *dormiu.*
D. 1. *doeu;*   2. *doeram;*   3. *dor;*   4. *doem;*   5. *doem.*

LIÇÃO 23
NO SALÃO DE BELEZA. At the beauty parlor.

A. DIÁLOGO

No salão de beleza em Lisboa, Portugal.

ISAURA: Boa-tarde, como está?

FRANCISCO: Boa-tarde Isaura, sente-se aqui. O que quer fazer hoje com o seu cabelo?

ISAURA: Tenho que ir a uma festa, vamos a ver se me pode dar um jeito neste cabelo.

FRANCISCO: Claro! Quer cortar e pintar, ou só lavar e pentear?

ISAURA: Não, hoje não quero pintá-lo, quero apenas cortar um pouco as pontas e fazer um penteado bonito.

FRANCISCO: Não se preocupe! O seu cabelo é fácil de pentear. A vantagem de ter cabelos curtos é que qualquer estilo fica bem. Vou fazer de si a mulher mais bonita da festa.

ISAURA: Sei que cheguei muito tarde, mas acha que vai dar também para fazer uma manicure e uma pedicure?

FRANCISCO: Já é quase hora de fechar o salão, mas como é uma cliente muito especial, vou tentar.

ISAURA: Muito obrigada, você é um amor!

At the beauty parlor in Lisbon, Portugal.

ISAURA: Good afternoon, how's everything?

FRANCISCO: Good afternoon Isaura, let's sit here. What do you want to do with your hair today?

ISAURA: I have to go to a party, let's see if you can do something with my hair.

FRANCISCO: Sure! Do you want to color and cut it, or just wash and style it?

ISAURA: I don't want to dye it today, I just want the ends trimmed and have it styled.

FRANCISCO: Leave it up to me! Your hair's very easy to style. The good thing about having short hair is that any style looks good on you. I'm going to make you the prettiest woman at the party.

ISAURA: I know I'm a little late, but will you have time to give me a manicure and a pedicure?

FRANCISCO: It's almost time to close the salon, but since you're a very special client, I'll try.

ISAURA: Thank you so much, you're a sweetheart!

B. GRAMÁTICA E USOS

1. EXPRESIONS WITH THE VERB *DAR*

The verb *dar* means to give. However, it is often used in colloquial expressions such as:

a. to give a party

Minha amiga vai dar uma festa amanhã.
My friend is going to give a party tomorrow.

b. to do something about it or with it:

Quero que você dê um jeito no meu cabelo.
I want you to do something with my hair.

c. is there enough time?

Será que dá tempo para fazer manicure e pedicure.
I wonder if there will be enough time to have a manicure and pedicure.

d. to give a headache:

Este computador só me dá dor de cabeça.
   This computer only gives me a headache.

e. to say that someone has a talent for something:

Ela dá para música.
   She has a talent for music.

2. THE "LET'S" COMMAND: *VAMOS* + INFINITIVE

The first person plural or "let's" command can be expressed by *vamos* + infinitive:

Vamos sentar aqui.
   Let's sit here.

Vamos ver se podemos dar um jeito neste cabelo.
   Let's see if you can do something with this hair.

Vamos à festa comigo?
   Come to the party with me?

3. THE USE OF THE ARTICLE O BEFORE ADJECTIVES

The neuter pronoun *o* is used with the masculine singular form of adjectives to describe a general quality:

O bom de ter cabelos curtos é que seca mais rápido.
   The good thing of having short hair is that it dries faster.

O pior de chegar tarde é que você precisa esperar mais.
   The worst thing about arriving late is that you have to wait longer.

VOCABULÁRIO

amor	love/sweetheart
base	foundation

batom	lipstick
beleza	beauty
bom	good
cabeleireira	hair stylist
cabelo	hair
castanho	brown
cortar	to cut
creme rinse/condicionador	conditioner
curto/a	short
dar um jeitinho	to find a way/to manage
estilo	style
fechar	to close
festa	party
freguesa	client/customer
laca	hair spray
lavar	to wash
loiro/a	blond
longo	long
manicure	manicure/manicurist
maquiagem	makeup
pedicure	pedicure/pedicurist
penteado	hairdo
pentear	to comb/to style
pior	worst
pó-de-arroz	facial powder
pontas	ends
ruge	blush
salão	parlor
secador	dryer
secar	to dry
shampoo	shampoo
unhas	nails

EXERCÍCIOS

A. *Responda com uma oração completa.*

1. O que quer eu faça com seu cabelo?(cortar e pentear)
2. Que tipo de cabelo tem? (curto)
3. Qual é a vantagem de bom de ter cabelo curto? (secar mais rápido)
4. O que vai fazer além de cortar o cabelo? (manicure e pedicure)
5. Que cor de cabelo você tem? (castanho)

B. *Relacione as palavras da coluna A com as palavras da coluna B.*

COLUNA A

1. cabelos
2. tingir
3. castanho
4. secar
5. unhas

COLUNA B

a. de loiro
b. cor
c. longos
d. curtas
e. rápido

C. *Escreva uma oração usando você. Use o modelo.*

Modelo: Tell you hair stylist to comb your hair.
          Penteie meu cabelo, por favor.

1. Tell your hair stylist to trim the ends of your hair.
2. Tell your manicurist to trim your nails very short.
3. Ask your friend if she thinks her daughter has talent for music.
4. Tell your hairdresser to put the part on the left side.
5. Tell your son to lower the volume on the TV.

NOTAS CULTURAIS

In Portugal as well as in Brazil, hairdressers, manicurists, and pedicurists are treated with a certain degree of familiarity. It is not unusual for client and hairdresser to become close friends and to develop lifelong relationships. In small towns a trip to the beauty parlor can reach the level of social event. A beauty salon can be a place to relax and catch up on the latest town news and gossip. The low cost of labor in both countries makes the occasional trip to the beauty salon accessible to most people. In some cities and towns, having your hair and nails done can cost less than US$10.00.

RESPOSTAS

A. 1. *Quero que você corte e penteie meu cabelo;* 2. *Eu tenho cabelo curto;* 3. *O bom de usar cabelo curto é que seca mais rápido;* 4. *Quero fazer manicure e pedicure;* 5. *Meu cabelo é castanho.*
B. 1. *longos;* 2. *de loiro;* 3. *cor;* 4. *rápido;* 5. *curtas.*
C. 1. *Corte as pontas do meu cabelo;* 2. *Corte minhas unhas bem curtas;* 3. *Você pensa que sua filha dá para música?;* 4. *Parta meu cabelo do lado esquerdo;* 5. *Abaixe a televisão.*

LIÇÃO 24
NA BILHETERIA DO TEATRO. At the theater box office.

A. DIÁLOGO

No Teatro Municipal no Rio de Janeiro, Brasil.

ROBERTO: Eu vim para comprar dois ingressos para o show de Tônia Carrero.

AGENTE: Para o show de hoje há ingressos no balcão e assentos na primeira fila, os mais caros, como você sabe.

ROBERTO: Não tem importância, minha esposa adora essa atriz, pagarei o preço que for.

AGENTE: O show é muito bom e a atriz é excelente. Eu li que quando o show estreou em São Paulo, foi um grande sucesso. Os críticos deram-lhe o prêmio de melhor atriz, e o show foi considerado o melhor da temporada.

ROBERTO: Que maravilha! À que horas começa o show?

AGENTE: A cortina abre às 8:00 horas. Aqui estão seus ingressos, assentos dezesseis e dezessete, na fila B. Divirta-se.

At the Municipal Theater in Rio de Janeiro, Brazil.

ROBERTO: I came to buy two tickets for the Tonia Carrero show.

TICKET AGENT: We have only balcony and first row seats left for today. As you know, they're the most expensive.

ROBERTO: That's not important, my wife loves this actress so I'll pay any price.

TICKET AGENT: The show's excellent and so is the actress. I read that when the show opened in São Paulo it was a great success. The critics gave her the award for Best Actress and the show was considered the best of the season.

ROBERTO: Great! What time does the show start?

TICKET AGENT: The curtain goes up at eight o'clock. Here are your tickets, seats 16 and 17, row B. Enjoy the show.

B. GRAMÁTICA E USOS

1. THE PRETERITE OF THE VERB *VIR*

VIR   TO COME

eu	vim
tu	vieste
você	veio
ele	veio
ela	veio

nós	viemos
vós	viestes
vocês	vieram
eles	vieram
elas	vieram

Ele veio comprar os ingressos para o show.
   He came to buy tickets for the show.

Eles vieram ver o show.
   They came to see the show.

Nós viemos ao teatro ontem.
   We came to the theater yesterday.

Você veio a Nova York no ano passado?
   Did you come to New York, last year?

2. THE PRETERITE OF THE VERB *LER*

LER   TO READ

eu	li
tu	leste
você	leu
ele	leu
ela	leu

nós	lemos
vós	lestes
vocês	leram
eles	leram
elas	leram

Nós lemos os comentários sobre o show.
   We read the show's reviews.

Ela leu o último romance deste autor.
   She read the last novel of the author.

Eles leram o menu no restaurante.
   They read the menu at the restaurant.

3. THE PRETERITE OF THE VERB *OUVIR*

OUVIR   TO HEAR

eu	ouvi		nós	ouvimos
tu	ouviste		vós	ouvistes
você	ouviu		vocês	ouviram
ele	ouviu		eles	ouviram
ela	ouviu		elas	ouviram

Eu ouvi dizer que o show é excelente.
   I heard that the show's excellent.

Nós ouvimos dizer que a atriz é muito boa.
   We heard that the actress is very good.

Eles ouviram a música de Carlos Jobim no rádio.
   They heard Carlos Jobim songs on the radio.

Vocês ouviram o telefone tocar?
   Did you hear the telephone ringing?

4. THE PRETERITE OF THE VERB *ABRIR*

ABRIR   TO OPEN

eu	abri		nós	abrimos
tu	abriste		vós	abristes
você	abriu		vocês	abriram
ele	abriu		eles	abriram
ela	abriu		elas	abriram

O show estreou em São Paulo.
   The show opened in São Paulo.

Ela abriu a porta do carro.
   She opened the car door.

Eles abriram o programa do teatro.
   They opened (looked at) the theater program.

5. THE ORDINAL NUMBERS

You already know the cardinal numbers—the numbers used in counting (one, two, three, etc.). The ordinal numbers (first, second, third, etc.) indicate position in a sequence. Note that the ordinal numbers agree in number and gender with the noun they accompany.

Segunda fila
   Second row

Primeiro show
   First show

Os primeiros lugares
   The first places

primeiro/a	first	**sexto/a**	sixth
segundo/a	second	**sétimo/a**	seventh
terceiro/a	third	**oitavo/a**	eighth
quarto/a	fourth	**nono/a**	ninth
quinto/a	fifth	**décimo/a**	tenth

VOCABULÁRIO

abriu	opened
adora	adore/love
assentos/lugares	seats
atriz	actress
autor	author
balcão	balcony
caros	expensive
começa	starts
comentários	comments
comprar	to buy
considerado	considered
críticos	critics

cortina	curtain
divirta-se	enjoy yourself
dizer	to say
esposa	wife
eu li	I read
eu vim	I came
fileira/fila	row
importância	importance
ingressos	ticket
ler	to read
maravilha	wonder
música	music
romance	novel
ouvir	hear
preço	price
primeira	first
rádio	radio
segunda	second
show	show
sobre	about
sucesso	success
teatro	theater
temporada	season
tocar	to ring/to play something
ver	to see

EXERCÍCIOS

A. Complete as orações de acordo com o diálogo. Use o modelo.

Modelo: Roberto _____ ao teatro para comprar ingressos para o show.
Roberto veio ao teatro para comprar ingressos para o show.

1. O show _____ em São Paulo.
2. Há ingressos apenas no balcão e nos assentos da _____.

3. Não há muitos _____ para este show.
4. Os críticos deram-lhe o prêmio como melhor _____.
5. Roberto comprou ingressos para ele e a _____.
6. A _____ abre às oito horas.

B. Passe os verbos das orações para o passado. Use o modelo.

Modelo: Eu venho comprar ingressos para o show.
          Eu vim comprar ingressos para o show.

1. Eles vêm ao teatro.
2. Ela vem sempre aqui.
3. Elas vêm de ônibus para o cinema.
4. Nós vamos de táxi para o teatro.
5. Você vem com ele?

C. Complete com a forma apropriada de ouvir ou ler. Use o modelo.

Modelo: Ele (ouvir/ler) que o show é excelente.
          Ele ouviu que o show é excelente.

1. Eles (ler/ouvir) o programa do teatro.
2. Elas (ouvir/ler) comentários sobre o show.
3. Você (ouvir/ler) o telefone tocar.
4. Nós (ouvir/ler) música no rádio.
5. Eu (ouvir/ler) música clássica ontem.

D. Traduza as orações abaixo para o português. Use o modelo.

Modelo: The curtain opens at eight o'clock.
          A cortina abre às 8:00 horas.

1. He went to the theater.
2. He heard that the show is very good.
3. The critics consider the show the best of the season.
4. The actress received a prize as best actress.
5. There are only tickets for the balcony and first row seats.

NOTAS CULTURAIS

There are several important theaters throughout Brazil, as well as municipal theaters in every major Brazilian city which put on concerts, ballets, and operas of international caliber. The height of the theater season in Brazil is during the winter months of June, July, and August. The best known theater in Brazil is the *Teatro Municipal,* a scaled-down version of the Paris Opera House, which is located in the heart of Rio de Janeiro. Other well-known theaters in Brazil are the *Teatro Maria Della Costa* in São Paulo, the *Teatro Cacilda Becker* and the *Teatro Molinare,* both in Rio.

RESPOSTAS

A. 1. *estreou;*   2. *primeira fileira;*   3. *ingressos;*   4. *atriz;*   5. *esposa;*   6. *cortina.*
B. 1. *vieram;*   2. *veio;*   3. *vieram;*   4. *viemos;*   5. *veio.*
C. 1. *leram;*   2. *ouviram;*   3. *ouviu;*   4. *ouvimos;*   5. *ouvi.*
D. 1. *Ele foi ao teatro;*   2. *Ele ouviu dizer que o show é muito bom;*   3. *Os críticos consideram o show o melhor da temporada;*   4. *A atriz recebeu o prêmio com o melhor atriz;*   5. *Há ingressos apenas no balcão e na primeira fila.*

LIÇÃO 25
NUMA LOJA DE ANTIGUIDADES.　At an antiques store.

A. DIÁLOGO

Numa loja de antiguidades em Porto Alegre, Brasil.

PAULA: Bom dia Luciana. Qual é o preço daquela poltrona velha cujo forro está todo desbotado?

LUCIANA: Bom dia Paula, como vai? Esta não é uma poltrona velha, é uma peça finíssima de antiguidade e o preço é $5.000,00.

PAULA: Luciana, você deve estar brincando. Quem vai pagar $5.000,00 por uma poltrona?

LUCIANA: Paula, esta poltrona é lindíssima e vale uma fortuna. O preço foi reduzido. No ano passado ela custava $6.500,00. Ela pertencia à família real portuguesa. Meu bisavô a comprou num leilão em 1821. Mas como você é minha amiga e uma boa freguesa, vou lhe dar um desconto. Você paga só $4.500,00, OK?

PAULA: Antigamente eu pagava o que você pedia, mas agora não posso pagar todo este dinheiro por uma poltrona!

LUCIANA: OK Paula, me dê $3.500,00 e a poltrona é sua. Eu sabia que você gostava de pechinchar, mas hoje você está demais!

At an antiques store in Porto Alegre, Brazil.

PAULA: Good morning Luciana, what's the price on that armchair with the faded upholstery?

LUCIANA: Good morning Paula, how are you? That's not old armchair, it's fine antique and the price is $5,000.00.

PAULA: You must be kidding, Who's going to pay $5,000.00 for an old armchair?

LUCIANA: Paula, this armchair's a beauty and it's worth a fortune. The price has been reduced, last year it used to cost $6,500.00. It used to belong to the Portuguese Royal family. My great grandfather bought it at an auction in 1821. Because you're a friend and good customer, I'm going to let you have it for $4,500.

PAULA: I used to be able to pay any price you quoted, but I can't pay all this money for an armchair!

LUCIANA: OK Paula, give me $3,500.00 and the chair's yours. I knew you liked to bargain, but today you're just too much!

B. GRAMÁTICA E USOS

1. THE CONCEPT OF THE IMPERFECT TENSE

You learned that the preterite tense relates an action looked upon as an event or fact which occurred once and ended. The imperfect is another past tense. It relates a continuous action, or describes the state of things over a period of time in the past. Very often, the imperfect is indicated by adverbial expressions of time describing these recurrent, continuous past actions or circumstances:

Antigamente	in the past
No ano passado	last year
Quando criança	when young

Antigamente eu pagava o que você pedia.
I used to be able to pay any price you quoted.

No ano passado ela custava uma fortuna.
Last year, it used to cost a fortune.

2. THE IMPERFECT OF THE VERB *CUSTAR*

CUSTAR   TO COST

custava	custavam

No ano passado a poltrona custava uma fortuna.
Last year, the armchair used to cost a fortune.

Antigamente os móveis não custavam muito.
In the past, furniture didn't cost a lot.

Nos anos 60 os apartamentos em Nova York não custavam muito.
  In the 60's, apartments in New York didn't cost a lot.

Quando ele era jovem os carros custavam muito pouco.
  When he was young, cars used to cost very little.

Note that verb *custar* is conjugated only in the second person.

3. THE IMPERFECT OF THE VERB *PAGAR*

PAGAR   TO PAY

eu	pagava	nós	pagávamos
tu	pagavas	vós	pagáveis
você	pagava	vocês	pagavam
ele	pagava	eles	pagavam
ela	pagava	elas	pagavam

Antigamente eu pagava muito dinheiro por uma poltrona.
  In the past, I used to pay a lot of money for an armchair.

Ela sempre pagava o que os vendedores pediam.
  She always paid whatever the salespeople asked.

Quando jovem ela pagava muito dinheiro por um vestido.
  When she was young, she used to pay a lot of money for a dress.

No passado nós pagávamos aluguel, agora compramos um apartamento.
  In the past we used to pay rent, now we bought an apartment.

4. THE IMPERFECT OF THE VERB *GOSTAR*

GOSTAR   TO LIKE

eu	gostava	nós	gostávamos
tu	gostavas	vós	gostáveis
você	gostava	vocês	gostavam
ele	gostava	eles	gostavam
ela	gostava	elas	gostavam

A amiga sabia que Paula gostava de pechinchar.
  Paula's friend knew she liked to bargain.

Antigamente eu gostava de comprar nesta loja.
  In the past, I used to shop at this store.

No passado ela gostava de ir ao teatro todas as semanas.
  In the past, she used to like to go to the theater every week.

Quando jovens eles gostavam muito de ir à praia.
  When they were young, they used to like going to the beach a lot.

5. THE USE OF *CUJO*

Cujo is the adjective form of the possessive "whose." In Portuguese, it agrees in number and gender with the thing possessed and *not* with the possessor.

A poltrona, cujo forro está desbotado.
  The armchair whose upholstery is faded.

A loja, cuja dona é amiga de Paula.
  The store whose owner is Paula's friend.

A peça de teatro, cuja atriz ganhou o prêmio.
  The play whose leading actress won an award.

O escritor de cujos livros eu gosto.
  The writer whose books I like.

VOCABULÁRIO

aluguel	rent
ano passado	last year
antigamente	in the past
antigüidade	antique
bisavô	great-grandfather
brincando	kidding
criança	child
custar	to cost
demais	too much

desbotado	faded
dinheiro	money
família real	royal family
finíssima	fine
forro	upholstery, covering
fortuna	fortune
freguesa	customer
gostava	used to like
jovem	young
leilão	auction
móveis	furniture
nos anos 60	in the 60s
pagar	to pay
pagava	used to pay
peça	piece
pechinchar	to bargain
poltrona	armchair
preço	price
quando	when
reduzido	reduced
velha	old
vendedores	salespeople
vestido	dress

EXERCÍCIOS

A. *Relacione as palavras da coluna A com as da coluna B.*

COLUNA A

1. *poltrona pertencia*
2. *loja de*
3. *o preço da poltrona*
4. *a poltrona é uma*
5. *bisavô de*

COLUNA B

a. *peça finíssima*
b. *Luciana*
c. *à família real*
d. *antiguidade*
e. *foi reduzido*

B. Complete usando o verbo custar. Use o modelo.

Modelo: Esta poltrona _____ $5.000,00.
          Esta poltrona custava $5.000,00.

1. Antigamente os móveis não _____ muito.
2. O ano passado os apartamentos em Nova York _____ menos.
3. Paula sabia que a poltrona _____ muito.
4. Quando eles eram jovens o ingresso de teatro não _____ muito.
5. Os carros _____ menos dois anos atrás.

C. Complete com o tempo apropriado do verbo gostar. Use o modelo.

Modelo: Antigamente eu (gostar) de comprar na Bloomingdales.
          Antigamente eu gostava de comprar na Bloomingdales.

1. Ela _____ muito de móveis antigos.
2. Nós _____ de ir à lojas de antiguidade.
3. Antigamente vocês _____ muito de viajar.
4. Eles não _____ de ir a escola no verão.
5. A filha dela não _____ de comédias.

D. Complete as orações abaixo com o verbo apropriado. Use o modelo.

Modelo: No passado eu _____ nesta loja. (comprar)
          No passado eu comprava nesta loja.

1. No passado ela _____ de comprar antiguidade. (gostar)
2. Muitos anos atrás a família real _____ no Brasil. (morar)
3. Eu não sabia que esta poltrona _____ tanto. (custar)
4. Nós _____ muito dinheiro comprando CDs. (gastar)
5. Quando criança, ela _____ a avó. (visitar)

NOTAS CULTURAIS

The navigator Pedro Álvares Cabral was the first Portuguese to come upon the region now constituting Brazil on April 22, 1500. In 1530 the Portuguese monarchy began a program of systematic colonization in an effort to populate the region with Portuguese subjects (the program has since proven successful: Brazil's population is now over 170,000,000).

Brazil was a Portuguese colony until 1882, when Don Pedro proclaimed the country's independence. In November of 1889, a military revolt forced the abdication of Pedro II. Brazil is now a constitutional republic of 26 federated states and one federal district occupying nearly one-half of the entire area of the South American continent.

RESPOSTAS

A. 1. *c;*   2. *d;*   3. *e;*   4. *a;*   5. *b.*
B. 1. *custavam;*   2. *custavam;*   3. *custava;*   4. *custava;*
5. *custavam.*
C. 1. *gostava;*   2. *gostávamos;*   3. *gostavam;*   4. *gostavam;*
5. *gostava.*
D. 1. *gostava;*   2. *morava;*   3. *custava;*   4. *gastávamos;*
5. *visitava.*

QUINTA REVISÃO

A. 1. Complete as orações com a forma adequada dos verbos em parênteses.

   Modelo: Na semana passada não _____ muito bem. (sentir-se)
             Na semana passada não me senti muito bem.

   1. Ele _____ ao médico ontem. (ir)
   2. Ele _____ demais, por isso ficou doente. (comer)
   3. Ontem à noite (eu) _____ muito mal. (sentir-se)
   4. As dores _____ a diminuir dez minutos atrás. (começar)
   5. Fui cedo e pude _____ no ônibus.(sentar).

B. Preencha os espaços em branco usando o pretérito dos verbos em parênteses.

   Modelo: João _____ ao médico.
             João foi ao médico.

   1. Nós _____ à secretária para marcar um entrevista. (pedir)
   2. O dentista _____ para vir ao consultório às dez da manhã. (pedir)
   3. Ela _____ quanto custa o tratamento? (perguntar).

4. Ele _____ muito no fim de semana passada. (dormir)
5. Meu dente _____ ontem. (doer)

C. Traduza as sentenças abaixo.

1. My company is giving a party for Valentine's Day.
2. She gives good advice to her friends.
3. My granddaughter has talent for painting.
4. Let's see if you can do something about my hair, it looks awful.
5. Let's sit here, it's quieter.

D. Escreva novamente o verbo no passado.

1. <u>Vou</u> ao cinema sempre que possível.
2. <u>Leu</u> o artigo sobre a peça de teatro.
3. <u>Ouço</u> música moderna e também música clássica.
4. O show <u>estréia</u> em Campinas.
5. <u>Abro</u> as janelas todos os dias.

E. Traduza as sentenças abaixo.

1. Ele foi o primeiro a chegar na festa.
2. Prefiro sentar na segunda ou terceira fileira.
3. Ele mora no sexto andar.
4. Ela nasceu no dia vinte e dois de junho.

RESPOSTAS

A. 1. foi; 2. comeu; 3. me senti; 4. começaram; 5. sentar-me.
B. 1. pedimos; 2. pediu; 3. perguntou; 4. dormiu; 5. doeu.
C. 1. Minha companhia vai dar uma festa no dia de São Valentino;
2. Ela dá bons conselhos para as amigas; 3. Minha neta dá para pintura; 4. Vamos ver se você pode dar um jeito no meu cabelo, ele está horrível; 5. Vamos sentar, é mais quieto.
D. 1. Fui; 2. Leio; 3. Ouvi; 4. estreou; 5. Abri.
E. 1. He was the first to arrive at the party; 2. I prefer to sit on the second or third row; 3. He lives on the sixth floor; 4. She was born on June twenty second.

LIÇÃO 26
PROCURANDO EMPREGO. Looking for a job.

A. DIÁLOGO

No escritório do Grupo Financeiro GFI, São Paulo, Brasil.

VALÉRIA: Seu resumé diz que você trabalhou para o grupo financeiro GFI por cinco anos. Quais eram suas responsabilidades nesta companhia?

ÉRIKA: Eu conduzia pesquisas de mercado e escrevia relatórios anuais para revistas financeiras. Eu estava trabalhando na companhia por dois anos quando me foi oferecida a posição de analista sênior de mercado de finanças internacionais.

VALÉRIA: Eu vejo que sua posição requeria muitas viagens à Europa, aos Estados Unidos e à Ásia.

ÉRIKA: Eu fazia uma média de sete viagens por ano.

VALÉRIA: Parece que você tem tido muito sucesso com esta companhia. Por que você quer deixá-la?

ÉRIKA: Eu creio já ter atingido todas as possibilidades de crescimento nesta companhia.

VALÉRIA: Por que você está interessada em trabalhar para nossa companhia?

ÉRIKA: Porque sua companhia está em fase de expansão e oferece desafio e possibilidade de crescimento.

VALÉRIA: Muito bem, Érika. Suas credenciais são excelentes. Entraremos em contato com você assim que tivermos uma decisão.

At the GFI Financial Group, São Paulo, Brazil.

VALÉRIA: It says here in your resumé that you worked for the GFI Financial Group for five years. What were your responsibilities with this company?

ÉRIKA: I conducted financial market research and I also wrote annual reports for financial publications. I'd been working for the company for two years before I was promoted to the position of senior analyst of international markets.

VALÉRIA: I see that your position required extensive travel throughout Europe, the United States, and Asia.

ÉRIKA: I used to travel an average of seven times a year.

VALÉRIA: It seems that you've had a lot of success with this company, why do you want to leave it?

ÉRIKA: I think that there was no possibility for further promotion with the company.

VALÉRIA: Why are you interested in working with our company?

ÉRIKA: Because your company is expanding and it will offer me new challenges and the possibility for growth.

VALÉRIA: Very well, Érika. Your credentials are excellent, we will contact you as soon as we reach a decision.

B. GRAMÁTICA E USOS

1. THE IMPERFECT OF -ER AND -IR VERBS

Regular -er and -ir verbs have the same endings.

CONDUZIR TO CONDUCT, DIRECT, OR DRIVE

eu	conduzia	nós	conduzíamos
tu	conduzias	vós	conduzíeis
você	conduzia	vocês	conduziam
ele	conduzia	eles	conduziam
ela	conduzia	elas	conduziam

Eles conduziam operações bancárias.
They conducted banking operations.

Eu conduzia entrevistas de trabalho.
   I conducted job interviews.

Ele conduzia seus negócios de maneira apropriada.
   He conducted his business in a proper manner.

ESCREVER   TO WRITE

eu	escrevia	nós	escrevíamos
tu	escrevias	vós	escrevíeis
você	escrevia	vocês	escreviam
ele	escrevia	eles	escreviam
ela	escrevia	elas	escreviam

Ela escrevia relatórios financeiros para revistas.
   She used to write financial reports for magazines.

Elas escreveram resumés excelentes.
   They used to write excellent resumes.

Você escrevia cartas para a sua família.
   You used to write letters to your family.

Você escrevia muito bem na faculdade.
   You used to write (be a good writer) in college.

2. THE IMPERFECT OF THE VERB *FAZER*

FAZER   TO DO/MAKE

eu	fazia	nós	fazíamos
tu	fazias	vós	fazíeis
você	fazia	vocês	faziam
ele	fazia	eles	faziam
ela	fazia	elas	faziam

Ela fazia muitas viagens.
   She used to take many trips.

Vocês faziam análises financeiras.
   You used to do financial analysis.

As companhias faziam telefonemas internacionais para os clientes.
   The companies used to make international phone calls to its clients.

Eles faziam contatos comerciais com clientes estrangeiros.
   They used to make business contacts with foreign clients.

3. THE PAST PROGESSIVE

To stress an action in progress in the past, use the imperfect of *estar* and the present participle/gerund:

Ela estava trabalhando para a companhia por dois anos.
   She was working for the company for two years.

Elas estavam conduzindo a entrevista no escritório da companhia.
   They were conducting the interview at the company's office.

Nós estávamos escrevendo um relatório sobre mercados financeiros.
   We were writing a report about financial markets.

Eu estava fazendo uma reserva no vôo das 10:00.
   I was making a reservation on the ten o'clock flight.

4. THE USE OF THE PAST IMPERFECT AND THE PRETERITE

To describe an action in the past, you can use either the preterite or the imperfect. The decision is based on how the action is looked at. Use the preterite for simple, past facts:

Cheguei tarde esta manhã.
   I arrived late this morning.

O presidente telefonou para mim.
   The president phoned me.

Eu trabalhei lá por cinco anos e depois deixei o trabalho.
   I worked there for five years and then I left the job.

Use the imperfect for descriptions of habitual actions or circumstances in the past:

Eu estava ganhando um bom salário.
   I was earning a good salary.

Meu chefe era jovem.
   My boss was young.

Quando eu era criança, eu morava no campo.
　　As a child, I lived in the countryside.

Use the imperfect to describe a continuing action in the past, during which another action occurred at one point. The other action will be in the preterite.

Eu estava trabalhando para a GFI quando o conheci.
　　I was working for GFI when I met him.

Ontem quando sai de casa às oito horas, estava chovendo.
　　Yesterday I left the house at eight and it was raining.

5. PROFESSIONS

Here are some of the more common professions:

O que faz?
　　What do you do?

Sou empresário.
　　I'm a businessman.

Sou empresária.
　　I'm a businesswoman.

É advogado.
　　He's a lawyer.

É advogada.
　　She's a lawyer.

É arquiteto (arquitecto).
　　He's an architect.

É professora.
　　She's a teacher.

É professora universitária.
　　She's a university professor.

É médico.
　　He's a doctor.

É médica.
　　She's a doctor.

É jornalista.
    He's/she's a journalist.

É fazendeiro.
    He's a farmer.

VOCABULÁRIO

analista	analyst
anuais	yearly
apropriada	proper
Ásia	Asia
atingi	reached
bancárias	banking
companhia	company
conduzia	conducted
contato	contact
credenciais	credentials
crescimento	growth
curriculum vitae	résumé
decisão	decision
desafio	challenge
emprego	job
entrevista	interview
escrevia	wrote
Estados Unidos	United States
financeiras	financial
grupo	group
maneira	manner/way
mercados	markets
pesquisas	research
por	for
posição	position
possibilidade	possibility
procurando	looking for
relatórios	reports
requeria	required
responsabilidade	responsibility

revistas   magazines
sênior   senior
viagens   trips

EXERCÍCIOS

A. Basedo no diálogo, sublinhe a palavra certa. Use o modelo.

    Modelo: Érika está procurando: apartamento, emprego, um amigo.
                       Resposta: <u>emprego</u>

1. Ela conduzia: reportes, viagens, pesquisas.
2. Ela viajava para: Argentina, Brasil, Europa, Estados Unidos.
3. Érika escrevia: cartas, jornais, relatórios.
4. Os relatórios eram sobre: finanças, viagens, entrevistas.
5. Ela quer trabalhar para uma companhia que ofereça: desafio, decisão, contatos.

B. Complete com a forma apropriada dos verbos. Use o modelo.

    Modelo: Ela (conduzir) pesquisas financeiras.
                       Ela conduzia pesquisas financeiras.

1. Valéria (conduzir) entrevista de emprego.
2. Ela (escrever) reportes para revistas financeiras.
3. Eles (fazer) muitas viagens para a Europa.
4. O trabalho não (oferecer) desafio.
5. A companhia (requerer) que ela fizesse muitas viagens por ano.

C. Mude as orações para o passado progressivo. Use o modelo.

    Modelo: Ela trabalha para o GFI.
                       Ela estava trabalhando para o GFI.

1. Eles requeriam muitas viagens por ano.
2. Ela conduzia pesquisas de mercado financeiro internacional.
3. Nós escrevemos relatórios para revista.
4. A companhia não oferecia oportunidade de crescimento.
5. Você fez reserva para o vôo das 10:00.

D. Relacione as palavras da coluna A com as da coluna B.

1. profissão	a. policeman
2. advogado	b. journalist
3. médico	c. doctor
4. journalista	d. lawyer
5. fazendeiro	e. farmer
6. médica	f. businessman
7. empresário	g. teacher
8. professor	h. secretary
9. secretária	i. profession
10. polícia	j. doctor (female)

NOTAS CULTURAIS

Women have been changing the face of traditional Brazilian society for many years. Modern Brazilian women are involved in every aspect of their country's social, political, and economic arenas. Whether it be at an assembly line in an automobile factory, behind the bench of a superior court, or in national politics, their presence is always felt. In fact, not long ago, the mayor of the city of São Paulo—the business capital of the country—was a woman. Brazilian women are slowly emerging from a male dominated society to claim their liberation and fight sex-role stereotyping. Just think, a few decades ago, the only professions women could aspire to were those of schoolteacher, nurse, or secretary.

RESPOSTAS

A. 1. pesquisas; 2. Europa e Estados Unidos; 3. relatórios; 4. finanças; 5. desafio.
B. 1. conduzia; 2. escrevia; 3. faziam; 4. oferecia; 5. requeria.
C. 1. Eles estavam requerendo muitas viagens por ano; 2. Ela estava conduzindo pesquisas de mercado financeiro internacional; 3. Nós estávamos escrevendo relatórios para revista; 4. A companhia não estava oferecendo oportunidade de crescimento; 5. Vocês estavam fazendo reserva para o vôo das 10:00.
D. 1. i; 2. d; 3. c; 4. b; 5. e; 6. j; 7. f; 8. g; 9. h; 10. a.

LIÇÃO 27
NO CORREIO. At the post office.

A. DIÁLOGO

No correio em São Luis, Maranhão.

MARCELO: Bom dia, quero enviar este pacote para Curitiba.

AGENTE: Você quer remessa simples ou registrada?

MARCELO: Simples está bem. Tenho mandado muitos pacotes via simples e eles sempre são entregues em tempo.

AGENTE: Por favor, preencha este formulário com o seu endereço e o do destinatário.

MARCELO: Você sabe quantos dias demora para o pacote ser entregue?

AGENTE: De três a cinco dias.

MARCELO: Ah, quase havia me esquecido. Preciso também de selos e uma ordem de pagamento.

AGENTE: Isso você compra no guichê ao lado.

MARCELO: Muito obrigado, tenha um boa dia.

AGENTE: Você também.

At the post office in São Luis, Maranhão.

MARCELO: Good morning, I'd like to send this package to Curitiba.

AGENT: Do you want normal or special delivery?

MARCELO: Normal delivery's fine. I've sent many packages by normal delivery, and they always arrive on time.

AGENT: Please fill this form out with your address and that of the addressee.

MARCELO: Do you know how long it takes for the package to be delivered?

AGENTE: It'll take from three to five days.

MARCELO: Thank you. Oh, I almost forgot. I also need to buy stamps and a money order.

AGENTE: You buy those at the next window.

MARCELO: Thank you, have a nice day.

AGENT: You too.

B. GRAMÁTICA E USOS

1. THE VERB *TER*

The verb *ter* is a helping verb meaning "to have"; it is primarily used with the past participle. *Ter* can be substituted by the less frequently used verb *haver,* which also means to have.

eu	tinha	nós	tínhamos
tu	tinhas	vós	tínheis
você	tinha	vocês	tinham
ele/ela	tinha	eles/elas	tinham

2. THE PAST PARTICIPLE

The past participle in Portuguese is formed by eliminating the infinitive ending of the verbs, and adding the endings *-ado* to the verbs ending in *-ar,* or *-ido* to verbs ending in *-er* and *-ir.*

enviar/enviado	to send/sent
esquecer/esquecido	to forget/forgotten
pedir/pedido	to ask/asked

3. THE VERB *TER* AND *HAVER*

As we mentioned previously, the verb *ter* and *haver* can be used interchangeably, meaning "there is," "there are," "there was," etc.:

Havia muitas pessoas no correio.
Tinha muitas pessoas no correio.

There were many people at the post office.

Ele quase havia se esquecido de comprar selos.
Ele quase tinha se esquecido de comprar selos.

He had almost forgotten to buy stamps.

Ela havia chegado em tempo para a entrevista.
Ela tinha chegado em tempo para a entrevista.

She had arrived on time for the interview.

Nós havíamos comprado um presente para ela.
Nós tínhamos comprado um presente para ela.

We had bought her a present.

4. THE PERFECT TENSES: THE PRESENT AND PAST PERFECT TENSES

The present perfect tense expresses an action going over some length of time:

I have spoken.
We have finished.

Eu tenho estudado muito.
I have been studying a lot.

Eu tenho ido à universidade.
I have been going to the university.

The past perfect tense expresses an action which was completed prior to another action, stated or implied, in the past:

Eu já havia enviado o pacote.
I had already sent the package.

Ele havia esquecido de comprar selos.
He had forgotten to buy stamps.

Nós havíamos comprado um presente para nossa avó.
We had bought a present for our grandmother.

Eles haviam pedido o endereço do restaurante a ele.
: They had asked him for the restaurant's address.

5. EXPRESSIONS WITH *POR, POUCO,* AND *QUASE*

To describe an action that almost occurred, use the expression *por pouco* or *quase:*

Quase me esqueci de comprar os selos.
Por pouco me esqueci de comprar os selos.
: I almost forgot to buy stamps.

Elas quase perderam o avião.
Por pouco elas perderam o avião.
: They almost missed their flight (plane).

Quase deixei de falar com ela.
Por pouco deixei de falar com ela.
: I almost stopped speaking to her.

Quase comprei um apartamento neste prédio.
Por pouco comprei um apartamento neste prédio.
: I almost bought an apartment in this building.

6. SENDING LETTERS, FAXES, AND TELEGRAMS

Here are some useful expressions for sending letters, faxes, and telegrams.

Gostaria de escrever uma carta.
: I'd like to write a letter.

O senhor teria um lápis para me emprestar?
: Would you have a pencil that I could borrow?

O senhor tem (uma) caneta?
: Do you have a pen?

Você pode me dar algum papel?
: Can you give me some paper?

Aqui tem papel e uma caneta.
    Here's some paper and a pen.

Não tenho envelopes.
    I don't have any envelopes.

Nem selos.
    Nor stamps.

Desejo mandar uma carta aérea (uma carta por avião).
    I want to send an airmail letter.

Onde é o correio?
    Where is the post office?

Na esquina.
    On the corner.

Vou ao correio.
    I'm going to the post office.

Tem selos?
    Do you have any stamps?

Onde vendem selos?
    Where do they sell stamps?

Quero enviar este cartão postal.
    I want to send this postcard.

Preciso de um selo para carta aérea (selo de correio aéreo).
    I need an airmail stamp.

Quanto é o porte?
    How much is the postage?

Quanto custa para enviar este pacote por via aérea?
    How much is it to send this package airmail?

Eu lhe mando pelo fax.
    I'll send it to you by fax.

Gostaria de passar um fax.
    I'd like to send a fax.

Quanto custa por página?
    How much is it per page?

Gostaria de passar um telegrama.
    I'd like to send a telegram.

Quanto custa por palavra?
　　How much is it per word?

Onde é o telégrafo?
　　Where is the telegraph office?

Fica no correio.
　　It's in the post office.

Quanto é um telegrama para São Paulo?
　　How much is a telegram to São Paulo?

Quanto tempo leva para chegar?
　　How long does it take to get there?

VOCABULÁRIO

caixa do correio	mailbox (Brazil)
carta	letter
cartão postal	postcard
carteiro	mailman
correio	post office, mail
deixar de falar	to miss or stop speaking to someone
destinatário	addressee
endereço	address
entregar	to deliver
enviar/mandar	to send
esquecido	forgotten
formulário	form, application
guichê	window
mandado	sent
marco do correio	mailbox (Portugal)
ordem de pagamento	money order
pacote	package
perder	to lose, to miss
Quantos dias demora?	How long does it take?
quase	almost
recebido	received
registrada	registered

remessa   remittance
selos   stamps
simples   common

EXERCÍCIOS

A. Relacione as palavras da coluna A com as da coluna B.

COLUNA A

1. Marcelo está _____.
2. Ele quer enviar _____.
3. Ele precisa preencher um _____.
4. Ele também precisa comprar _____.
5. Demora de _____ dias para o pacote ser entregue.

COLUNA B

a. três a cinco dias
b. selos e ordem de pagamento
c. no correio
d. formulário
e. um pacote

B. Dê o particípio passado dos seguintes verbos. Use o modelo.

Modelo: O pacote foi (enviar) ontem.
          O pacote foi enviado ontem.

1. Os selos já tinham sido (comprar).
2. O agente tinha (pedir) o endereço do destinatário.
3. Ela não estava com fome porque já tinha (comer).
4. Marcelo quase tinha se (esquecer) de comprar selos.
5. Antes de terminar o colégio, ela nunca tinha (trabalhar).

C. Substitua o verbo "ter" por "haver" e vice-versa. Use o modelo.

Modelo: Tinha muitas pessoas no correio.
          Havia muitas pessoas no correio.

1. Nós já havíamos (ter) comprado um presente para ela.
2. Quando ele chegou ao correio, ela já tinha (haver) saído.

3. *Havia (ter) muita comida na festa da avó de Patrícia.*
4. *Não havia (ter) razão para o pacote chegar atrasado.*
5. *Nós havíamos (ter) pedido a ele para esperar.*

D. Traduza as orações usando as expresões "por pouco" ou "quase." Use o modelo.

Modelo: She almost missed the train.
          Ela quase perdeu o trem.

1. We almost missed speaking to the director.
2. They almost went to the movies without me.
3. He almost forgot to buy stamps.
4. I almost finished the assignment before they arrived.
5. She almost gave up buying the apartment.

NOTAS CULTURAIS

The Brazilian postal service is quite reliable, you can usually count on receiving a letter or a package sent from another city or state within three to five days from the date postmarked. However, due to the size of Brazil (8,511,965 square miles), it may take a little longer for the letter or package to arrive at the more remote and rural areas of the country. It's not unheard of to send a letter from São Paulo to New York City and have it arrive five to eight days later.

RESPOSTAS

A. 1. c;   2. e;   3. d;   4. b;   5. a.
B. 1. *comprados;*   2. *pedido;*   3. *comido;*   4. *esquecido;*   5. *trabalhado.*
C. 1. *tínhamos;*   2. *havia;*   3. *tinha;*   4. *tinha;*   5. *tínhamos.*
D. 1. *Por pouco eu perdi de falar com o diretor/a diretora;*   2. *Por pouco eles íam ao cinema sem mim.;*   3. *Por pouco ele se esqueceu de comprar selos;*   4. *Por pouco eu terminei a tarefa antes que eles chegassem;*   5. *Por pouco ela deixou de comprar o apartamento.*

LIÇÃO 28
NA AGÊNCIA DE VIAGENS. At the travel agency.

A. DIÁLOGO

Na agência de viagens em Barcelos, Portugal.

CAROLINA: Bom dia Rogério, como está? Estou a planear umas férias de verão para a nossa família. O que nos recomenda?

ROGÉRIO: Este ano vocês irão para a praia ou para a montanha?

CAROLINA: A família toda passará uma semana nas montanhas. O meu marido voltará para Barcelos e eu irei à casa da minha mãe na praia com as crianças por mais uma semana.

ROGÉRIO: Bem, eu recomendaria a Serra da Estrela. Há um novo hotelzinho muito confortável, bem pertinho do parque nacional.

CAROLINA: Acredita que haverá muitos turistas por lá? O meu marido não tira férias desde há muito tempo, ele precisa de um lugarzinho bem tranqüilo para descansar.

ROGÉRIO: Não, eu não acredito que haverá muitos turistas. Nesta época do ano a maioria deles prefere a praia.

CAROLINA: Ótimo, levarei alguns folhetos para ler com o meu marido e telefonarei para si na próxima semana, OK?

ROGÉRIO: Muito bem Carolina, estarei aqui à sua disposição.

At the travel agency in Barcelos, Portugal.

CAROLINA: Good morning Rógerio, how's everything? I'm planning a summer vacation for my family, what do you recommend?

ROGÉRIO: Are you going to the beach or the mountains this summer?

CAROLINA: The whole family will spend one week at the mountains, then my husband will return to Barcelos and the children and I will spend one week at my mother's beach house.

ROGÉRIO: Well, I'd recommend Serra da Estrela. There's a small new hotel which is very comfortable and close to the national park.

CAROLINA: Do you think that there'll be a lot of tourist there? My husband hasn't had a vacation in years, he needs a nice, quiet place to relax.

ROGÉRIO: I don't think there'll be many tourists there. During this time of the year most of them prefer the beach.

CAROLINA: Great, I'll take some of these brochures to read with my husband and I'll call you next week, OK?

ROGÉRIO: Very well Carolina, I'll be here at your disposal.

B. GRAMÁTICA E USOS

1. THE CONCEPT OF FUTURE TENSE

You have already learned to talk about the future in two ways. The present tense may be used to indicate an immediate future event:

Falo com você amanhã.
I'll talk to you tomorrow.

But there is also a future tense.

2. THE FUTURE TENSE OF REGULAR VERBS

The future tense is made up of the whole infinitive plus an ending. All three conjugations have the same endings:

PASSAR   TO SPEND

eu	passarei	nós	passaremos
tu	passarás	vós	passareis
você	passará	vocês	passarão
ele	passará	eles	passarão
ela	passará	elas	passarão

Este ano passaremos as férias na montanha.
This year we will spend our vacation in the mountains.

Eles passarão uma semana na praia.
They will spend a week at the beach.

Nós passaremos as férias em Serra da Estrelas.
We will spend a week in Serra da Estrelas.

Amanhã passarei em sua casa.
Tomorrow I will stop by your house.

IR TO GO

eu	irei		nós	iremos
tu	irás		vós	ireis
você	irá		vocês	irão
ele	irá		eles	irão
ela	irá		elas	irão

Vocês irão à praia ou às montanhas?
Will you go the beach or to the mountains?

Este verão eles irão às montanhas.
This summer they will go to the mountains.

Ela irá às montanhas e depois à praia.
She will go to the mountains, and then to the beach.

Nos iremos à agência de viagens amanhã.
We will go the travel agency tomorrow.

LER TO READ

eu	lerei		nós	leremos
tu	lerás		vós	lereis
você	lerá		vocês	lerão
ele	lerá		eles	lerão
ela	lerá		elas	lerão

Eles lerão os folhetos.
They'll read the brochures.

Ela lerá os comentários sobre o novo hotel.
She will read the comments about the new hotel.

Nós leremos os anúncios no jornal amanhã.
   We will read the ads in the newspaper tomorrow.

Você lerá o menu no restaurante.
   You will read the menu at the restaurant.

3. THE USE OF DIMINUTIVES

The diminutive in Portuguese normally indicates either small size or affection, and can be used for emphasis. With the proper intonation, it may also indicate disgust. Used more often in Portugal than in Brazil, the diminutive of nouns, adjectives and adverbs is formed by adding the ends *-inho, -inha, -zita, -zito:*

Este hotelzinho é muito confortável.
   This little hotel is very comfortable.

Ela mora numa casinha muito pequena.
   She lives in a very small house.

Words ending in *-m* change into *-n* before adding the suffix:
viagem + zita = viagenzita

Words ending in *-l* may need *-zinho:*
papel + zinho = papelzinho

O hotel é bem pertinho da praia.
   The hotel is very close to the beach.

Esta cidadezinha é muito monótona.
   This little town is very boring.

VOCABULÁRIO

acampar	camping
agência	agency
agente	agent
anúncios	advertisements
baixinho	very low
barco	boat

barco à vela	sailboat
caminhada	a hike
casinha	little house
comentários	comments
confortável	comfortable
direitinho	clearly/in detail
esquiar	to ski
feia	ugly
férias	vacation
filhinha	dear daughter
folhetos	brochures
gatinho	kitten
hotelzinho	little hotel
mãezinha	dear mother
marido	husband
montanhas	mountains
nadar	to swim
passar	to spend time/to pass by
pequena	small
pertinho	very close/near
pescar	fishing
piscina	pool
sobre	about
viagem	travel

EXERCÍCIOS

A. *Relacione as palavras da coluna A com as da coluna B.*

1. Carolina está na _____.
2. Ela está planejando as _____.
3. O agente de viagens recomenda um hotelzinho _____.

a. *o marido e os filhos*

b. *nas montanhas*

c. *a praia*

4. Carolina vai de férias
   com _____ e _____.
5. Eles vão ficar quatro
   semanas _____.

d. agência de viagens

e. férias da família

B. Dê a forma correta do verbo passar. Use o modelo.

   Modelo: eles (passar) as férias nas montanhas.
              Eles passarão as férias nas montanhas.

   1. Carolina (passar) uma semana na casa da mãe.
   2. Ela e marido (passar) quatro semanas nas montanhas.
   3. Eles (passar) muito tempo descansando.
   4. Você (passar) as férias na praia ou nas montanhas?
   5. Eu (passar) em sua casa mais tarde.

C. Complete com a forma correta dos verbos. Use o modelo.

   Modelo: Eles (ler) o jornal antes de dormir.
              Eles lerão o jornal antes de dormir.

   1. Elas (ler) os folhetos antes de fazer a reserva do hotel.
   2. Eles (ir) para a montanha este ano.
   3. Muitos turistas (preferir) ir à praia.
   4. Nós (dormir) até às 9:00 no próximo fim de semana.
   5. Nós (comer) no restaurante da praia.

D. Use o diminutivo. (Use the diminutive.)

   Modelo: pouco/pouquinho

   1. pé
   2. café
   3. gato
   4. velho
   5. avô
   6. cedo
   7. casa
   8. papel
   9. cidade
   10. perto

NOTAS CULTURAIS

Serra da Estrela (Sierra of the Star) Park was known to very few people until the end of the nineteenth century, the year of the first scientific exploration into the region. It has since become one of the country's most popular recreation areas. It is the largest mountain in Portugal with the highest peak in continental Portugal. A traditional mountain economy is practiced throughout the park, one that is centered on agriculture, and shepherding of sheep and goats. The villages in the Serra da Estrela Park area are mainly at the bottom of the mountains and date back to medieval times. Other cultures have also left their mark on this area. One of the most notable examples of the Roman presence in Portugal are the ruins of Famalicão and Folgosinho, found on the road that connected Mérida to Braga. The Arab influence can be seen in the irrigation systems and fruit orchards found throughout the country.

RESPOSTAS

A. 1. d;   2. e;   3. b;   4. a;   5. b.
B. 1. *passará;*   2. *passarão;*   3. *passarão;*   4. *passará;*   5. *passarei.*
C. 1. *lerão;*   2. *irão;*   3. *preferirão;*   4. *dormiremos;*   5. *comeremos.*
D. 1. *pézinho;*   2. *cafézinho;*   3. *gatinho;*   4. *velhinho;*   5. *avôzinho;*   6. *cedinho;*   7. *casinha;*   8. *papelzinho;*   9. *cidadezinha;*   10. *pertinho.*

LIÇÃO 29
NO BANCO. At the bank.

A. DIÁLOGO

Numa sucursal do Banco Portubanco de Porto, Portugal.

ROGÉRIO: Quero abrir uma conta bancária. Que tipo de serviços oferece o seu banco?

FUNCIONÁRIO: Oferecemos contas correntes, cadernetas de poupança, cartões de crédito e empréstimos.

ROGÉRIO: Quanto terei que pagar pelos cheques descontados e pelo livro de cheques?

FUNCIONÁRIO: O primeiro livro de cheques é grátis e haverá uma redução pelos cheques descontados nos primeiros seis meses.

ROGÉRIO: Excelente. Quanto pagam de juros na caderneta de poupança?

FUNCIONÁRIO: A taxa actual de juros é de cinco por cento, mas isso varia muito. Nós lhe diremos quando houver mudanças. Isto aparecerá nos extractos mensais.

ROGÉRIO: O seu banco tem representantes noutros países?

FUNCIONÁRIO: Para dizer a verdade, ainda não temos, mas até a o final do ano teremos feito todas as diligências para estabelecê-los.

At a branch of the Portubanco Bank of Porto, Portugal.

ROGÉRIO: I want to open a bank account. What kind of services does you bank offer?

CLERK: We offer checking accounts, savings accounts, certificates of deposit, credit cards, and loans.

ROGÉRIO: How much do I have to pay for the checkbook and for each cashed check?

CLERK: The checkbook is free and there will be a reduced check charge for six months.

ROGÉRIO: Great! What is the interest rate you pay on certificates of deposit?

CLERK: Today the interest rate is five percent. We will tell you when it changes. You will be informed through your monthly statement.

ROGÉRIO: Does your bank have representatives throughout the world?

CLERK: To tell you the truth, sir, we still don't have them. But by the end of the year, we will have carried out all the procedures to establish them.

B. GRAMÁTICA E USOS

1. IRREGULAR VERBS IN THE FUTURE TENSE

TER TO HAVE

eu	terei		nós	teremos
tu	terás		vós	tereis
você	terá		vocês	terão
ele	terá		eles	terão
ela	terá		elas	terão

Ele não terá que pagar pelo talão de cheques.
He will not have to pay for the checkbook.

Eles terão que avisá-lo quando houver mudanças na taxa de juros.
They will have to tell you when the interest rate changes.

Você terá que escrever muitos cheques.
You will have to write many checks.

Nós teremos que telefonar para o banco.
We will have to call the bank.

DIZER   TO SAY

eu	direi
tu	dirás
você	dirá
ele	dirá
ela	dirá

nós	diremos
vós	direis
vocês	dirão
eles	dirão
elas	dirão

Eles dirão que tipo de serviço o banco oferece.
   They will tell you what kind of services the bank offers.

Nós lhe diremos quando a taxa de juros mudar.
   We will tell you when the interest rate changes.

Ela dirá quando o banco terá representantes em outros países.
   She will tell you when the bank will have representatives in other countries.

2. THE FUTURE PERFECT TENSE

The future perfect tense indicates an action that will be completed in a specified time in the future. The future perfect tense is formed by the future tense of the auxiliary verbs *ser, ter,* plus the past participle of the main verb form.

Até o final do ano, teremos estabelecido representantes em outros países.
   By the end of the year, we will have established representatives in other countries.

Até o final do mês, eles terão dito tudo sobre as mudanças.
   By the end of the year, they will tell about the changes.

No próximo mês a taxa de juros será aumentada.
   Next month the interest rate will be increased.

Penso que as contas serão pagas até a próxima semana.
   I think that the bills will be paid after next week.

3. THE USES OF *POR*

The presposition *por* has several uses:
a. Duration of time.

A taxa de juros não subirá por um mês.
The interest rate will not go up for a month.

O banco ficará aberto por mais uma hora.
The bank will stay open for one more hour.

b. Expressions with "through," "along," "throughout."

O banco tem filiais por toda a cidade.
The bank has branches throughout the city.

Informaremos sobre as mudanças por telefone.
We will inform you about the changes by phone.

c. Expression with "for the sake of":

Eu faço isto por você.
I do this for you.

d. In common idiomatic expressions:

por favor	please
por cento	percent
por isso	for this reason

VOCABULÁRIO

abrir	open
banco	bank
caderneta de poupança	savings account
cartão de crédito	credit card
cheques	check
cobrados	cashed
conta corrente	checking account
empréstimos	loan
estabelecer	establish

extratos	statement
filial	branch
grátis	free
livro (talão) de cheques	checkbook
mensais	monthly
oferecer	offer
pagar	to pay
representantes	representatives
serviço	service
taxa de juros	interest rate
tipo	type

EXERCÍCIOS

A. Relacione as palavras da coluna A com as da coluna B.

1. Rogério quer abrir uma _____.
2. O talão de cheques é _____.
3. Os juros da caderneta de poupança são _____.
4. O banco dirá quando _____.
5. O banco terá _____ em outros países.

a. houver mudanças
b. representantes
c. conta bancária
d. grátis
e. cinco por cento

B. Complete com a forma correta do verbo ter. Use o modelo.

Modelo:　O banco (ter) representantes em outros países.
　　　　　O banco terá representantes em outros países.

1. Rogério não (ter) que pagar pelo talão de cheques.
2. O banco (ter) que avisar quando a taxa de juros mudar.
3. Nós (ter) que telefonar para o banco.
4. Ela (ter) que escrever muitos cheques.
5. Eles (ter) que avisar os amigos.

C. Mude as sentenças para o futuro. Use o modelo.

Modelo: Ele diz que tipo de serviço o banco oferece.
          Ele dirá que tipo de serviço o banco oferece.

1. O banco diz quando a taxa de juros mudar.
2. Ela diz quando vai fazer o depósito.
3. Você diz à sua amiga quando o banco abre.
4. Eles dizem quando vão viajar.
5. Eu digo quando termino de trabalhar.

D. Traduza as sentenças abaixo usando por. Use o modelo.

Modelo: The interest rate will not go up for months.
          A taxa de juros não subirá por muitos meses.

1. The bank will inform you about any changes by telephone.
2. The bank will remain opened for many hours.
3. Parents always do their best for their children.
4. The bank has branches throughout the city.
5. I can't do the work for you.

NOTAS CULTURAIS

The Portuguese banking system is very similar to the American banking system. Banks are generally open from 8:30 to 3:00 P.M. during the week, however, you can use both credit cards and debit cards throughout the country. ATMs linked to the Cirrus and Plus systems are available in every city. When exchanging money, banks and ATMs will offer you the best rates because they are based on wholesale exchange rates that can be offered only by major banks.

Banks in Brazil are open weekdays from 10:00 to 4:30 P.M. Most of the major banks also offer ATMs linked to either Cirrus or Plus. To find worldwide Cirrus and Plus-linked ATMs visit the websites, www.mastercard.com and www.visa.com.

RESPOSTAS

A. 1. c;   2. d;   3. e;   4. a;   5. b.
B. 1. *terá*;   2. *terá*;   3. *teremos*;   4. *terá*;   5. *terão*.

C. 1. *O banco dirá quando a taxa de juros mudar;* 2. *Ela dirá quando vai fazer o depósito;* 3. *Você dirá à sua amiga quando o banco abre;* 4. *Eles dirão quando vão viajar;* 5. *Eu direi quando termino de trabalhar.*
D. 1. *O banco informará sobre as mudanças por telefone.;* 2. *O banco ficará aberto por muitas horas;* 3. *Os pais sempre fazem tudo pelos filhos;* 4. *O banco tem filiais por toda a cidade;* 5. *Eu não posso fazer o trabalho por você.*

LIÇÃO 30
NA AGÊNCIA DE CÂMBIO. At the currency exchange office.

A. DIÁLOGO

Na agência de câmbio, Itiúba, Bahia, Brasil.

SIMONE: Gostaria de trocar alguns cheques de viagem.

CLAÚDIO: Pois não. Nós aceitamos vários tipos de moedas: dólares, libras, francos e ienes.

SIMONOE: Eu gostaria de trocar dólares. Qual é a taxa de câmbio, hoje?

CLAÚDIO: A taxa de câmbio de hoje é noventa e cinco centavos por um dólar.

SIMONE: Quanto vocês cobram pela transação?

CLAÚDIO: Cobramos um por cento do total. Para não pagar a taxa de serviço seria necessário trocar pelo menos dois mil dólares.

SIMONE: De acordo. Quero trocar mil dólares.

CLAÚDIO: Por favor, poderia pôr a data de hoje e assinar os cheques? Necessito ver seu passaporte para fins oficiais.

SIMONE: Claro, aqui está o passaporte. Teria trocado mais dinheiro, mas me resta pouco tempo aqui.

At the currency exchange office, Itiúba, Bahia, Brazil.

SIMONE: I would like to cash some traveler's checks.

CLAÚDIO: Certainly. We accept several currencies: dollars, pounds, francs and yen.

SIMONE: I have U.S. dollars. What's the exchange rate today?

CLAÚDIO: The exchange rate is ninety-five cents to the dollar.

SIMONE: How much do you charge for the transaction?

CLAÚDIO: Our fee is 1% of the total. However, if you exchange two thousand dollars or more, you don't have to pay the fee.

SIMONE: OK. I'd like to exchange one thousand dollars.

CLAÚDIO: Can you please sign and date the checks? I'll also need to see your passport for official purposes.

SIMONE: Sure. Here's my passport. I would have changed more money, but I'm here a short time.

B. GRAMÁTICA E USOS

1. THE PRESENT CONDITIONAL

The conditional tense tells what would happen if something else, stated or implied, were to happen:

Neste caso eu trocaria mais dinheiro.
In that case, I would exchange more money.

Ela não iria se tivesse sido convidada.
She wouldn't go (if she were invited).

The conditional for regular verbs is formed by adding the *endings -ia, -ias, -íamos, -ies, -iam* to the infinitive of the verb:

TROCAR TO CHANGE, TO EXCHANGE

eu	trocaria	nós	trocaríamos
tu	trocarias	vós	trocaríeis
você	trocaria	vocês	trocariam
ele	trocaria	eles	trocariam
ela	trocaria	elas	trocariam

TER TO HAVE

eu	teria	nós	teríamos
tu	terias	vós	teríeis
você	teria	vocês	teriam
ele	teria	eles	teriam
ela	teria	elas	teriam

PODER CAN, TO BE ABLE

eu	poderia	nós	poderíamos
tu	poderias	vós	poderíeis
você	poderia	vocês	poderiam
ele	poderia	eles	poderiam
ela	poderia	elas	poderiam

2. THE CONDITIONAL PERFECT

The conditional perfect is used to express what would have happened if something else stated or implied, had happened in the past. It's formed by the conditional of the auxiliary verb, plus the past participle of the main verb:

Eu teria trocado os dois mil dólares, mas eu não precisei deles.
I would have exchanged the two thousand dollars, but I didn't need them.

Eu teria endossado o cheque, mas a agência de câmbio não estava aberta.
I would have endorsed the check but the currency exchange office wasn't open.

3. THE PAST OF PROBABILITY

Use the conditional to talk about probable past events:

Chegaria tarde?	I wonder if she was late?
Seria verdade?	Can it be true?

4. EXPRESSIONS WITH SOFTENED COMMANDS AND REQUESTS

There are several ways to give a command:

1. The direct command form using the imperative:

Assine o cheque.
Sign the check.

Pague a taxa.
   Pay the fee.

Sente-se!
   Sit down!

2. You can soften a command by using the expression *por favor* or *faça o favor de:*

Sente-se, por favor.
   Please sit down.

Faça o favor de assinar o cheque.
Assine o cheque, faça o favor.
   Please (do me the favor) sign the check.

3. Or you can eliminate the imperative all together by using the expressions *queira* or *faça o favor de:*

Faça o favor de sentar-se.
   Please, sit down.

Queira sentar-se, por favor.
   Sit down, if you please.

It's a good idea to use *por favor* with *queira*.

5. THE USES OF *PARA*

The preposition *para* has various specific uses.

a. To express purpose ("in order to") with an infinitive:

Para não pagar taxas, você precisa trocar dois mil dólares.
   In order not to pay the fee, you need to exchange two thousand dollars.

b. To indicate an intended recipient:

Este cheque é para você.
   This check is for you.

c. To indicate destination ("toward"):

Eles vão para o banco.
    They are going toward the bank.

Eles vão para o escritório.
    They are going to (toward) the office.

VOCABULÁRIO

assinar o cheque	sign the check
banco	bank
centavos	cents
centro da cidade	the downtown area of a city or town
cheque de viagem	traveler's check
cobrar	to charge
data de hoje	today's date
dinheiro	money
dólar	dollar
ficar	to stay/remain
gostaria	I would like
libra esterlina	sterling pound
moeda	currency/coin
mostrar	to show
para	to, in order to, for
passaporte	passport
pelo menos	at least
pôr a data	to date, to write the date
quantidade	quantity
querer	to want
razões	reasons
sente-se	sit down
taxa de câmbio	exchange rate
taxa de serviço	service fee
taxa de troca	exchange rate
transação	transaction
trocar	exchange
você poderia . . .	would you . . .

EXERCÍCIOS

A. Responda às perguntas com orações completas. Use o modelo.

Modelo: Que moeda ela gostaria de trocar? (dólares)
Ela gostaria de trocar dólares.

1. Qual é o câmbio do dia? (noventa e seis centavos por um dólar)
2. Que moedas o banco troca? (dólares, libras, francos e ienes)
3. Quanto o banco cobra pela transação? (um por cento)
4. Quanto ela quer trocar? (mil dólares)
5. O que precisa fazer para trocar as moedas? (assinar o cheque)
6. Por que ela precisa mostrar o passaporte? (por razões oficiais)

B. Mude as orações para o tempo presente condicional. Use o modelo.

Modelo: Se ela trocasse dois mil dólares, ela não (precisa) pagar a taxa de serviço.
Se ela trocasse dois mil dólares, ela não precisaria pagar a taxa de serviço.

1. Se ela ficasse mais tempo (trocar) mais dinheiro.
2. O banco não (cobrar) taxa de serviço se ela trocasse mais dinheiro.
3. Simone (mostrar) o passaporte, se Claudio tivesse pedido.
4. Nós (gostar) de viajar aos Estados Unidos.
5. Se ela tivesse tempo, (ficar) mais tempo em Nova York.

C. Traduza as orações abaixo para o português. Use o modelo.

Modelo: I would like to exchange some traveler's checks.
Eu gostaria de trocar alguns cheques de viagem.

1. Show me your passport.
2. Sign here.
3. Sit down.
4. Pay the fee.
5. Close the door.

D. *Use a expressão por favor o faça o favor de.* (Soften the following commands by using the expression *por favor* or *faça o favor de.*)

1. *Escreva-o*
2. *Escute!*
3. *Termine tudo!*
4. *Traga-nos um café!*
5. *Traga a comida!*

NOTAS CULTURAIS

The *real* has been the currency used in Brazil since 1994. The former and no longer valid currency is the *cruzeiro* or *cruzeiro real*. There are 100 cents, or *centavos,* to each *real*. The Portuguese currency is the *escudo,* and there are also 100 *centavos* to each *escudo*. The currency symbol for the *escudo* is identical to that of the dollar, however, it is placed after the escudo amount and before the cents. Hence, 25 *escudos* and 50 *centavos* reads: 25$50. Other acceptable forms of payment in Brazil and Portugal are traveler's checks, major credit cards, and on rare occasions, personal checks. This is true for major cities in both countries, yet it is not uncommon to visit a small town or village where vendors have never seen a traveler's check or accepted a credit card as a form of payment. For this reason, it is recommended that visitors exchange $500 dollars for every week they stay in either country.

MOEDAS LATINO-AMERICANAS

Argentina	peso	*Honduras*	lempira
Bolívia	peso boliviano	*México*	peso mexicano
Brasil	real	*Panamá*	balboa
Chile	peso	*Paraguay*	guarani
Colômbia	peso colombiano	*Peru*	sol
Costa Rica	colon	*Puerto Rico*	dólar americano
Cuba	peso cubano	*República Dominicana*	peso dominicano
Equador	sucre	*Uruguai*	peso uruguaio
El Salvador	colon	*Venezuela*	bolívar
Guatemala	quetzal		

RESPOSTAS

A. 1. *O câmbio do dia é noventa e seis centavos por um dólar;*
2. *O banco troca dólares, libra, francos e ienes;* 3. *O banco cobra um por cento pela transação;* 4. *Ela quer trocar mil dólares;* 5. *Ela precisa assinar o cheque;* 6. *Ela precisa mostrar o passaporte por razões oficiais.*
B. 1. *trocaria;* 2. *cobraria;* 3. *mostraria;* 4. *gostaríamos;* 5. *ficaria.*
C. 1. *Mostre-me seu passaporte;* 2. *Assine aqui;* 3. *Sente-se;* 4. *pague a taxa;* 5. *Feche a porta.*
D. 1. *Escreva-o, por favor./Faça o favor de escrevê-lo;* 2. *Escute, por favor./Faça o favor de escutar;* 3. *Termine tudo, por favor./Faça o favor de terminar tudo;* 4. *Traga-nos um café, por favor./Faça o favor de trazer-nos um café;* 5. *Traga a comida, por favor./Faça o favor de trazer a comida.*

SEXTA REVISÃO

A. 1. Complete as orações abaixo usando o passado imperfeito dos verbos. Use o modelo.

   Modelo: Ela (trabalhar) para um banco internacional.
             Ela trabalhava para um banco internacional.

   1. Nós (conduzir) entrevistas de emprego.
   2. Eles (viajar) para São Paulo todos os meses.
   3. Valéria (escrever) muitos relatórios financeiros.
   4. O trabalho dela (requerer) muitas pesquisas de mercado.
   5. Eles (discutir) muito sobre esportes.

B. Complete as orações abaixo com o particípio passado do verbo em parêntese. Use o modelo.

   Modelo: Quando ela chegou o presidente já tinha (sair).
             Quando ela chegou o presidente já tinha saído.

   1. Quando chegamos à estação o trem já tinha (partir).
   2. Eles não sairam do escritório até que a reunião houvesse (terminar).
   3. Eu sabia que havia uma boa razão para que ele tivesse (chegar) atrasado.

4. Havia muito tempo que ela tinha (estar) aqui.
5. Ele nunca tinha (estar) aqui antes.

C. Complete as orações com a forma correta do verbo passar. Use o modelo.

Modelo: No ano passado eles (passar) as férias na praia.
          No ano passado eles passaram as férias na praia.

1. Ontem eu (passar) o dia lendo.
2. Vocês (passar) perto do parque?
3. Elas (passar) sempre pela minha casa depois do trabalho.
4. Amanhã vai (passar) um filme muito interessante no canal treze.
5. Ele gosta de (passar) horas consertando o carro.

D. Dê o diminutivo das palavras sublinhadas. Use o modelo.

Modelo: Esta <u>casa</u> é muito bonita.
          Esta casinha é muito bonita.

1. A <u>escola</u> é vermelha.
2. Este <u>menino</u> é muito inteligente.
3. Por favor telefone para mim <u>querido</u>.
4. A <u>festa</u> foi muito aborrecida.
5. Ela faz uma <u>comida</u> muito boa.

E. Dê o futuro dos verbos em parênteses. Use o modelo.

Modelo: Amanhã (telefonar) para a agência de viagens.
          Amanhã telefonarei para a agência de viagens.

1. Nós não (ter) que pagar juros.
2. Eles (pagar) 2% pelo serviço.
3. Ela (avisar) quando houver mudanças.
4. O gerente do banco (abrir) agências em outros países.
5. Amanhã ela (terminar) este trabalho.

F. Mude os verbos em parênteses para a forma condicional. Use o modelo.

Modelo: Ela (trocar) mais dólares se fosse ficar aqui.
          Ela trocaria mais dólares se fosse ficar aqui.

1. *Nós (gostar) de ir ao banco mais cedo.*
2. *Ele (telefonar) para os amigos se chegasse a tempo.*
3. *Eu (viajar) mais se tivesse dinheiro.*
4. *Ela não (pagar) pelo serviço se trocasse mais dinheiro.*
5. *Ele (brincar) com os amigos se tivesse tempo.*

G. Traduza as orações abaixo. Use o modelo.

Modelo: I bought a present for you.
          Comprei um presente para você.

1. They are going to Rio tomorrow.
2. The bus goes downtown.
3. She does her best for her children.
4. They exchanged money for the trip.
5. I'd like a cup of coffee, please.

RESPOSTAS

A. 1. *conduzíamos;*   2. *viajavam;*   3. *escrevia;*   4. *requeria;*   5. *discutiam.*
B. 1. *partido;*   2. *terminado;*   3. *chegado;*   4. *estado;*   5. *estado.*
C. 1. *passei;*   2. *passaram;*   3. *passam;*   4. *passar;*   5. *passar.*
D. 1. *escolinha;*   2. *menininho;*   3. *queridinho;*   4. *festinha;*   5. *comidinha.*
E. 1. *teremos;*   2. *pagarão;*   3. *avisará;*   4. *abrirá;*   5. *terminará.*
F. 1. *gostaríamos;*   2. *telefonaria;*   3. *viajaria;*   4. *pagaria;*   5. *brincaria.*
G. 1. *Eles vão para o Rio amanhã;*   2. *O ônibus vai para o centro;*   3. *Ela faz tudo pelos filhos;*   4. *Eles trocaram dinheiro para a viagem;*   5. *Gostaria de uma xícara de café, por favor.*

TERCEIRA LEITURA

Brasil

O Brasil é um país[1] muito grande. Possuindo[2] uma área[3] de mais de oito milhões e meio de quilômetros quadrados, o Brasil é o maior país da América Latina e o quinto maior país do mundo. Sua área é dividida em 26 estados, três territórios[4] e o Distrito Federal,[5] Brasília, que é a capital do país. O Brasil tem uma população[6] de cento e setenta milhões de habitantes. Esta população é formada de várias[7] nacionalidades.[8] Desde o início da sua povoação e especialmente durante as grandes guerras mundiais, o Brasil tem atraído milhões de imigrantes de todas as partes do mundo. Inicialmente[9] vieram os portugueses, os quais descobriram o país e lhe deram o seu idioma,[10] a língua[11] portuguesa. Depois vieram os africanos[12] e finalmente os europeus, os asiáticos e também os árabes.[13] A religião[14] oficial do país é o catolicismo,[15] mas com a diversificação[16] de nacionalidade, vem a diversificação de religião, assim sendo, podemos dizer que quase todas as religiões do mundo são praticadas[17] no Brasil.

VOCABULÁRIO

1. país — country
2. possuindo — possessing
3. área — area
4. territórios — territories
5. Distrito Federal — Federal District
6. população — population
7. várias — various
8. nacionalidade — nationalities
9. inicialmente — initially
10. idioma — language
11. língua — language
12. africanos — Africana
13. árabes — Arabic
14. religião — religion
15. catolicismo — catholicism
16. diversificação — diversification
17. praticadas — practiced

LIÇÃO 31
NA DELEGACIA (ESQUADRA) DE POLÍCIA. At the police station.

A. DIÁLOGO

Na esquadra de polícia em Luanda, Angola.

DETETIVE: Por favor acalme-se e diga-me com detalhes o que aconteceu.

MANUEL: Eu ia a caminhar pela avenida quando fui assaltado por dois homens.

DETETIVE: Pôde ver o rosto deles?

MANUEL: Não, não pude vê-los bem, o rosto deles estava coberto e o assalto foi muito rápido.

DETETIVE: Pode dizer-me as coisas que foram roubadas?

MANUEL: Tudo o que eu tinha comigo foi roubado. O cartão de crédito, a carta de condução e o dinheiro.

DETETIVE: Eu entendo como se sente, mas pelo menos o senhor não sofreu danos físicos.

At the police station in Luanda, Angola.

DETECTIVE: Calm down please, and tell me in detail what happened.

MANUEL: I was walking down the street when I was mugged by two men.

DETECTIVE: Were you able to see their faces?

MANUEL: No, I couldn't see them very well. Their faces where covered and the mugging happened very quickly.

DETECTIVE: Can you tell me what was taken?

MANUEL: They took everything I had on me. Credit cards, driver's license, and cash.

DETECTIVE: I understand how you feel, but at least no physical harm was done to you.

GRAMÁTICA E USOS

1. THE TRUE PASSIVE

There are two voices in language: active and passive. The active voice describes the subject performing an action.

Os ladrões roubaram Manuel.
The thieves mugged Manuel.

Eles roubaram o cartão de crédito.
They stole the credit card.

Eles roubaram também a carta de condução (carteira de motorista) e o dinheiro.
They also stole the driver's license and cash.

Manuel chamou a polícia.
Manuel called the police.

In the passive voice the subject receives the action. The passive is formed with *ser* + past participle. In this usage, the past participle is an adjective and must agree with the subject in number and gender. The agent, the person performing the action, may or may not be mentioned. If mentioned, the agent is introduced by *por:*

Manuel foi atacado pelos ladrões.
Manuel was attacked by the robbers.

O rosto deles estava coberto.
Their faces were covered.

O roubo foi feito muito rapidamente.
The robbery was done very fast.

A polícia foi chamada à cena do roubo.
The police was called to the scene of the robbery.

2. THE PASSIVE *SE*

When the agent of the passive voice is unknown or it is of no interest, the alternative passive se construction is used: *se* + the third person singular or plural form of the verb (depending on the number of the subject).

O que se passa?
What happens?

Não se sabe quem são os ladrões.
We don't know who the robbers are.

Fala-se português aqui.
Portuguese is spoken here.

Descontam-se cheques.
Checks cashed here.

Aluga-se uma casa.
House for rent.

Precisa-se de ajuda.
Help needed.

3. THE USE OF *MAS*

Mas means "but":

Mas pelo menos você não sofreu danos físicos.
But at least you didn't suffer physical harm.

Ele quis reagir ao ataque, mas não pôde.
He wanted to react to the attack, but couldn't.

Mas pelo menos a polícia veio à cena do crime.
But at least the police came to the scene of the crime.

Eu quis ir com ele mas não pude.
I wanted to go with him, but I couldn't.

VOCABULÁRIO

ajuda	help
assaltado	assaulted
assalto	assault, robbery
carta de condução (carteira de motorista)	driver's license
cena	scene
chamar	to call
coberto	covered
coisas roubadas	things stolen
crime	crime
danos físicos	physical harm
descontar	to cash
detetive	detective
dinheiro	money/cash
emergência	emergency
esquadra (delegacia) do polícia	police station
falado	spoken
gritar	yell
ir com ele	go with him
ladrão	thief
local	local/place
mas	but
matar	kill
não pude	I couldn't
O que se passa?	what's going on?
pelo menos	at least
polícia	police officer
quis	wanted
rápido	fast
reagir	to react
rosto	face
roubado	robbed
roubo	robbery

EXERCÍCIOS

A. Responda às perguntas de acordo com o diálogo.

1. O que os ladrões roubaram?
2. Quem Manoel chamou?
3. Por que Manoel não pôde ver o rosto dos ladrões?
4. Onde aconteceu o roubo?
5. O que Manoel não sofreu?

B. Escreva novamente as orações usando a voz passiva. Use o modelo.

Modelo: Os ladrões assaltaram Manoel.
Manoel foi assaltado pelos ladrões.

1. Os ladrões roubaram o cartão de crédito.
2. A polícia prendeu os ladrões.
3. Ele recebeu um telefonema importante.
4. Nós mostramos os documentos.
5. Os ladrões não causaram danos físicos.

C. Traduza para o português usando a voz passiva se.

1. What's going on?
2. Portuguese spoken here.
3. Checks cashed here.
4. House for rent.
5. Help needed.

NOTAS CULTURAIS

If French is the language of love and English the language of business, then Portuguese is the language of . . . ? Judging by its cultural presence all over the world and its history of exploration and colonization, it could be said that Portuguese is the language of adventure and discovery. It is estimated that between 180 to 210 million people speak Portuguese throughout the world today. Portuguese is the world's eighth most spoken language and is the official language of seven countries: Angola, Brazil, Cabo Verde, Guinea-Bissau, Mozambique, Portugal, and São Tomé e Príncipe.

Although Portuguese is Angola's official language (sixty percent of the population claim it as their first language), more than ninety percent of the population speaks a Bantu language. More than two-thirds of the people of Cabo Verde are of mixed African and European ancestry and are known as Creoles, or *mestiços*. Nearly all of the remainder are of African ancestry. The official language of Cabo Verde is Portuguese; the national language, however, is Crioulo, a Creole dialect of archaic Portuguese incorporating many African elements. The official language of Guinea-Bissau is also Portuguese, but Crioulo is widely spoken. There are two Crioulo dialects in Guinea-Bissau, Bissau and Cacheu.

In Mozambique, Portuguese was retained as the official language after its independence from Portugal, however, most of the population speaks a Bantu language. The population of São Tomé e Príncipe is composed of six identifiable groups: *Mestiço,* or mixed-blood; *angolares,* descendants of Angolan slaves; *forros,* descendants of freed slaves; *serviçais,* contract laborers from nearby African countries; *tongas,* children of serviçais born on the islands; and Europeans, mostly from Portugal. Portuguese is the official language, but 90 percent of the people speak Fang, a Bantu language. You will also find the Portuguese influence in other isolated regions of Africa including Ano Bom in Guiné Equatorial and Casamança, Senegal.

You may be surprised to learn that for many years Portuguese was the official language of Macau, an island located on the southeastern coast of China. Portuguese is also spoken in parts of Portuguese India, five districts on the Indian subcontinent. These include Goa, Daman, Dadra and Nagar Aveli. Traces of the Portuguese presence and its language can also be found in Melaka, Malasia, Timor, Indonesia, and Sri-Lanka.

RESPOSTAS

A. 1. *Os ladrões roubaram o cartão de crédito, a carta de condução (carteira de motorista) e o dinheiro;*   2.   *Manoel chamou a polícia;*   3. *O rosto deles estava coberto;*   4. *Aconteceu na avenida;*   5. *Manoel não sofreu danos físicos.*

B. 1. *O cartão de crédito foi roubado pelos ladrões;* 2. *Os ladrões foram presos pela polícia;* 3. *Um telefonema importante foi recebido por ele;* 4. *Os documentos foram mostrados;* 5. *Danos físicos não foram causados pelos ladrões.*

C. 1. *O que se passa?;* 2. *Fala-se português;* 3. *Desconta-se cheques.;* 4. *Aluga-se casa.;* 5. *Precisa-se de ajuda.*

LIÇÃO 32
ASSISTINDO TELEVISÃO. Watching television.

A. DIÁLOGO

Assistindo televisão na cidade de Campinas, São Paulo.

SÉRGIO: Vou ligar a televisão. Em que canal você quer que eu ponha?

GLÓRIA: De acordo com o guia de TV, a esta hora só passam novelas e noticiários nas redes locais.

SÉRGIO: Prefiro ver o noticiário no canal educativo ou talvez um filme no canal a cabo ou um videotape no videocassete.

GLÓRIA: Boa idéia! Espero que possamos assistir a um bom filme antes que as crianças cheguem, porque quando chegarem, pedirão para ver comédias ou desenhos animados.

SÉRGIO: Não se preocupe, você sabe que eu não gosto que eles se sentem em frente da televisão mais de uma hora por dia.

GLÓRIA: Eu sei, mas como hoje é sábado lhe aconselho que não insista com isso e seja mais flexível.

Watching television in Cidade de Campinas, São Paulo.

SÉRGIO: I'm going to turn on the television. What channel do you want me to put on?

GLÓRIA: According to the TV guide, at this time they're only showing soap operas and the news on the local channels.

SÉRGIO: I prefer to watch the news on public television, or maybe a movie on cable, or even a videotape on the VCR.

GLÓRIA: Good idea! I hope we can watch a good movie before the children get here, because when they do, they will ask to see sitcoms or cartoons.

SÉRGIO: Don't worry, you know I don't like them to sit in front of the TV for more than one hour a day.

GLÓRIA: I know, but since today's Saturday, I suggest that you don't insist and that you be a little more flexible.

B. GRAMÁTICA E USOS

1. THE CONCEPT OF THE SUBJUNCTIVE

Language has moods. Until now, we have studied the tenses of the verbs in the indicative mood, which is the mood of facts. In a broad sense, the subjunctive can be called the "mood of doubt." What is in doubt is whether the action will indeed take place.
The subjunctive mood may be considered a form of the indirect command. With a command, you give an order to someone; whether or not the order will be carried out is in doubt—the person may or may not do what you wished, requested, demanded, or ordered. "Stop!" really means "I want you to stop." Whether or not the person will stop is uncertain. And therein lies the concept of the subjunctive mood.

2. THE PRESENT SUBJUNCTIVE OF REGULAR AND RADICAL CHANGING VERBS

The forms of the present subjunctive are like the command forms. Remember that you get the command from the first person of the indicative by dropping the *o* and adding the opposite vowel: that is, for *-ar* verbs we add *-e*; for *-er* and *-ir* verbs we add *-a*.

LIGAR   TO TURN IT ON

eu	ligue		nós	liguemos
tu	ligues		vós	ligueis
você	ligue		vocês	liguem
ele	ligue		eles	liguem
ela	ligue		elas	liguem

Note that verb *ligar* changes radical in the subjunctive mood:
Other radical changing verbs are:

embarcar	to embark, to ship, to go on board
chegar	to arrive
marcar	to mark
pagar	to pay

PÔR   TO PUT

eu	ponha	nós	ponhamos
tu	ponhas	vós	ponhais
você	ponha	vocês	ponham
ele	ponha	eles	ponham
ela	ponha	elas	ponham

PEDIR   TO ASK

eu	peça	nós	peçamos
tu	peças	vós	peçais
ele	peça	eles	peçam
ela	peça	elas	peçam

Many irregular verbs, such as *pôr, pedir,* etc., have regular subjunctive forms using the first person singular of the present indicative mood: *ponha, peça, diga,* etc.

3. SUBJUNCTIVE CLAUSE EXPRESSING A REQUEST, DESIRE, OR A DEMAND

The subjunctive form is used in a dependent clause[1] which follows verbs such as these:

querer	to wish, to want
desejar	to desire
pedir	to ask, to order

---

[1] 1. A dependent clause that depends on a main clause; it cannot stand alone.
main clause: dependent clause:
I suggest   that you turn off the TV.

insistir	to insist
recomendar	to recommend
sugerir	to suggest
preferir	to prefer

These and other similar verbs are used to express a request, desire, or demand for an action by another person or group of people (who are the subject of the dependent clause):

Quero que você ligue a televisão.
   I want you to turn on the television.

Não gosto que eles sentem em frente da televisão.
   I don't like them to sit in front of the TV.

A sentence involving the subjunctive, such as these, is usually made up of a main clause and a dependent clause joined by the word *que*, "that":

Eu quero + que (você) ligue a televisão.
   Literally, "I want that you to turn the television on"; or "I want you to turn on the television."

Em que programa você quer que eu ponha?
   What program do you want me to turn on?

Pedirão para que troquemos o canal.
   They'll ask us to change the channel.

English does not use the subjective very often; in these sentences it uses the infinitive instead. If there is no change in subject following the verb of desire, demand or request, Portuguese uses the infinitive, too.

Prefiro ver o noticiário.
   I prefer to watch the news.

VOCABULÁRIO

aconselhar	to advise
assistindo	watching
ator/atriz	actor, actress
canal	channel

comédia	comedy
desenhos animados	cartoon
documentário	documentary
drama	drama
educativo	educational
em frente	in front of
embarcar	to embark, to ship, to go on board
enxugar	to dry
filme	film
flexível	flexible
guia	guide
insistir	to insist
ligar	to turn on
luz	light
marcar	to mark
notícias	news
novelas	soap opera
piada	joke
ponha	put
preferir	to prefer
redes locais	local network
tela	screen
televisão	television
ver	to see, to watch
videocassete	VCR
videotape	videotape

EXERCÍCIOS

A. *Baseado no diálogo, relacione as palavras da coluna A com as palavras da coluna B.*

COLUNA A

1. *Sérgio quer ligar _____.*
2. *Ele prefere assistir _____.*

COLUNA B

a. *seja mais flexível*
b. *sentem muito tempo em frente da televisão*

3. Glória consulta o _____.
4. As crianças preferem assistir _____.
5. Eles não gostam que as crianças _____.
6. Glória aconselha que Sérgio _____.

c. comédias e desenhos animados
d. a televisão
e. guia de televisão
f. o noticiário no canal a cabo

B. Mude as sentenças para o subjuntivo, adicionando as palavras em parênteses. Use o modelo.

Modelo: Prefiro assistir um bom filme. (que você)
Prefiro que você assista um bom filme.

1. Ele quer ligar a televisão. (que ela)
2. Nós queremos voltar cedo. (que vocês)
3. Eles não querem sentar em frente da televisão por muitas horas. (que as crianças)
4. Preferimos ficar aqui. (que você)
5. Desejamos sair agora. (que eles)

C. Traduza as sentenças abaixo para o português.

1. I prefer that you come with me.
2. I advise you to be more patient.
3. He wants us to be at the office at nine o'clock.
4. Do you want me to turn on the TV?
5. It's necessary that you ship this order today.

NOTAS CULTURAIS

Television in Brazil is a very important means of communication. There are several Brazilian television stations that offer a great variety of programs. Viewers can choose from documentaries to educational programs, and from domestic and popular foreign movies to the famous Brazilian soap operas *(novelas)*. As matter of a fact, Brazilian soap operas are not only popular throughout the country, but throughout Latin America and Europe as well. American TV shows can be seen dubbed or subtitled on most stations everyday of the week.

RESPOSTAS

A. 1. d;   2. f;   3. e;   4. c;   5. b;   6. a.
B. 1. *que ela ligue;*   2. *que vocês voltem;*   3. *que as crianças sentem;*
4. *que você fique;*   5. *que eles saiam.*
C. 1. *Eu prefiro que você venha comigo;*   2. *Aconselho que você seja mais paciente;*   3. *Ele quer que estejamos no escritório às nove horas;*
4. *Você quer que eu ligue a televisão?;*   5. *É necessário que você encaminhe este pedido hoje.*

LIÇÃO 33
NO CINEMA. At the movies.

A. DIÁLOGO

Em Porto Alegre, Brasil.

CLÁUDIO: Espero que possamos ir ao cinema hoje à noite.

MARCELA: Vamos consultar o jornal para ver o que está passando. Olhe querido, há um festival de filmes românticos no cinema Metro.

CLÁUDIO: Sei que você gosta de filmes sentimentais, mas não se ponha a chorar por favor. A que horas começa a sessão?

MARCELA: Às oito. Vamos.

Mais tarde no cinema Metro:

MARCELA: Nossa que multidão!

CLÁUDIO: Receio que o cinema esteja lotado. Comemos algo? Pipoca, um refrigerante?

MARCELA: Claro. Onde nos sentamos?

CLÁUDIO: Procuremos assentos perto da tela.

MARCELA: Que pena que você não trouxe seus óculos! Não se aproxime muito da tela. Sentemos-nos aqui.

CLÁUDIO: Veja! Já está começando; é um filme em preto e branco.

MARCELA: Cale-se! Vai escutar um diálogo apaixonado.

In Porto Alegre, Brazil.

CLÁUDIO: I hope we can go to the movies tonight.

MARCELA: Let's check the movie listing to see what's on. Look darling, there's a romantic films festival.

CLÁUDIO: You like those romantic films. But please don't start crying. At what time does the show begin?

MARCELA: At eight o'clock. Let's go!

Later at the Metro Theater:

MARCELA: Wow! What a crowd!

CLÁUDIO: I am afraid that the theater may be full. Do you want to eat something? Popcorn, a soft drink?

MARCELA: Of course! Where shall we sit?

CLÁUDIO: Let's find seats near the screen.

MARCELA: What a pity you don't bring your glasses with you! Don't go too close. Let's sit here.

CLÁUDIO: It's beginning now; it's a black-and-white film.

MARCELA: Be quiet! You're going to hear some passionate dialogue.

B. GRAMÁTICA E USOS

1. IRREGULAR PRESENT SUBJUNCTIVE OF VERBS

Even though most present of the subjunctive forms comes from the first person of the present indicative, the following verbs are irregular.

	SER TO BE	*ESTAR* TO BE	*HAVER* TO HAVE	*SABER* TO KNOW	*DAR* TO GIVE	*IR* TO GO
eu	seja	esteja	haja	saiba	dê	vá
tu	sejas	estejas	hajas	saibas	dês	vás
ele	seja	esteja	haja	saiba	dê	vá
ela	seja	esteja	haja	saibam	dê	vá
nós	sejamos	estejamos	hajamos	saibamos	demos	vamos
vós	sejais	estejais	hajais	saibam	deis	vades
eles	sejam	estejam	hajam	saibam	dêem	vão
elas	sejam	estejam	hajam	saibam	dêem	vão

Receio que o cinema esteja cheio.
   I'm afraid that the theater may be full.

Que pena que não vás.
   What a pity that you aren't going.

Desejam que lhes dê as entradas.
   They want me to give them the tickets.

Prefiro que os assentos sejam atrás.
   I'd prefer that they be seats in the back.

2. THE PRESENT SUBJUNCTIVE OF VERBS ENDING IN -GAR AND -CAR

Verbs ending in -car and -gar make the same spelling changes in the subjunctive as in the command forms:

	PAGAR TO PAY	MARCAR TO MARK, SCHEDULE OR MAKE AN APPOINTMENT
eu	pague	marque
tu	pagues	marques
ele	pague	marque
ela	pague	marque
nós	paguemos	marquemos
vós	pagueis	marqueis
eles	paguem	marquem
elas	paguem	marquem

Me alegro que paguem as entradas.
   I'm happy they're paying for the tickets.

Quero que você marque uma consulta com o médico para amanhã às dez horas.
   I want you to make an appointment with the doctor for tomorrow at ten o'clock.

3. SUBJUNCTIVE CLAUSES AFTER EXPRESSIONS OF EMOTION

When a verb of emotion is used in the main clause, the verb of the dependent clause is use in the subjunctive. The following verbs require a subjunctive in the dependent clause:

alegrar-se que	to be happy about
estar contente/triste que	to be happy/sad about
lamentar	to regret
esperar	to hope
ter medo de, temer	to be afraid of, to fear

Que pena que . . . !
  What a pity . . . !

Me alegro que haja tanta gente.
  I'm happy that there are so many people.

Temo que o cinema esteja cheio.
  I'm afraid the theater may be full.

Que pena que não traga os seus óculos com você!
  What a pity that you don't bring your glasses with you!

4. THE NEGATIVE FAMILIAR COMAND AND THE "LET'S" COMMAND

a. The affirmative *tu* command comes from the third person singular of the present tense; there are a few exceptions. The negative *tu* command is the second person singular of the present subjunctive; there are no exceptions.

Olhe!	Look!
Não olhe!	Don't look!

The object pronouns come after the verb and are hyphenated in the affirmative command, but they precede the verb in the negative command:

Cale-se!	Be quiet!
Não te aproximes muito!	Don't come too close!

b. Expressions with "let's" command:

Não vamos!	Let's not go!
Vamos!	Let's go!
Sentemo-nos aqui!	Let's sit here!

Note that the negative command requires the object pronoun before the verb:

Não nos sentemos aqui! Let's not sit here!

VOCABULÁRIO

algo	something
apaixonado/a	passionate
aproximar	to get closer
aqui	here
atrás	in the back/rear
Cale-se!	Shut up!
cheio/lotado	full
cinema	movie theater
claro	sure
consultar	to consult /to check
desejar	desire
entrada/ingresso	ticket
escutar	to hear
espero	I hope
festival	festival
filme	movie
há	there is
hoje à noite	tonight
jornal	newspaper
multidão	crowd
Nossa!	Gee!
óculos	eyeglasses
Olhe!	Look!
passando	showing

pipoca	popcorn
procurar	to look for
Que pena!	What a pity!
receio	fear
refrigerante	soft drink
romântico	romantic
sentar	to sit
sentimental/sentimentais	sentimental
sessão	session
tela	screen
trazer	to bring/carry

EXERCÍCIOS

A. *Responda a pergunta com uma sentença completa. Use o modelo.*

    Modelo: O que eles esperam? (o cinema não esteja muito cheio)
                    Eles esperam que o cinema não esteja muito cheio.

1. O que ele receia? (não haja assentos)
2. O que ela disse? (calar-se)
3. O que é uma pena? (ele não trouxe os óculos)
4. O que ela lamenta? (o filme é em preto-e-branco)
5. O que ela pede a ele? (não sente perto da tela)

B. *Dê o imperativo afirmativo e negativo dos seguintes verbos.* (Give the affirmative and negative familiar command of the following verbs.)

    Modelo: Vir
                    Venha! Não venha!

1. *dar*
2. *sair*
3. *fazer*
4. *pôr*
5. *pagar*
6. *ser*

C. *Escreva em português.*

1. Say that you are happy that there are many people at the movies.
2. Ask Claudio if the theater is probably full.
3. Say that you want him and you to sit near the screen.
4. Say that your friend prefers that you and he not buy popcorn.
5. Tell your friend that you hope that the film is in color.

NOTAS CULTURAIS

While Brazilian music has achieved a great level of popularity throughout the world, the Brazilian film industry is still struggling for international recognition, especially in the United States. Nevertheless, Brazil has produced excellent films that have received awards from film societies all over the world, including the Cannes, New York, Sundance, and Berlin Film Festivals. Films such as *Dona Flor e seus dois maridos, Os marginais, Bye, bye Brasil,* and Hector Babenco's *Pixote* have become part of the Latin American film canon. In 1998 the film *Central Station* premiered at the Sundance Film Festival and later went on to win the Golden and Silver Bear for Best Picture and Best Actress at the Berlin Film Festival as well as the Golden Globe award for Best Foreign Film.

RESPOSTAS

A. 1. *Ele receia que não haja assentos;* 2. *Ela disse "que ele se calasse.";* 3. *É uma pena que ele não traga os óculos;* 4. *Ela lamenta que o filme seja em preto-e-branco;* 5. *Ela pede que ele não se sente perto da tela.*
B. 1. *Dê! Não dê!;* 2. *Saia! Não saia!;* 3. *Faça! Não faça!;* 4. *Ponha! Não ponha!;* 5. *Pague! Não pague!;* 6. *Seja! Não seja!*
C. 1. *Alegro-me que haja muita gente no cinema;* 2. *Cláudio, o cinema estará cheio?;* 3. *Quero que nos sentemos perto da tela;* 4. *Meu amigo prefere que não compremos pipoca;* 5. *Espero que o filme seja colorido.*

LIÇÃO 34
ESPORTES. Sports.

A. DIÁLOGO

Num bar perto do Estádio do Maracanã no Rio de Janeiro.

HENRIQUE: Duvido que haja outro esporte mais exigente e emocionante do que o nosso futebol.

ELIZABETE: Não creio que você pratique outro esporte.

HENRIQUE: Quero dizer que para o espectador não há outro que se compare com o futebol.

ELIZABETE: Claro, os jogadores de futebol se dedicam ao cultivo do corpo; são musculosos e delicados ao mesmo tempo. Não são como esses homens do futebol norte-americano ou os boxeadores.

HENRIQUE: Os esportistas têm que manter-se em forma. São cuidadosos com o que comem e não tomam muitas bebidas alcoólicas.

ELIZABETE: Bem! Nem tudo é sacrifício. Eu gostaria de passar as horas de trabalho em um campo de futebol, em uma quadra de tênis ou em uma pista de atletismo!

At a bar close to Rio de Janeiro's Maracanã Stadium.

HENRIQUE: I doubt that there's another sport more demanding or exciting than our soccer.

ELIZABETE: I don't think you play another sport.

HENRIQUE: I mean, that for the spectator, no other one compares with soccer.

ELIZABETE: Of course soccer players are dedicated to the cult of their bodies: they are muscular and delicate at the same time. They aren't like those big men of North American football or boxers.

HENRIQUE: Athletes have to stay in shape. They need to be careful with what they eat, and not drink many alcoholic beverages.

ELIZABETE: Well, it isn't all sacrifice. I'd like to spend my working hours on a soccer field, or on a tennis court, or on a running track!

B. GRAMÁTICA E USOS

1. SUBJUNCTIVE CLAUSES AFTER EXPRESSIONS OF DOUBT OR DENIAL

a. Expressions of doubt or denial take the subjunctive in a dependent clause. Verbs and other expressions followed by the subjunctive include:

duvidar	to doubt
negar	to deny
talvez/pode ser	perhaps

Duvido que haja outro esporte mais exigente que o nosso futebol.
I doubt that there's another sport more demanding than our soccer.

Nego que tudo seja sacrifício.
I deny that it's all sacrifice.

Pode ser que ele jogue tênis com você.
Perhaps he'll play tennis with you.

b. When you deny the existence of something or someone, you have a negative antecedent that requires the subjunctive. Expressions such as these take the subjunctive:

Não há nada que . . .	There is nothing that . . .
Não há ninguém que . . .	There is no one who . . .
Não há nenhum . . . que . . .	There is no . . . that/who . . .
Não conheço ninguém que . . .	I know no one who . . .

c. The verb *crer* (to believe) is usually followed by the indicative.

Creio que tudo está bem.
I think that everything is fine.

In a question or a negative sentence, however, *crer* is followed by the subjunctive:

Não creio que você pratique outro esporte.
I don't think that you practice another sport.

Crê que eles venham hoje?
Do you think that they are coming today?

2. VERB + PREPOSITION + NOUN

You have learned that verbs take a preposition *(a, ao, de, em, com, por,* etc.) when followed by an infinitive. There are also verbs which require a preposition when followed by a noun:

dedicar-se a:

Se dedicam ao cultivo do corpo.
They are dedicated to physical fitness (the cult of their bodies).

comparar-se com:

Não há outro esporte que se compare com o futebol.
There is no other sport comparable with soccer.

preocupar-se:

Ela se preocupa muito com João.
She worries a great deal about John.

entrar em:

Vamos entrar em casa.
We are entering this house.

sair de:

Saem da aula às oito horas.
They leave the class at eight o'clock.

interessar-se por:

Se interessam pelos pobres.
They are interested in the poor.

3. AUGMENTATIVES

In Portuguese, augmentative endings generally indicate large size, but can also indicate dislike. Most augmentatives ending in *-ão* are masculine and those ending in *-ona* are feminine.

To form the augmentative, drop the final vowel and add the ending:

a sala	room	o salão	ballroom or large reception room
o solteiro	bachelor	o solteirão	confirmed bachelor
a solteira	single womam	a solteirona	old maid, spinster
a casa	house	o casarão	a very big house
a faca	knife	o facão	big knife, a butcher's knife

If the noun ends in a consonant, simply add the ending:

a mulher	a woman	a mulherona	a big woman (pejorative)

VOCABULÁRIO

alcoólicas	alcoholic
bebidas	drinks/beverages
boxeador	boxer
campo	field
casa	house
casarão	big house
comparar	to compare
corpo	body
cultivo	cultivation
delicados	delicate
duvido	I doubt
em forma	in good shape
espectador	spectator
esportes	sports

estádio	stadium
emocionante	exciting
exigente	demanding
faca	knife
facão	butcher's knife
interessar-se	to be interested
jogadores	players
jogar	to play
manter	maintain
mulherona/mulherão	big woman
musculoso	muscular
natação	swimming
negar	to deny
pista de atletismo	race track
pobre	poor
praticar	to practice
preocupar	to worry
quadra de tênis	tennis court
que haja	that there is
sacrifício	sacrifice
sala	room
salão	ballroom
se dedicam	dedicate themselves
solteirão	confirmed bachelor
solteiro/solteira	single
solteirona	old maid

EXERCÍCIOS

A. *Responda à pergunta com uma sentença completa. Use o modelo.*

   Modelo: A que esporte você se dedica? (natação)
             Eu me dedico à natação.

   1. *Em que você não crê? (você pratique outros esportes)*
   2. *O que negam? (haja esporte mais exigente)*

3. *Por quem se interessam? (pelos pobres)*
4. *O que você duvida? (você faça exercícios)*
5. *Em que você cre que os esportistas se dedicam? (ao cultivo do corpo)*

B. Mude as sentenças para a forma negativa. Use o modelo.

   Modelo: Creio que eles venham hoje. (Não crer)
             Não creio que eles venham hoje.

   1. *Há muitas pessoas que fazem isto. (Não há ninguém)*
   2. *Cremos que são ricos. (Duvidar)*
   3. *Você gosta de jogar tênis. (Não creio)*
   4. *Pensa que eles fazem. (Negar)*
   5. *Tudo é muito interessante. (Não há nada)*

C. Escreva uma oração.

   1. Tell a friend you doubt that he can dedicate himself to a sport.
   2. Ask a friend if he believes that soccer is the most thrilling sport.
   3. Say that you doubt that the athletes follow a special diet.
   4. Say that your friends deny that there'll be a crowd at the stadium.
   5. Say that you don't know anyone who is a better athlete than Jorge.

NOTAS CULTURAIS

Soccer is the most popular sport in Brazil, however, there are other sports which enjoy the public's favor. Soccer spin-offs like *Futsal* and beach soccer have been played in Brazil for a number of years. Formula 1 racing attracts very large crowds and is watched by large television audiences. Basketball also attracts quite a bit of attention, especially when the national team is doing well in international tournaments. The popularity of volleyball has also increased tremendously due in part to the national team's performance abroad. Some of the top players on the international volleyball tournaments are Brazilian nationals. You will also see many Brazilians do well in international surfing and in-line skating tournaments.

RESPOSTAS

A. 1. *Não creio que você pratique outros esportes.;*   2. *Negam que haja um esporte mais exigente.;*   3. *Se interessam pelos pobres.;*   4. *Duvido que você faça exercícios.;*   5. *Creio que os esportistas se dedicam ao cultivo do corpo.*
B. 1. *Não há ninguém que faça isto.;*   2. *Duvido que sejam ricos.;*   3. *Não creio que você goste de jogar tênis.;*   4. *Nega que o façam.;*   5. *Não há nada que seja muito interessante.*
C. 1. *Duvido que se dedique a um esporte.;*   2. *Acredita que futebol é o esporte mais emocionante?;*   3. *Duvido que os atletas sigam uma dieta especial.;*   4. *Eles negam que haja uma multidão no estádio;*   5. *Não conheço nenhum atleta melhor que Jorge.*

LIÇÃO 35
NO HOTEL. At the hotel.

A. DIÁLOGO

No hotel Continental em Salvador, Bahia.

GERENTE: Tenho aqui a sua reserva, senhor. É um quarto de casal com banheiro privado e ar condicionado.

MARCOS: É preferível que me dêem um quarto que esteja num andar baixo.

GERENTE: O quarto 314 estará pronto depois que o limpem. Aqui tem a chave. Por quantos dias o senhor se hospedará em nosso hotel?

MARCOS: Estarei aqui por três dias. É possível que vocês guardem minha bagagem?

GERENTE: O mensageiro a guardará aqui até que o quarto esteja pronto.

MARCOS: Para a minha reunião é necessário que eu procure uma secretária que fale português e espanhol.

GERENTE: Temos esta secretária neste hotel.

MARCOS: Muito bem. Diga-me o ramal para serviço no quarto.

GERENTE: Para comidas e bebidas, por favor chame o ramal 369.

At the Continental hotel in Salvador, Bahia.

MANAGER: I have your reservation here, sir. A double room with private bath and air conditioning.

MARCOS: It's preferable that you give me a room on a lower floor.

MANAGER: Room 314 will be ready after they clean it. Here's the key. How many days will you staying in our hotel?

MARCOS: I'll be here for three days. Is it possible for you to hold my baggage?

MANAGER: Of course. The bellboy will keep it here until the room is ready.

MARCOS: For my meeting, it's necessary that I find a secretary who speaks Portuguese and Spanish.

MANAGER: We have such a secretary in this hotel.

MARCOS: Very well. Tell me the extension for room service.

MANAGER: For food and drinks, please call extension 369.

B. GRAMÁTICA E USOS

1. THE SUBJUNCTIVE AFTER IMPERSONAL EXPRESSIONS

Impersonal expressions which indicate need, desire, request, demand, emotion, or doubt are followed by the subjunctive:

É necessário que eu procure uma secretária.
It's necessary that I find a secretary.

Here are some additional impersonal expressions which are followed by the subjunctive:

é possível	it is possible
é impossível	it is impossible
é preferível	it is preferable

Impersonal expressions, which express fact, are followed by the indicative:

É certo que você esteja ocupado.
It's certain that you are busy.

2. THE SUBJUNCTIVE AFTER CONJUNCTIONS OF TIME

The subjunctive follows conjunctions which indicate an indefinite future time:

O quarto estará pronto depois que o limparem.
> The room will be ready after they clean it.

Other conjunctions followed by the subjunctive include *enquanto* (while) and *depois* (after). If the event following the conjunction is past, then an indicative tense is used:

Cheguei aqui depois que isto começou.
> I arrived here after it began.

3. THE USE OF THE SUBJUNCTIVE WITH AN INDEFINITE ANTECEDENT

The subjunctive follows a relative pronoun referring to a person or thing not known for certain to exist.

Necessito um quarto que esteja num andar baixo.
> I need a room on a lower floor. (But such a room may not be available.)

Procuro uma secretária que saiba português e espanhol.
> I'm looking for a secretary who knows Portuguese and Spanish. (She may or may not exist or be available.)

If the relative pronoun refers to a person or thing known to exist, then the indicative is used:

Temos uma secretária que sabe português e espanhol.
> We have a secretary who knows Portuguese and Spanish. (She definitely exists.)

VOCABULÁRIO

andar	floor
ar	air
bagagem	baggage
baixo	low
banheiro	bathroom
bebidas	drinks/beverages
chave	key
chuveiro	shower
comidas	food
condicionado	conditioning
de casal	double
depois	after
é impossível	it's impossible
é possível	it's possible
é preferível	it's preferable
enquanto	while
estou certo	I'm sure/certain
guardar	to keep
hospedar-se	to stay in hotel
hotel	hotel
limpar	to clean
mala	suitcase
portaria	front desk
privado	private
procurar	to look for
pronto	ready
quarto	bedroom
ramal	extension
recepcionista	receptionist
reserva	reservation
reunião	meeting
secretária	secretary
serviço	service
tal	such

EXERCÍCIOS

A. *Responda as perguntas com uma sentença completa. Use a expressão em parênteses.*

1. Que tipo de quarto procuram? (de casal)
2. Quantas noites se hospedarão? (três ou quatro)
3. Podem entrar no quarto agora? (quando estiver pronto)
4. Há uma secretária que fale português? (não nenhuma)
5. A quem pedem comidas e bebidas? (serviço de quarto)

B. *Traduza para o inglês.*

1. Necessitamos de um gerente que saiba muito sobre hotéis.
2. É importante que os quartos estejam sempre ocupados.
3. Enquanto ela estiver aqui, nós estaremos prontos.
4. Conheço um homem que pode fazer isto.
5. Depois que o mensageiro chegar, guardará a bagagem.

C. *Escreva as sentenças abaixo em português.*

1. Tell the manager that you have a reservation for a room with a private bath.
2. Ask the manager at what time the room will be ready.
3. Tell the bellboy to put the suitcases in your room.
4. Tell room service that you want them to prepare a small party.
5. Tell the manager that you need a secretary who speaks Spanish.

NOTAS CULTURAIS

A large variety of national and international hotels are available in every major city in Brazil and Portugal. These hotels are equipped with all the modern conveniences one is used to in the United States. There are world-class hotels in Rio de Janeiro, São Paulo, and Lisbon as well as a wide range of choices between boarding houses, inns, hostels, motels, and apartment hotels. Portuguese *pousadas* are very comfortable hotels generally located in or near historical sites, in many cases they are restored castles, monasteries, national monuments, or palaces. Their extreme popularity make it advisable to book them well in advance. Brazilian ranches, or *fazendas,* are also an interesting option for the traveler. They are of special interest for those who wish to have closer contact with the locals and a taste of rural Brazilian life.

RESPOSTAS

A. 1. *Procuram um quarto de casal.;* 2. *Se hospedarão por três ou quatro noites.;* 3. *Vocês poderão entrar no quarto quando estiver pronto.;* 4. *Não, não há nehuma secretária que fale português.;* 5. *Vocês pedem comidas e bebidas ao serviço de quarto.*
B. 1. We need a manger who knows a lot about hotels; 2. It's important that the rooms be occupied all the time.; 3. While she is here, we will be ready.; 4. I know a man who can do it.; 5. After the bellboy arrives, he will hold the baggage.
C. 1. *Tenho uma reserva com banheiro privado.;* 2. *A que horas o quarto estará pronto?* 3. *Por favor ponha as malas em meu quarto.;* 4. *Quero que vocês preparem uma pequena festa.;* 5. *Preciso de uma secretária que fale espanhol.*

SÉTIMA REVISÃO

A. *Passe para a voz passiva.*

    Modelo: As testemunhas viram tudo.
                    Tudo foi visto pelas testemunhas.

1. *Vimos o programa.*
2. *Os ladrões assaltaram as mulheres.*
3. *O cantor cantou a canção.*
4. *O esportista segue o regime.*
5. *O chefe fará o trabalho.*

B. Complete as sentenças com a forma correta do subjuntivo. Use o modelo.

   Modelo: Prefiro que você _____ na hora. (regressar)
              Prefiro que você regresse na hora.

   1. Não quero que você _____. (vir)
   2. Pedem que nós _____ aqui. (estar)
   3. Te alegras que _____ tantas pessoas aqui? (haver)
   4. Crê que eles _____? (ir)
   5. Preferem que eu _____ cedo. (voltar)

C. Mude as sentenças abaixo para o imperativo em português. Use o modelo.

   Modelo: Call room service.
              Chame o serviço de quarto.

   1. Let's sit here.
   2. Don't come early.
   3. Be good!
   4. Let's keep in shape.
   5. Don't clean the room before noon.

D. Complete as sentenças com o indicativo ou subjuntivo. Use o modelo.

   Modelo: É certo que _____ ocupado. (estar)
              É certo que esteja ocupado.

   1. Jogam para que nós _____ ganhar. (poder)
   2. É evidente que elas _____ razão. (ter)
   3. Enquanto nós _____ aqui, faremos o trabalho. (estar)
   4. Começarão depois que você _____. (chegar).
   5. É impossível que o gerente _____ tanto. (saber)

E. Traduza para o português.

   1. Were there any witnesses?
   2. In which hotel will you stay?
   3. Soccer is a very demanding sport.
   4. Let's turn on the television now.
   5. I'm afraid that there are no seats in the movie theater.

6. They haven't harmed me, but they've taken my watch.
7. We want you to go to the movies with us.
8. The big/fat man is a boxer.
9. There is no one who wants to do it.
10. It's important to tell João to come.

RESPOSTAS

A. 1. *O programa foi visto por nós.;*   2. *A mulher foi assaltada pelos ladrões.;*   3. *A canção foi cantada pelo cantor.;*   4. *O regime é seguido pelo esportista.;*   5. *O trabalho será feito pelo chefe.*
B. 1. *venha;*   2. *estejamos;*   3. *haja;*   4. *venham;*   5. *volte.*
C. 1. *Sentemo-nos aqui.;*   2. *Não venha cedo.;*   3. *Seja bom.;*   4. *Mantenhamo-nos em forma.;*   5. *Não limpe o quarto antes do meio-dia.*
D. 1. *possamos;*   2. *têem;*   3. *estivermos;*   4. *chegue;*   5. *saiba.*
E. 1. *Há testemunhas?;*   2. *Em que hotel você ficará?;*   3. *Futebol é um esporte que exige muito.;*   4. *Liguemos a televisão agora.;*   5. *Tenho receio que não haja assentos no cinema.;*   6. *Eles não me feriram mas roubaram meu relógio.;*   7. *Queremos que você venha ao cinema conosco.;*   8. *O homem gordão é boxeador.;*   9. *Não há ninguém que queira fazer isto.;*   10. *É importante dizer ao João que venha.*

LIÇÃO 36
OS MEIOS DE COMUNICAÇÃO. The media.

A. DIÁLOGO

Em Recife, Brasil.

JOSÉ: Não queria que você comprasse o jornal de hoje.

MARIA: Por que? O que houve?

JOSÉ: As manchetes dos jornais trazem notícias chocantes. A primeira página apresenta notícias de desastres, roubos, assassinatos, estupros, guerras e secas, nada mais.

MARIA: Seria melhor que não houvesse tais notícias, mas elas representam fatos reais.

JOSÉ: Se pelo menos aprendêssemos com as experiências do passado!

MARIA: Talvez você não devesse ler a primeira página ou os editoriais para evitar as notícias chocantes.

JOSÉ: Pouco me interessam as seções de finanças, esportes, resenha de livros e os classificados.

MARIA: Você poderia se divertir com as palavras cruzadas, a parte cômica e as fofocas sociais.

JOSÉ: É melhor não comprarmos o jornal, não lê-lo.

MARIA: A culpa não é apenas da imprensa. Os satélites e o fax também permitem que hoje em dia saibamos todas as desgraças mundiais com maior rapidez. Mas há sempre algo interessante para ler, e estou segura de que haverá boas notícias também!

In Recife, Brazil.

JOSÉ: I didn't want you to buy the newspaper today.

MARIA: Why not? What happened?

JOSÉ: The newspaper headlines bring shocking news. The front page brings news about disasters, robberies, murders, rapes, wars, and droughts—nothing else.

MARIA: It would be better if there weren't such news, but they're real events.

JOSÉ: If only we could learn from the past!

MARIA: Maybe you shouldn't read the first page or the editorials in order to avoid the shocking news.

JOSÉ: The financial pages, sports, book reviews, and classified sections don't interest me much.

MARIA: You could entertain yourself with the crossword puzzle, the comic strips, or the gossip column.

JOSÉ: It's better not to buy the paper . . . not read it.

MARIA: It's not only the fault of the press. Satellites and fax machines allow us to learn all the world's misfortunes with greater speed. But there's always something interesting and I'm sure that there will be good news, too!

B. GRAMÁTICA E USOS

1. FORMS OF THE IMPERFECT SUBJUNCTIVE

The imperfect of the subjunctive is formed by dropping the ending -*ram* of the third person plural of the past definite (indicative) and adding the endings -*sse*, -*sses*, -*sse*, -*ssemos*, -*sseis*, -*ssem*:

IMPERFECT SUBJUNCTIVE

INFINITIVE	COMPRAR TO BUY	DEVER TO HAVE TO
3RD PERS. PRET. PL.	COMPRARAM	DEVERAM
eu	comprasse	devesse
tu	comprasses	devesses
você	comprasse	devesse
ele	comprasse	devesse
ela	comprasse	devesse
nós	comprássemos	devêssemos
vós	comprásseis	devesseis
vocês	comprassem	devessem
eles	comprassem	devessem
elas	comprassem	devessem

	DIZER TO SAY	HAVER TO HAVE
eu	dissesse	houvesse
tu	dissesses	houvesses
você	dissesse	houvesse
ele	dissesse	houvesse
ela	dissesse	houvesse
nós	disséssemos	houvéssemos
vós	dissésseis	houvésseis
vocês	dissessem	houvessem
eles	dissessem	houvessem
elas	dissessem	houvessem

2. THE USES OF THE IMPERFECT SUBJUNCTIVE

The imperfect subjunctive is used in the same context as the present subjunctive: when the main clause expresses desire, doubt, etc. The determining factor is the tense of the main verb, as described below.

Ele não queria que fôssemos.
He didn't want us to go.

Pediram que viesses na hora certa.
They asked you to come on time.

Alegrou-me muito que você estivesse presente.
I was very happy that you were present.

Havia duvidado que chegassem.
I had doubted that they would arrive.

Era importante que terminássemos.
It was important that we finish.

3. SEQUENCE OF TENSES WITH THE SUBJUNCTIVE

So far we have studied the forms and uses of the present subjunctive. The present subjunctive is used when the main verb expresses demand, desire, request, emotion, or doubt and is in one of the following tenses:

present tense:
Não quero que leia o jornal.
I don't want you to read the newspaper.

future:
Não vou querer que venha à noite.
I won't want you to come in the evening.

present perfect tense:
Tem-se feito tudo para que saibamos as notícias com mais rapidez.
Everything has been done for us to learn the news with greater speed.

command:
Diga-lhe que leia o jornal.
Tell him to read the newspaper.

The imperfect subjunctive is used when the main verb is in a past tense (preterite, imperfect, past perfect), or in the conditional tense:

imperfect
Não queria que comprasse o jornal.
I didn't want you to buy the newspaper.

preterite:	*Foi melhor que ele escutasse o rádio.*
	It was better for him to listen to the radio.
conditional:	*Seria melhor se não houvesse tais notícias.*
	It would be better if there weren't any such news.
past perfect:	*Ela havia pedido que ele dissesse a verdade.*
	She had asked him to tell the truth.

Expressions such as *tomara (que)* (if only, I wish that, I hope that) and *talvez* can be followed by either the present or the imperfect subjunctive with the present or past meaning:

Talvez aprendam a lição.
  Perhaps they will learn the lesson.

Tomara que aprendam com o passado!
  Let's hope they'll learn from the past!

4. THE SUBJUNCTIVE AFTER CERTAIN CONJUNCTIONS

The subjunctive is always used following these conjunctions:

para que	so that, in order to
sem que	without
contanto que	provided that, as long as
a menos que	unless
antes que	before that

Tudo tem sido feito para que saibamos as notícias com maior rapidez.
  Everything has been done for us to learn the news faster.

Recomendo a televisão, contanto que ignore os noticiários.
I recommend (watching) television to you, provided that you ignore the news.

Não compre mais o jornal, a menos que traga apenas boas notícias.
Don't buy the newspaper anymore, unless it brings only good news.

VOCABULÁRIO

alegrar-se	to be happy
algo	something
assasinatos	murders
chocante	shocking
classificados	classified
coluna	column
culpa	fault
desastre	disaster
desgraças	disgrace
divertir	to amuse/have fun
duvidar	to doubt
editoriais/editorial	editorials
evitar	to avoid
experiência	experience
fax	fax
finanças	finances
fofoca	gossip
guerras	war
hora certa	the right time
imprensa	press
interessante	interesting
jornal	newspaper
maior	greater
manchetes	headlines
meios de comunicação	media
mundial	worldwide

notícias	the news
palavras cruzadas	crossword puzzle
parte cômica	comics
passado	past
perturbar	to bother
primeira página	first page
rádio	radio
rapidez	speed
resenha	commentary/summary
roubo	theft/robbery
satélite	satellite
secas	drought
seção/seções	section
tais	such
talvez	perhaps
terminar	to finish, to end
tragédias	tragedies
violências	violence

EXERCÍCIOS

A. *Responda à pergunta em uma sentença completa. Use o modelo.*

Modelo: *Para que você quer o jornal? (ler o noticiário)*
Quero o jornal para ler o noticiário.

1. Que notícias traz a primeira página? (guerras e desatres)
2. O que era possível para José fazer? (divertir-se com as piadas)
3. Para que comprou o jornal? (você pudesse ler)
4. O que lhe incomadava? (as manchetes não eram interessantes)
5. Como chegam as notícias? (por satélite)

B. Escreva novamente as sentenças usando o verbo em parênteses. Use o modelo.

Modelo: Quero que esteja aqui. (queria)
          Queria que estivesse aqui.

1. Procuro um homem que saiba fazê-lo. (procurava)
2. É importante que leiamos as notícias. (Era)
3. Estamos tristes que não saibam. (estávamos)
4. Duvida que venham? (duvidava)
5. É melhor que não leiam as notícias. (era)

C. Escreva em português.

1. Say that you doubt that things will be better.
2. Ask your friend if it was necessary for him to buy the newspaper.
3. Say that you hoped that everyone would have a good time.
4. Tell your friend that you asked her to listen to the radio news about the drought.
5. Say that you recommended that we tell the truth.

NOTAS CULTURAIS

Television is a very important means of communication and entertainment in Brazilian society. Television stations such as *Rede Nacional de Televisão Globo* broadcast high quality programs nationwide. *Rede Globo* is Brazil's most important television station followed by *TV Bandeirantes* and *TV Manchete*, which are also very popular and command a large percentage of the nation's TV viewing audience. Other stations include the *SBT*, and *Canal Treze*, the nation's educational channel. All these stations offer high quality news and entertainment programs comparable to those in the United States. CNN and other U.S.-affiliated television stations as well as German, Italian, and Spanish television broadcast in Brazil.

RESPOSTAS

A. 1. *A primeira página traz notícias de guerra e desastres.;*   2. *Era possível para José se divertir com as piadas.;*   3. *Comprei o jornal para que você pudesse ler.;*   4. *Me incomodava que as manchetes dos jornais não eram interessantes.;*   5. *As notícias chegam por satélites.*
B. 1. *Procurava um homem que soubesse fazê-lo.;*   2. *Era importante que lêssemos as notícias.;*   3. *Estávamos tristes que não soubessem.;*   4. *Duvidava que viessem?;*   5. *Era melhor que não lessem as notícias.*
C. 1. *Duvido que as coisas fiquem melhores.;*   2. *Era necessário que você comprasse o jornal?;*   3. *Esperava que todos se divertissem.;*   4. *Pedi-lhe que ouvisse as notícias sobre a seca.;*   5. *Recomendei que disséssemos a verdade.*

LIÇÃO 37
FERIADOS E FESTIVAIS. Holidays and festivals.

A. DIÁLOGO

Em Campinas, São Paulo, Brasil.

ALICE: Como passam rápido os feriados! É como se o Ano Novo tivesse sido ontem, e aqui estamos outra vez às vésperas do Natal.

JAIR: Se houvesse mais feriados durante o ano, sem dúvida os celebraríamos.

ALICE: Fizemos muito durante este ano. Na Quaresma, festejamos o aniversário de nossa neta. Durante a Semana Santa, tiramos férias.

JAIR: Depois, no Dia do Trabalho viajamos à Foz do Iguaçu. Não se lembra?

ALICE: Claro. Se pudesse iria lá outra vez agora.

JAIR: E novamente aqui estamos, embrulhando os presentes, escrevendo cartões de Boas Festas e decorando a casa.

ALICE: E assando o peru para uma verdadeira celebração brasileira.

JAIR: É possível que tenhamos esquecido algo?

ALICE: Sim, desejar um ao outro Feliz Natal!

———

In Campinas, São Paulo, Brazil.

ALICE: How quickly the year's holidays go by! It seems as if yesterday were New Year's and here we are again on Christmas Eve.

JAIR: If there were more holidays during the year, without a doubt we'd celebrate them.

ALICE: We did a lot this year. At Lent we celebrated our granddaughter's birthday. During Easter Week we took our vacation.

JAIR: Afterwards, on Labor Day we visited Iguassu Falls. Don't you remember?

ALICE: Of course. If I could, I'd go there again now.

JAIR: And here we are again wrapping presents, writing greeting cards, and decorating the house.

ALICE: And baking the turkey for a real Brazilian celebration.

JAIR: Is it possible that we've forgotten anything?

ALICE: Yes—to wish each other a Merry Christmas!

B. GRAMÁTICA E USOS

1. CONTRARY-TO-FACT SENTENCES IN THE PRESENT

A contrary-to-fact sentence expresses an action that might have occurred but did not. In the present it is formed as follows:

se + imperfect subjunctive + conditional

Se houvesse mais feriados, sem dúvida os celebraríamos.
If there were more holidays, without doubt we'd celebrate them. (But there aren't more.)

Se pudesse, iria lá outra vez.
If I could, I'd go there again. (But I can't.)

The sentence order can be reversed:

Iria lá outra vez, se pudesse.
I'd go there again, if I could.

2. THE EXPRESSION *COMO SE*

The expression *como se* (as if) is always followed by the imperfect subjunctive:

Parece como se a Semana Santa tivesse sido ontem.
It seems as if New Year's was (were) yesterday.

Ela fala como se fosse minha mãe.
She speaks as if she were my mother.

3. THE PRESENT PERFECT SUBJUNCTIVE

The present perfect subjunctive is formed by the present subjunctive of *ter* or *haver* + past participle:

É possível que tenhamos esquecido algo?
Is it possible that we've forgotten anything?

É possível que hajamos esquecido o endereço deles?
Is it possible that we've forgotten their address?

Whenever necessary, the present perfect subjunctive is used in a dependent clause following a verb in present or future:

É possível que não tenham feito os preparativos.
It's possible they haven't made the preparations.

a. It is used to denote actions referring to a past situation:

Espero que tenha feito uma boa viagem.
I hope you have had a good trip.

b. And to refer to a future situation:

É provável que às cinco horas tenhas acabado o trabalho.
You probably will have finished the work by five o'clock.

VOCABULÁRIO

algo	something
árvore de Natal	Christmas tree
assando	roasting
assar	to roast
Boas festas!	Have a nice holiday!
Carnaval	carnival
cartões	Christmas cards
castanhas	chestnuts
celebração	celebration
celebrar	to celebrate
champanhe	champagne
decorar	decorate
Dia do Trabalho	Labor Day
embrulhar	to wrap
Feliz Natal	Merry Christmas
feriados	holidays
férias	vacation
festivais	festivals
Foz do Iguaçu	Iguassu Falls
independência	independence
Natal	Christmas
Papai Noel	Santa Claus
peru	turkey
presentes	presents
Quaresma	Lent
Semana Santa	Easter week
Véspera de Natal	Christmas Eve
vinho	wine

EXERCÍCIOS

A. *Responda com uma oração completa. Use o modelo.*

1. *Que quer que eu faça? (embrulhe o presente)*
2. *Em que você não acredita? (ter celebrado seu aniversário)*
3. *Se pudesse, onde irias? (ao México)*
4. *O que nós desejávamos? (ter Boas Festas).*
5. *Como você vai celebrar o seu aniversário? (comprar-se um presente)*

B. *Passe a oração para o tempo passado. Use o modelo.*

Modelo: É impossível que cheguem a tempo.
Era impossível que chegassem a tempo.

1. *Quero que venham.*
2. *Esperamos que diga a verdade.*
3. *Temos medo que ninguém nos visite.*
4. *Duvidam que possa chegar a tempo.*
5. *Tenho certeza que está aqui.*

C. *Escreva em português.*

1. Say that you wanted your friend to celebrate the holiday with your family.
2. Tell your friend that you feel as if you were a child with a new present.
3. Ask Jair if he had the time, would he go to Iguassu Falls again.
4. Ask your friend what she would do, if she had more money.
5. Say that Marcos would celebrate his birthday with his parents if they lived nearby.

NOTAS CULTURAIS

Although Christmas is the most important holiday in Brazil, Mardi Gras, or *Carnival,* has become synonymous with the country, specially with Rio de Janeiro. *Carnival* is a pre-Lenten festival celebrated in Roman Catholic countries. It takes place during February, starts forty days before lent and lasts for four days. During these four days, cities in Brazil celebrate this catholic tradition with country-wide festivities and indulgence in food and drink. *Carnival* is marked by spectacular parades featuring floats, elaborate costumes, masked balls, pageants, and dancing in the streets which take place in Rio de Janeiro, Recife, and Bahia. Other cities in Brazil celebrate *Carnival* mainly in nightclubs and private parties.

Other major holidays in Brazil are as follows: New Year's Day (Jan. 1); Epiphany (Jan. 6); Good Friday; Easter; Tiradentes Day (Apr. 21); Labor Day (May 1); Independence Day (Sept.7); All Souls' Day (Nov. 2); Declaration of the Republic Day (Nov. 15); Christmas (Dec. 25).

RESPOSTAS

A. 1. *Quero que embrulhe o presente.;* 2. *Não creio que ela tenha celebrado seu aniversário.;* 3. *Se pudesse iria ao México.;*
4. *Desejávamos que tivessem Boas Festas.;* 5. *Vou comprar um presente para mim mesma.*
B. 1. *Queria que viessem.;* 2. *Esperávamos que dissesse a verdade.;*
3. *Tivemos medo que ninguém nos visitasse.;* 4. *Duvidávamos que pudessem chegar a tempo.;* 5. *Tinha certeza que estivesse aqui.*
C. 1. *Queria que você celebrasse o feriado com minha família.;*
2. *Me sinto como se fosse uma criança com um presente novo.;* 3. *Se tivesse tempo iria à Foz do Iguaçu?;* 4. *O que você faria se tivesse mais dinheiro?;* 5. *Marco celebraria seu aniversário com seus pais, se vivessem perto deles.*

LIÇÃO 38
A POLÍTICA E OS DIREITOS. Politics and rights.

A. DIÁLOGO

Em Juiz de Fora, Minas Gerais, Brasil.

CARLA: O que você pensa sobre o resultado das eleições?

JAIME: Se soubesse que estes candidados para prefeito, governador e deputados ganhariam, teria votado em branco.

CARLA: De acordo com a lei, votar é um direito e obrigação de todo cidadão.

JAIME: Eu sei, mas os candidatos que concorrem às eleições são cada vez mais ineficazes.

CARLA: Isto não teria se tornado assim se os eleitores tivessem se interessado mais pelas questões que confrontam nossa sociedade: a economia, o bem-estar das crianças e a poluição do meio ambiente.

JAIME: É pedir muito a todos nós que nos mantenhamos atualizados em tudo isso. Se você tivesse se candidatado, teria saído ganhadora, e poderia ter motivado as pessoas a levantar sua voz e atuar.

In Juiz de Fora, Minas Gerais, Brazil.

CARLA: What do think about the election results?

JAIME: If I had known those candidates for mayor, governor, and deputies would win, I would have abstained from voting.

CARLA: Under the law, voting is the right and obligation of every citizen.

JAIME: I know that. But the candidates that run for office are more and more ineffective.

CARLA: It wouldn't have turned out like this, if the voters had taken more interest in issues that confront our society: the economy, children's welfare, and environmental pollution.

JAIME: It's a lot to ask of all of us to keep up-to-date about all this. If you had been a candidate, you'd have won and would have been able to motivate people to raise their voices and act.

B. GRAMÁTICA E USOS

1. THE PAST PERFECT SUBJUNCTIVE

The past perfect subjunctive is made up of the imperfect subjunctive of the verb *ter* or *haver* + past participle.

a. It is used for past actions prior to another past action:

Não acreditei que ele tivesse dito uma mentira.
I did not believe he had told a lie.

b. And for past conditions to a past fact that did not happen:

Se tivesse tido muito tempo, teria comprado mais coisas.
If I had had a lot of time, I would have bought more things.

GANHAR   TO EARN

eu	tivesse/houvesse ganho	*nós*	tivéssemos/houvéssemos ganho
tu	tivesseis/houvesseis ganho	*vós*	tivésseis/houvésseis ganho
você	tivesse/houvesse ganho	*vocês*	tivessem/houvessem ganho
ele	tivesse/houvesse ganho	*eles*	tivessem/houvessem ganho
ela	tivesse/houvesse ganho	*elas*	tivessem/houvessem ganho

It is used primarily in contrary-to-fact sentences in the past.
Note: When forming compound tenses such the as the past perfect subjunctive, the use of verb *ter* is more commonly used than the verb *haver*.

2. CONTRARY-TO-FACT SENTENCES IN THE PAST

To describe an action that could have happened in the past, but in fact did not, use the following structure.

se + past perfect subjunctive, + conditional perfect.

Se tivesse sabido, não teria votado.
If I had known, I wouldn't have voted.

Se você tivesse se candidatado, você teria ganho.
If you had been a candidate, you'd have won.

The order of the clauses can be reversed:

Você teria ganho, se tivesse se candidatado.
You'd have won, if you had been a candidate.

3. *PEDIR/PARA* AS AN ALTERNATIVE TO THE SUBJUNCTIVE

With *pedir/para,* an infinitive follows the preposition and no subjunctive is necessary.

É muito pedir a todos nós para nos atualizarnos sobre tudo.
It's a lot to ask of all of us to keep up-to-date about everything.

4. THE EXPRESSIONS *CADA VEZ MAIS/MENOS*

The expressions *cada vez mais* or *cada vez menos* are used with adverbs and adjectives to express "more and more," and "less and less":

Os candidatos são cada vez mais ineficazes.
The candidates are more and more ineffective.

As lições são cada vez menos difíceis.
The lessons are less and less difficult.

VOCABULÁRIO

a lei	the law
atualizar-se	to be (keep) up-to-date
atuar	to act
candidatar-se	to run
candidato/a	candidate
cidadão/cidadã	citizen
democracia	democracy
deputado/a	deputy
direito	right
ditador/a	dictator
eleição	election
eleitores/eleitoras	voter
ganhador/a	winner
ganhar	win
governador/governadora	governor
ineficaz	inefficient
levantar a voz	to raise one's voice
meio ambiente	environment
motivar	motivate
obrigação	obligation
perder	to loose
política	politics
político/a	politician
poluição	pollution
presidente/a	president
questão	issue
representante	representative
resultado	results
se interessar	to take interest in
senador/a	senator
sobre os assuntos/as questões	on the issues
votar	to vote
votar para um/a candidato/a	to vote for a candidate

EXERCÍCIOS

A. *Responda a pergunta com uma sentença.*

1. Que problema lhe motiva a agir? (a poluição do meio ambiente)
2. Como são os candidatos? (cada vez menos interessantes)
3. Se tivesse sabido a verdade, o que teria feito nesta situação? (teria votado em branco)
4. O que é difícil? (se atualizar sobre tudo)
5. O que nos pedem?(para votar num candidato eficiente)

B. *Complete a sentença com o subjuntivo, indicativo ou o infinitivo do verbo entre parênteses.*

1. Pediu-me que _____. (votar)
2. Não creio que ela _____ sobre a questão. (levantar a voz)
3. Preferi que você _____. (atuar)
4. Pedem-no _____ situação. (tomar interesse na)
5. Os políticos desejam que nós _____ sobre todas a questões. (atualizar-se)

C. *Escreva em português.*

1. Say that if you had had time, you would have voted in the election.
2. Tell your friend that under the law, she has the right and obligation to vote.
3. Ask your friend if you would have won the election, if you had been a candidate.
4. Say that politicians are more and more ineffective.
5. Tell a friend that you would have kept up-to-date on the issues, if you had had time to read the newspapers.

NOTAS CULTURAIS

Brazil is the fifth largest country in the world. It is larger than the continental United States and four times the size of Mexico. Brazil's estimated gross domestic product (GDP) in 1994 was $639.5 billion. However, like many Latin American countries, Brazil's road to superpower status is constantly interrupted by chronic economic and political instability. Although the period of military dictatorships and uncontrolled inflation has come to an end, Brazil's road is still quite bumpy. After the impeachment of President Fernando Collor de Mello in 1992, the country's political leaders are attempting to restore the public's faith in the nation's young democracy. However, Brazil is bracing itself for another economic windfall due to its currency's recent instability. During the first month of 1999, Brazil's currency plunged down 30% after a measured devaluation failed to stop heavy capital outflows.

RESPOSTAS

A. 1. *O problema da poluição do ambiente me motiva a agir.;* 2. *Os candidatos são cada vez menos interessantes.;* 3. *Se tivesse sabido a verdade, teria votado em branco.;* 4. *É difícil se atualizar sobre tudo.;* 5. *Pedem-nos para votar num candidato eficiente.*

B. 1. *votasse;* 2. *levante a voz;* 3. *atue;* 4. *o interesse na;* 5. *nos atualizemos.*

C. 1. *Se eu tivesse tido tempo, teria votado nas eleições.;* 2. *De acordo com a lei, você tem o direito e a obrigação de votar.;* 3. *Se você tivesse se candidatado, teria ganho a eleição.;* 4. *Os políticos são mais e mais ineficazes.;* 5. *Se eu tivesse tido tempo para ler os jornais, teria me atualizado sobre os problemas.*

LIÇÃO 39
TAREFAS DOMÉSTICAS. Household errands.

A. DIÁLOGO

Na casa dos Silva na Praia, Cabo Verde.

LEA: Eu e o teu pai estamos totalmente esgotados depois da festa. Queremos que vás fazer algumas tarefas para nós.

CARLINHOS: OK, mãe! O descanso vai fazer-lhes bem.

LEA: Primeiro vaî a tinturaria . . . ah . . . como se chama?

CARLINHOS: Bem . . . Cristal, creio eu.

LEA: Sim, claro. Vai lá buscar o meu vestido. Quis que a tinturaria tirasse a mancha de chocolate da manga esquerda. Vê bem, por favor.

CARLINHOS: Bem . . . não sei . . . tirar uma mancha de chocolate não é fácil. Espero que eles tenham conseguido.

LEA: Depois filho, passa pela alfaiataria e diz ao alfaiate que conserte a cintura dessas calças e deixa estas camisas na lavandaria desde que possam tê-las prontas para amanhã.

CARLINHOS: De acordo. Não se preocupem; tirem uma soneca!

At the Silva's house in Praia, Cape Verde.

LEA: Your father and I are totally exhausted after the party. We're asking you to run some errands for us.

CARLINHOS: OK, Mother. Resting will do you good.

LEA: First, go to the dry cleaner's . . . uh . . . what's its name?

CARLINHOS: Well, I think it's Cristal.

LEA: Yes, of course. Pick up my dress there. I wanted the dry cleaner to take out the chocolate stain on the left sleeve. Look at it carefully, please.

CARLINHOS: Well, I don't know. Taking out a chocolate stain isn't easy. I hope that he's managed to do it.

LEA: Afterwards, dear, go by the tailor's shop and tell the tailor to fix the waist on these pants, and leave these shirts at the laundry, provided that they can have them ready by tomorrow.

CARLINHOS: OK. Don't worry; take a nap!

B. GRAMÁTICA E USOS

1. REVIEW OF THE USES OF THE SUBJUNCTIVE

a. The subjunctive is used following verbs, impersonal expressions and other expressions of need, desire, request, emotion, doubt, and denial:

Pedimos que vás fazer umas tarefas para nós.
 We're asking you to run some errands for us.

Quis que o tintureiro removesse a mancha.
 I wanted the dry cleaner to take out the stain.

Espero que eles consigam.
 I hope that they've managed to do it.

b. The subjunctive is used following antecedents that express doubt or denial about the existence of a person or thing:

Existe uma tinturaria que possa remover a mancha?
 Is there a dry cleaner who can take out the stain?

Procuramos uma lavanderia que possa fazê-lo para hoje.
 We're looking for a laundry that can do it today.

c. The subjunctive is used following certain conjunctions, including those of indefinite future time and purpose:

Deixe-as com tanto que possam tê-las prontas para amanhã.
 Leave them provided that they can have them ready by tomorrow.

Lavarão a roupa quando tiverem tempo.
 They'll wash the clothing when they have time.

2. PAUSE WORDS

Several words are used in Portuguese for pausing to think while speaking:

... ah ...
... pois é ...
... bem ...
... ou seja ...
... sabe ...

Vá á tinturaria ... ah ... como é o nome?
Go to the dry cleaner's uh ... what's its name?

3. THE INFINITIVE USED AS A NOUN

The infinitive can be used as a noun in Portuguese. It may or may not be preceded by the masculine definite article:

O descansar lhes fará bem.
Resting will do you good.

Remover (tirar) uma mancha de chocolate não é fácil.
Taking out a stain of chocolate isn't easy.

VOCABULÁRIO

alfaiataria	tailor's shop
alfaiate	tailor
(apanhar) buscar	to pick up, to look for
arranjar a cintura	to fix the waist
costurar	to sew
dar um recado	to give someone a message
deitar-se	to lay down
deixar	to leave
descanso	rest
encolher	to shrink
esgotar-se	to exhaust oneself

Está bem/ok	that's fine, OK
fazer um tarefa	to run an errand
lavadeira	laundry lady
lavanderia	laundry
lavar e passar	to wash and iron
limpar a seco	to dry clean
mancha	stain
modista	seamstress, dressmaker
Não se preocupe!	Don't worry!
passar a ferro	to iron
passar por	to go by
. . . pois é . . .	. . . well it's . . .
pregar (pôr) um botão	replace a button
preocupar-se	to worry
remover/tirar uma mancha	to take out a stain
. . . sabe . . .	. . . you know . . .
salto	heel (shoe)
sapataria	shoe shop, shoe repair
sapateiro	shoemaker
sola	sole (shoe)
tarefas	errands, chores
tarefas domésticas	household errands, chores
tingir	to dye
tinturaria	dry cleaner's
Tire uma soneca!	Take a nap!

EXERCÍCIOS

A. *Responda com uma oração completa.*

1. *Que quer eu faça para você? (umas tarefas)*
2. *O tintureiro pode remover a mancha? (espero que)*
3. *O que nos fará bem? (o descanso)*
4. *Que esperava? (que vocês tirassem um soneca)*
5. *O que procura? (um alfaiate que saiba consertar calças)*

B. *Dê o imperativo de pedido usando você. Use o modelo.*

Modelo: Don't come late!
          Não venha tarde!

1. Sit down.
2. Get dressed (dress yourself).
3. Get up.
4. Put on your shirt.
5. Don't wear yourself out.

C. *Escreva uma oração em português.*

1. Say that you want Carlinhos to run some errands for you.
2. Tell the dry cleaner to take out the stain of the blouse.
3. Tell Joãozinho that working too much will exhaust him.
4. Say that you must stop by the dry cleaner's, the tailor's shop and the shoe repair shop.

NOTAS CULTURAIS

In lesson 31 you learned that Cabo Verde—which translates into "Green Cape"—is a republic comprising the Cape Verde Islands in the Atlantic Ocean. The majority of Cape Verde's population is of mixed European and African ancestry and are know as Creoles, or *mestiços*. The Portuguese found the islands uninhabited during the late fifteenth century and Portuguese settlers began to land shortly afterward. The islands were declared a crown possession of Portugal and slaves were imported from the African continent to cultivate the land. Slavery was abolished in 1876 and independence was acquired from Portugal on the fifth of July, 1975. More than half the citizens of Cape Verde live abroad, many in the northeastern United States.

RESPOSTAS

A. 1. *Quero que você faça umas tarefas para mim.*;   2. *Espero que o tintureiro possa remover a mancha.*;   3. *O descanso lhes fará bem.*;   4. *Esperava que vocês tirassem uma soneca.*;   5. *Procuro um alfaiate que saiba consertar calças.*

B. 1. *Sente-se.;* 2. *Vista-se.;* 3. *Levante-se.;* 4. *Vista sua camisa.;* 5. *Não se esgote.*
C. 1. *Quero que Carlinhos me faça algumas tarefas.;* 2. *Peça ao tintureiro para que remova a mancha da blusa.;* 3. *O trabalho demasiado te esgotará.;* 4. *Tenho que passar pelo tintureiro, o alfaiate e o sapateiro.*

LIÇÃO 40
VISITANDO BRASÍLIA. Visiting Brasília.

A. DIÁLOGO

Luigi e Mônica visitam Brasília, a capital federal do Brasil.

LUIGI: Puxa vida, mal posso acreditar que estou mesmo visitando a nova capital!

MÔNICA: Eu é que mal posso acreditar que você seja realmente italiano!

LUIGI: Por que você diz isso, não está na cara que eu sou italiano?

MÔNICA: Sim, mas é que você está falando português tão bem, que é difícil acreditar que seis meses atrás você não sabia uma única palavra dessa língua, e agora já sabe falar até gíria!

LUIGI: Sim, não sou um barato? Eu mesmo mal posso acreditar. Mas, isto tudo foi graças a você. Não teria aprendido tanto se não tivesse tido uma amiga tão legal para praticar comigo.

MÔNICA: Olhe! Olhe Luigi, este prédio é o Pálacio da Alvorada. Não é um barato!

LUIGI: Sim é lindo! Mas agora vamos prestar atenção nas explicações do guia de turismo. Quero aprender tudo sobre Brasília e sua moderna arquitetura.

Luigi and Mônica visit Brazil's Capital.

LUIGI: Wow! I can hardly believe I'm visiting the capital!

MÔNICA: It's me who can hardly believe you're really Italian!

LUIGI: Why do you say that? Isn't it obvious I'm Italian?

MÔNICA: Yes, but you're speaking Portuguese so well that it's hard to believe that only six months ago you couldn't say one single word in the language. Now you're even using slang!

LUIGI: Yes, isn't it cool? I can't believe it myself! But, it's all thanks to you. I wouldn't have learned so much if I didn't have such a good friend to practice with.

MÔNICA: Look Luigi, this is the Alvorada Palace, isn't it cool?

LUIGI: Yes, it's beautiful, but let's pay attention to what the tour guide is saying. I want to learn everything about Brasília and its modern architecture.

B. GRAMÁTICA E USOS

1. THE EXPRESSIONS *MESMO* AND *PRÓPRIO*

a. *Mesmo* is used as an emphatic expression meaning myself:

Eu mesmo mal posso acreditar.
I can't believe it myself.

b. *Próprio* can have three different meanings depending on its usage:
It can have the meaning of "-self":

Eu próprio fiz isto.
I did it myself.

Eu disse a mim próprio.
I said it to myself.

amor-próprio
Self-respect, self-esteem

It can mean "suitable for" or "characteristic of":

Este é um jogo próprio para crianças.
This is a game suitable for children.

Isto é próprio de políticos em véspera de eleições.
This is characteristic of politicians during elections.

Próprio can also mean "one's own" or "one's very own":

Eu moro em meu próprio apartamento.
    I live in my own apartment.

Ele tem seus próprios amigos.
    He has his own friends.

2. SLANG AND COLLOQUIAL EXPRESSIONS

Slang *(gírias)* and colloquial expressions are commonly used in Brazil, especially by young people. Here are a few examples:

Puxa vida!
    Wow!

Nossa!
    Gee!

É um barato!/Que barato!
    It's cool!

Legal!
    Great!/Right!

Ele é um gato!
    He's handsome/good looking.

Ela é uma gata/gatinha!
    She's a fox!

Você está por fora.
    You don't know a thing. (You're out of it.)

Estar por dentro.
    To be informed.

Está na cara.
    It is obvious.

Estar com tudo.
    To have it all.

3. FUN IN PORTUGUESE

Uma perda de pouca importância
(A Minor Loss)

—Tenha a bondade de me dar (dar-me) "A Liberdade." Não tenho troco. Pode trocar esta nota?[1]
—O senhor me paga (O senhor paga) amanhã—diz a vendedora.
—E se eu morrer esta noite?
—Ora! A perda não seria grande.

"Please give me a copy of Liberty. I haven't any change. Can you change this bill?"
"You can pay me tomorrow," says the vendor.
"What if I should die tonight?"
"Oh, it wouldn't be a great loss."

Uma lição de etiqueta
(A Lesson in Etiquette)

Pedro e João vão a um restaurante para jantar. Ambos pedem um bife. O garçom (empregado) os serve (serve-lhos). Quando Pedro tira para si o maior bife (bife maior), João, zangado, diz (diz-lhe):
—Que maneiras (que) você tem! Foi o primeiro a se servir (servir-se) e tirou o maior.
Pedro responde:
—Se você estivesse em (no) meu lugar, qual teria tirado?
—O menor (mais pequeno), naturalmente.
—Então, por que se queixa? Não o tem aí?

Peter and John go to a restaurant for dinner. They both order steak. The waiter serves them. When Peter grabs the bigger steak, John says to him angrily:
"What bad manners you have! You helped yourself first and you took the bigger piece."

---

[1] Notice how Portuguese punctuation in dialogue differs from English: (1) There are no quotation marks and (2) each change of speaker is indicated by a dash.

Peter answers:
"If you had been in my place, which would you have taken?"
"The smaller one, of course."
"Then what are you complaining about? You have it, don't you?"

Um otimista
(An Optimist)

O chefe de uma (duma) firma comercial importante, olhando uma ficha de pedido de emprego, fica surpreso (surpreendido) ao notar que o candidato não tinha muita experiência, e pedia um ordenado excessivo.

—Não acha—perguntou perplexo—que está pedindo (está a pedir) um ordenado excessivo em vista da sua pouca experiência?
—Pelo contrário—respondeu o pretendente—um trabalho do qual não se sabe absolutamente nada é mais difícil e deve merecer um pagamento melhor.

The head of an important firm, looking at an application, is astonished on noticing that the applicant for the position, although lacking experience, is asking for an excessive salary.
Rather puzzled, he asks him: "Don't you think you're asking for too high a salary, considering the little experience you have?"
"On the contrary," replies the applicant. "Work which one knows nothing about is more difficult and should be better paid."

O espírito prático
(The Practical Mind)

Um comerciante apareceu um dia na casa dum fazendeiro (lavrador) e pediu um quilo de manteiga. O fazendeiro (lavrador) respondeu que trocaria esse quilo de manteiga por um par de meias de lã.
Quando o comerciante contou o fato à mulher (à sua esposa), ela propôs o seguinte:
—Temos uma colcha de lã; eu a desfaço (desfaço-a) e dela farei um par de meias.
Assim fez, e o comerciante deu o par de meias e recebeu um quilo de manteiga. Desde então, quando o comerciante precisava de manteiga, a sua mulher desfazia um pouco da colcha e tricotava umas meias. Mas chegou um dia em que só tinha lã para uma única meia. O

comerciante a levou (levou-a) ao fazendeiro (lavrador), pedindo meio quilo de manteiga.
   —Não—respondeu o fazendeiro (labrador)—dou-lhe um quilo. A minha mulher desfaz as meias para uma colcha que está fazendo (a fazer). Só precisa desta meia para acabá-la.

A merchant went to the house of a farmer and asked him for a kilogram of butter. The farmer answered that he would exchange it for a pair of woolen socks.

When the merchant told his wife about it, she proposed: "We have a woolen quilt; I'll unravel it and I'll make a pair of socks."

She did so and the merchant gave the pair of socks in exchange for the kilogram of butter. From then on, when the merchant needed butter, his wife unraveled some of the quilt and knitted some socks. But one day she had just enough wool for one sock. The merchant took it to the farmer and asked him for half a kilogram of butter.

"No," said the farmer, "I'll give you a kilogram. My wife unravels the socks for a quilt she is making. All she needs is this one sock to finish it."

VOCABULÁRIO

acreditar	to believe
alvorada	dawn
aprender	to learn
arquitetura	architecture
barato	cheap/cool (slang)
capital federal	federal capital
construção	construction
dentro	inside
explicações	explanations
fora	out
gatinho/a	kitten, cute (slang)
gato	cat
gíria	slang
guia de turismo	tour guide
Legal!	legal/right on!(slang)
mal posso . . .	I can hardly . . .

moderna	modern
nada	nothing
palácio	palace
preste atenção	pay attention
próprio	own
Puxa vida!	Wow!
seis meses atrás	six months ago
sobre	about
tudo	everything/all
única palavra	a single word

EXERCÍCIOS

A. *Responda com uma oração completa, usando a pista.*

1. O que Luigi mal pode acreditar? (visitando Brasília).
2. Que língua ele está falando? (português).
3. Quem o ajudou a aprender a língua? (Mônica).
4. Que tipo de amiga é Mônica? (muito legal)
5. O que Mônica não pode acreditar? (Luigi fala português tão bem)

B. *Traduza as orações para o português.*

1. I can hardly believe it.
2. Brasilia is the new Capital of Brazil.
3. Luigi is visiting Brasília with Mônica.
4. They are passing by (in front of) the Alvorada Palace.
5. The Alvorada Palace is the residence of the Brazilian President.

C. *Escreva novamente as orações usando gírias o expressões coloquiais.*

1. Mônica é uma amiga muito boa.
2. Ele está bem informado.
3. Isto é óbvio.
4. Ela é muito bonita.
5. Eles não sabem nada.

NOTAS CULTURAIS

Brasília, the capital of Brazil since 1959, is located in the southern central part of the country. It is situated in a savanna on a site that had previously been an uninhabited wilderness. This site was chosen for two reasons: to promote the development of that part of the country which was then undeveloped, and to replace the overcrowded Rio de Janeiro as the national capital.

Although the idea of establishing the national capital inland had been suggested as early as 1789, construction did not begin until 1957, during the administration of President Juscelino Kubitschek. The capital was inaugurated in 1960 and has grown rapidly ever since. Brasília's architecture and layout have received international recognition for their utopian ideals and striking modernity. The architect and city planner, Oscar Niemeyer and Lúcio Costa, designed a city with residential sections known as super blocks, self-sufficient clusters of six-story buildings. The area between the blocks is used for shopping centers, schools, parks, and theaters. Its harmonious architecture is exemplified by the *Praça dos Três Poderes,* Three Powers Square, the mostly underground Metropolitan Cathedral, and the Alvorada Palace. The mild and agreeable climate of Brasília, coupled with its beautiful architecture and natural surroundings, make it one of the most beautiful Latin American capitals.

RESPOSTAS

A. 1. *Luigi mal pode acreditar que está visitando Brasília.;* 2. *Ele está falando português.;* 3. *Mônica o ajudou a aprender a língua.;*
4. *Mônica é uma amiga muito legal.;* 5. *Mônica não pode acreditar que Luigi está falando português tão bem.*
B. 1. *Mal posso acreditar.;* 2. *Brasília é a nova capital do Brasil.;*
3. *Luigi está visitando Brasília com Mônica.;* 4. *Eles estão passando em frente do Palácio da Alvorada.;* 5. *O Palácio da Alvorada é a residência do Presidente do Brasil.*
C. 1. *Mônica é uma amiga muito legal.;* 2. *Ele está por dentro.;*
3. *Isto está na cara.;* 4. *Ela é uma gata.;* 5. *Eles estão por fora.*

OITAVA REVISÃO

A. Dê a forma correta do verbo no subjuntivo.

1. Eu não queria que você _____ estas notícias. (ler)
2. Eles iriam também se _____ (poder).
3. Tinham medo que se _____ (perder).
4. Negava que os políticos _____ tão ineficazes. (ser)
5. Não havia dito que eles _____ os trajes? (pegar)

B. É subjuntivo ou não? Escreva o verbo apropriado.

1. Era como se nós _____ ricos. (ser)
2. Convidaram todos para que nós _____ o aniversário. (festejar)
3. Chegaram cedo ao aeroporto para que você não _____ o vôo. (perder)
4. Pagaste imposto para que a cidade _____ limpas as ruas. (manter)
5. Fizemos tudo antes que eles _____. (vir)

C. Dê o imperativo das expressões abaixo. Use você.

1. Get up!
2. Don't entertain them!
3. Decorate the house!
4. Don't get dressed too late!
5. Keep up-to-date about *(sobre)* style!

D. Traduza para o inglês.

1. Se lêsse o jornal manteria-se informado sobre as fofocas.
2. Foi impossível para nós embrulhármos os presentes.
3. Ela nos pediu para que nos mativéssemos interessados nos problemas.
4. Espero que ele tenha obtido isto.
5. Chegar na hora certa é mais e mais difícil.

RESPOSTAS

A. 1. *Eu não queria que você lêsse estas notícias.;*   2. *pudessem;*
3. *perdesse;*   4. *fossem;*   5. *pegassem.*
B. 1. *fôssemos;*   2. *festejássemos;*   3. *perdesse;*   4. *mantivesse;*
5. *viessem.*
C. 1. *Levante-se!;*   2. *Não os entretenhas!;*   3. *Decore a casa!;*
4. *Não se vista muito tarde!;*   5. *Mantenha-se informado sobre a moda.*
D. 1. If you (familiar) read the newspaper, you would know the gossip;
2. It was impossible for us to wrap all the gifts;   3. She asked me to take an interest in the problem;   4. I hope that he has obtained it;
5. Arriving on time is more and more difficult.

QUARTA LEITURA

Bahia, Brasil

Bahia é um dos estados mais interessantes[1] do Brasil, tanto pela sua história[2] como pela sua cultura.[3] A cidade de Porto Seguro na Bahia foi o primeiro lugar que os portugueses visitaram quando do descobrimento[4] do Brasil. O estado da Bahia, principalmente sua capital Salvador, é muito rico[5] em história e arte, principalmente música[6] e dança folclórica.[7] Jorge Amado, um dos mais famosos escritores brasileiros, nasceu[8] na Bahia. Alguns dos compositores e cantores mais famosos do Brasil, tais como Caetano Velozo, Gilberto Gil, Maria Bethânia e Gal Costa, também são nativos[9] deste estado. Não poderíamos falar sobre a Bahia sem mencionar[10] sua comida baiana e seu candomblé.[11] A comida baiana teve origem[12] na Àfrica. Alguns de seus mais famosos pratos típicos[13] são o vatapá, um cozido de camarão[14] com castanha-de-caju[15] e azeite de dendê.[16] Candomblé é uma religião[17] nascida no Brasil, pois ela resulta do encontro de tradições africanas, espíritas e católicas.

VOCABULÁRIO

1. *interessantes*   interesting
2. *história*   history

3. *cultura* — culture
4. *descobrimento* — discovery
5. *rico* — rich
6. *música* — music
7. *folclórica* — folkloric
8. *nasceu* — was born
9. *nativos* — natives
10. *mencionar* — to mention
11. *candomblé* — African ritual
12. *origem* — origin
13. *típicos* — typical
14. *camarão* — shrimp
15. *castanhas-de-caju* — cashew nuts
16. *azeite de dendê* — palm oil
17. *religião* — religion

APPENDIXES

A. CONTINENTS, COUNTRIES, CITIES, AND LANGUAGES

PORTUGUESE-ENGLISH

CONTINENTES	CONTINENTS
África	Africa
América do Norte	North America
América do Sul	South America
Ásia	Asia
Austrália	Australia
Europa	Europe

PAÍSES	COUNTRIES
Alemanha	Germany
Argentina	Argentina
Bélgica	Belgium
Bermudas	Bermuda
Brasil	Brazil
Canadá	Canada
China	China
Confederação dos Estados Independentes	Commonwealth of Independent States
Dinamarca	Denmark
Egito	Egypt
Escócia	Scotland
Espanha	Spain
Estados Unidos	United States
França	France
Gales	Wales
Grã-Bretanha	Great Britain
Grécia	Greece
Holanda	Holland
Hungria	Hungary
Índia	India
Inglaterra	England
Irlanda	Ireland

Islândia	Iceland
Itália	Italy
Japão	Japan
México	Mexico
Noruega	Norway
Nova Zelândia	New Zeland
Polônia	Poland
Portugal	Portugal
Romênia	Romania
Rússia	Russia
Suécia	Sweden
Suíça	Switzerland
Turquia	Turkey

CIDADES / **CITIES**

Bruxelas	Brussels
Florença	Florence
Frankfurt	Frankfurt
Genebra	Geneva
Gênova	Genoa
Lisboa	Lisbon
Londres	London
Milano	Milan
Moscou	Moscow
Nápolis	Naples
Pádua	Padua
Paris	Paris
Praga	Prague
Rio de Janeiro	Rio de Janeiro
Roma	Roma
Varsóvia	Warsaw
Veneza	Venice

IDIOMAS / **LANGUAGES**

alemão	German
árabe	Arabic
chinês	Chinese
espanhol	Spanish
finlandês	Finnish
francês	French

grego		Greek	
inglês		English	
italiano		Italian	
japonês		Japanese	
polonês		Polish	
português		Portuguese	
russo		Russian	
suíço		Swedish	
turco		Turkish	

B. GRAMMAR SUMMARY

1. SUBJECT PRONOUNS

SINGULAR		PLURAL	
I	*eu*	we	*nós*
You (fam. Port.)	*tu*	you	*vós* (seldom used)
You	*você*	you	*vocês*
He	*ele*	they (masc.)	*eles*
She	*ela*	they (fem.)	*elas*

2. REFLEXIVE AND RECIPROCAL PRONOUNS

SINGULAR		PLURAL	
myself	*me*	ourselves	*nos*
yourself	*se, te*	yourselves	*se*
himself	*se*	themselves (masc.)	*se*
herself	*se*	themselves (fem.)	*se*

3. DIRECT OBJECT PRONOUNS

SINGULAR		PLURAL	
me	*me*	us	*nos*
you (fam.)	*te*	you	*vos* (seldom used)
you	*o, a*	them	*os, as*
him	*o, a*	them	*os, as*
her	*o, a*	them	*os, as*

4. INDIRECT OBJECT PRONOUNS

SINGULAR		PLURAL	
me	*me*	us	*nos,*
you	*te*	you	*vos,* (seldomly used in Brazil)
you	*lhe*	you	*lhes*
him	*lhe*	them (masc.)	*lhes*
her	*lhe*	them (fem.)	*lhes*

5. PLURAL OF NOUNS AND ADJECTIVES

GENDER	SINGULAR ENDING	PLURAL ENDING
MASCULINE	*o*	*os*
FEMININE	*a*	*as*

6. INDEFINITE ARTICLES

GENDER	SINGULAR	PLURAL
MASCULINE	*um*	*uns*
FEMININE	*uma*	*umas*

7. DEFINITE ARTICLES

GENDER	SINGULAR	PLURAL
MASCULINE	*o*	*os*
FEMININE	*a*	*as*

8. THE PREPOSITION PLUS DEFINITE ARTICLES

	ARTICLES	SINGULAR	PLURAL
PREPOSITIONS	MASCULINE	*o*	*os*
	FEMININE	*a*	*as*
EM	MASCULINE	*no*	*nos*
	FEMININE	*na*	*nas*
	MASCULINE	*do*	*dos*
DE	FEMININE	*da*	*das*

9. POSSESSIVE PRONOUNS
FEMININE   MASCULINE   PLURAL

my	*meu*	*minha*	*meus*	*minhas*
your	*seu*	*sua*	*seus*	*suas*
your (familiar)	*teu*	*tua*	*teus*	*tuas*
yours	*de vocês*			
his	*dele*		*deles*	
hers	*dela*		*delas*	
our	*nosso*	*nossa*	*nossos*	*nossa*
yours	*seu*	*sua*	*seus*	*suas*

10. COMPARATIVES

mais . . . que	more . . . than
menos . . . que	less . . . than
tanto . . . quanto	as . . . as
tão . . . quanto	as much . . . as

11. IRREGULAR COMPARATIVES AND SUPERLATIVES

ADJECTIVE	COMPARATIVE	RELATIVE SUPERLATIVE	ABSOLUTE SUPERLATIVE
bom	*melhor*	*o melhor*	*ótimo*
good	better	the best	very good
mau	*pior*	*o pior*	*péssimo*
bad	worst	the worst	very bad
grande	*maior*	*o maior*	*grandíssimo*
big	bigger greater	the biggest	very big
pequeno	*menor*	*o menor*	*mínimo*
small	smaller	smallest	very small

12. THE ADJECTIVE *BOM* (GOOD)

	SINGULAR	PLURAL
MASCULINE	*bom*	*bons*
FEMININE	*boa*	*boas*

13. THE ADJECTIVE *BELO/A* (BEAUTIFUL)

	SINGULAR	PLURAL
MASCULINE	belo	belos
FEMININE	bela	belas

14. THE ADJECTIVE *GRANDE* (BIG)

Has only one form for both genders, however it varies in number singular or plural.

15. RELATIVE PRONOUNS

que	that, who, whom, which
o que, a que, os que, as que	the one that/who (masculine), the one that/who (feminine), the ones that/who (masc.), the ones that (fem.)
quem	whom (*quem* is used after prepositions only)
onde	where
cujo, cujos, cuja, cujas	whose
o que	what
quanto, quanta, quantos, quantas	that (usually preceded by *tudo, todos, toda, todas*)

16. DOUBLE NEGATIVES

não . . . mais	no more, no longer
não ainda	not yet
não, nada	nothing
nenhum	no one
nem . . . nem	neither nor

C. VERB CHARTS

REGULAR VERBS

The following charts cover the first, second, and third conjugations from left to right.

INFINITIVO

FALAR	VENDER	REPETIR

PARTICÍPIO PRESENTE

falando	vendendo	repetindo

PARTICÍPIO PASSADO

falado	vendido	repetido

INFINITIVO PESSOAL

eu falar	eu vender	eu repetir
tu falares	tu venderes	tu repetires
você falar	você vender	você repetir
ele falar	ele vender	ele repetir
ela falar	ela vender	ela repetir
nós falarmos	nós vendermos	nós repetirmos
vós falardes	vós venderdes	vós repetirdes
vocês falarem	vocês venderem	vocês repetirem
eles falarem	eles venderem	eles repetirem
elas falarem	elas venderem	elas repetirem

PRESENTE DO INDICATIVO

eu falo	eu vendo	eu repito
tu falas	tu vendes	tu repetes
você fala	você vende	você repete
ele fala	ele vende	ele repete
ela fala	ela vende	ela repete
nós falamos	nós vendemos	nós repetimos
vós falais	vós vendeis	vós repetis
vocês falam	vocês vendem	vocês repetem
eles falam	eles vendes	eles repetem
elas falam	elas vendes	elas repetem

IMPERFEITO DO INDICATIVO

eu falava
tu falavas
você falava
ele falava
ela falava
nós falávamos
vós faláveis
vocês falavam
eles falavam
elas falavam

eu vendia
tu vendias
você vendia
ele vendia
ela vendia
nós vendíamos
vós vendíeis
vocês vendiam
eles vendiam
elas vendiam

eu repetia
tu repetias
você repetia
ele repetia
ela repetia
nós repetíamos
vós repetíeis
vocês repetiam
eles repetiam
elas repetiam

PRETÉRITO/PASSADO DO INDICATIVO

eu falei
tu falaste
você falou
ele falou
ela falou
nós falamos
vós falastes
vocês falaram
eles falaram
elas falaram

eu vendi
tu vendeste
você vendeu
ele vendeu
ela vendeu
nós vendemos
vós vendestes
vocês venderam
eles venderam
elas venderam

eu repeti
tu repetiste
você repetiu
ele repetiu
ela repetiu
nós repetimos
vós repetistes
vocês repetiram
eles repetiram
elas repetiram

FUTURO DO INDICATIVO

eu falarei
tu falarás
você falará
ele falará
ela falará
nós falaremos
vós falareis
vocês falarão
eles falarão
elas falarão

eu venderei
tu venderás
você venderá
ele venderá
ela venderá
nós venderemos
vós vendereis
vocês venderão
eles venderão
elas venderão

eu repetirei
tu repetirás
você repetirá
ele repetirá
ela repetirá
nós repetiremos
vós repetireis
vocês repetirão
eles repetirão
elas repetirão

PRETÉRITO PERFEITO COMPOSTO

eu tenho falado	eu tenho vendido	eu tenho repetido
tu tens falado	tu tens vendido	tu tens repetido
você tem falado	você tem vendido	você tem repetido
ele tem falado	ele tem vendido	ele tem repetido
ela tem falado	ela tem vendido	ela tem repetido
nós temos falado	nós temos vendido	nós temos repetido
vós tendes falado	vós tendes vendido	vós tendes repetido
vocês têm falado	vocês têm vendido	vocês têm repetido
eles têm falado	eles têm vendido	eles têm repetido
elas têm falado	elas têm vendio	elas têm repetido

PRETÉRITO MAIS-QUE-PERFEITO

INFORMAL

eu tinha falado	eu tinha vendido	eu tinha repetido
tu tinhas falado	tu tinhas vendido	tu tinhas repetido
você tinha falado	você tinha vendido	você tinha repetido
ele tinha falado	ele tinha vendido	ele tinha repetido
ela tinha falado	ela tinha vendido	ela tinha repetido
nós tínhamos falado	nós tínhamos vendido	nós tínhamos repetido
vós tínheis falado	vós tínheis vendido	vós tínheis repetido
vocês tinham falado	vocês tinham vendido	vocês tinham repetido
eles tinham falado	eles tinham vendido	eles tinham repetido
elas tinham falado	elas tinham vendido	elas tinham repetido

FORMAL

eu havia falado	eu havia vendido	eu havia repetido
tu havias falado	tu havias vendido	tu havias repetido
você havia falado	você havia vendido	você havia repetido
ele havia falado	ele havia vendido	ele havia repetido
ela havia falado	ela havia vendido	ela havia repetido
nós havíamos falado	nós havíamos vendido	nós havíamos repetido
vós havíeis falado	vós havíeis vendido	vós havíeis repetido
vocês haviam falado	vocês haviam vendido	vocês haviam repetido
eles haviam falado	eles haviam vendido	eles haviam repetido
elas haviam falado	elas haviam vendido	elas haviam repetido

VERY FORMAL

eu falara	eu vendera	eu repetira
tu falaras	tu venderas	tu repetiras
você falara	você vendera	você repetira

ele falara
ela falara
nós faláramos
vós faláreis
vocês falaram
eles falaram
elas falaram

ele vendera
ela vendera
nós vendêramos
vós vendereis
vocês venderam
eles venderam
elas venderam

ele repetira
ela repetira
nós repetíramos
vós repetíreis
vocês repetiram
eles repetiram
elas repetiram

FUTURO DO PRESENTE

eu terei falado
tu terás falado
você terá falado
ele terá falado
ela terá falado
nós teremos falado
vós tereis falado
vocês terão falado
eles terão falado
elas terão falado

eu terei vendido
tu terás vendido
você terá vendido
ele terá vendido
ela terá vendido
nós teremos vendido
vós tereis vendido
vocês terão vendido
eles terão vendido
elas terão vendido

eu terei repetido
tu terás repetido
você terá repetido
ele terá repetido
ela terá repetido
nós teremos repetido
vós tereis repetido
vocês terão repetido
eles terão repetido
elas terão repetido

PRESENTE DO SUBJUNTIVO

que eu fale
que tu fales
que você fale
que ele fale
que ela fale
que nós falemos
que vós faleis
que vocês falem
que eles falem
que elas falem

que eu venda
que tu vendas
que você venda
que ele venda
que ela venda
que nós vendamos
que vós vendais
que vocês vendam
que eles vendam
que elas vendam

que eu repita
que tu repitas
que você repita
que ele repita
que ela repita
que nós repitamos
que vós repitais
que vocês repitam
que eles repitam
que elas repitam

IMPERFEITO DO SUBJUNTIVO

se eu falasse
se tu falasses
se você falasse
se ele falasse
se ela falasse
se nós falássemos
se vós falásseis

se eu vendesse
se tu vendesses
se você vendesse
se ele vendesse
se ela vendesse
se nós vendêssemos
se vós vendêsseis

se eu repetisse
se tu repetisses
se você repetisse
se ele repetisse
se ela repetisse
se nós repetíssemos
se vós repetísseis

se vocês falassem
se eles falassem
se elas falassem

se vocês vendessem
se eles vendessem
se elas vendessem

se vocês repetissem
se eles repetissem
se elas repetissem

FUTURO DO SUBJUNTIVO

quando eu falar
quando tu falares
quando você falar
quando ele falar
quando ela falar
quando nós falarmos
quando vós falardes
quando vocês falarem
quando eles falarem
quando elas falarem

quando eu vender
quando tu venderes
quando você vender
quando ele vender
quando ela vender
quando nós vendermos
quando vós venderdes
quando vocês venderem
quando eles venderem
quando elas venderem

quando eu repetir
quando tu repetires
quando você repetir
quando ele repetir
quando ela repetir
quando nós repetirmos
quando vós repetirdes
quando vocês repetirem
quando eles repetirem
quando elas repetirem

PRETÉRITO PERFEITO DO SUBJUNTIVO

que eu tenha falado
que tu tenhas falado
que você tenha falado
que ele tenha falado
que ela tenha falado
que nós tenhamos falado
que vós tenhais falado
que vocês tenham falado
que eles tenham falado
que elas tenham falado

que eu tenha vendido
que tu tenhas vendido
que você tenha vendido
que ele tenha vendido
que ela tenha vendido
que nós tenhamos vendido
que vós tenhais vendido
que vocês tenham vendido
que eles tenham vendido
que elas tenham vendido

que eu tenha repetido
que tu tenhas repetido
que você tenha repetido
que ele tenha repetido
que ela tenha repetido
que nós tenhamos repetido
que vós tenhais repetido
que vocês tenham repetido
que eles tenham repetido
que elas tenham repetido

PRETÉRITO MAIS-QUE-PERFEITO DO SUBJUNTIVO

se eu tivesse falado	se eu tivesse vendido	se eu tivesse repetido
se tu tivesses falado	se tu tivesses vendido	se tu tivesses repetido
se você tivesse falado	se você tivesse vendido	se você tivesse repetido
se ele tivesse falado	se ele tivesse vendido	se ele tivesse repetido
se ela tivesse falado	se ela tivesse vendido	se ela tivesse repetido
se nós tivéssemos falado	se nós tivéssemos vendido	se nós tivéssemos repetido
se vós tivésseis falado	se vós tivésseis vendido	se vós tivésseis repetido
se vocês tivessem falado	se vocês tivessem vendido	se vocês tivessem repetido
se eles tivessem falado	se eles tivessem vendido	se eles tivessem repetido
se elas tivessem falado	se elas tivessem vendido	se elas tivessem repetido

FUTURO PERFEITO DO SUBJUNTIVO

quando eu tiver falado	quando eu tiver vendido	quando eu tiver repetido
quando tu tiveres falado	quando tu tiveres vendido	quando tu tiveres repetido
quando você tiver falado	quando você tiver vendido	quando você tiver repetido
quando ele tiver falado	quando ele tiver vendido	quando ele tiver repetido
quando ela tiver falado	quando ela tiver vendido	quando ela tiver repetido
quando nós tivermos falado	quando nós tivermos vendido	quando nós tivermos repetido
quando vós tiverdes falado	quando vós tiverdes vendido	quando vós tiverdes repetido
quando eles tiverem falado	quando eles tiverem vendido	quando eles tiverem repetido
quando elas tiverem falado	quando elas tiverem vendido	quando elas tiverem repetido

CONDICIONAL

eu falaria	eu venderia	eu repeteria
tu falarias	tu venderias	tu repeterias
ele falaria	ele venderia	ele repeteria
ela falaria	ela venderia	ela repeteria
nós falaríamos	nós venderíamos	nós repeteríamos
vós falaríeis	vós venderíeis	vós repeteríeis
eles falariam	eles venderiam	eles repeteriam
elas falariam	elas venderiam	elas repeteriam

CONDICIONAL PERFEITO

eu teria falado	eu teria vendido	eu teria repetido
tu terias falado	tu terias vendido	tu terias repetido
você teria falado	você teria vendido	você teria repetido
ele teria falado	ele teria vendido	ele teria repetido
ela teria falado	ela teria vendido	ela teria repetido
nós teríamos falado	nós teríamos vendido	nós teríamos repetido
vós teríeis falado	vós teríeis vendido	vós teríeis repetido
vocês teriam falado	vocês teriam vendido	vocês teriam repetido
eles teriam falado	eles teriam vendido	eles teriam repetido
elas teriam falado	elas teriam vendido	elas teriam repetido

IMPERATIVO

fala	vende	repete
falai	vendei	repita

VERBOS AUXILIARES

PRESENTE DO INDICATIVO

SER	ESTAR	TER
eu sou	eu estou	eu tenho
tu és	tu estás	tu tens
você é	você está	você tem
ele é	ele está	ele tem
ela é	ela está	ela tem
nós somos	nós estamos	nós temos

vós sois
vocês são
eles são
elas são

vós estais
vocês estão
eles estão
elas estão

vós tendes
vocês têm
eles têm
elas têm

PRETÉRITO IMPERFEITO

eu era
tu eras
você era
ele era
ela era
nós éramos
vós éreis
vocês eram
eles eram
elas eram

eu estava
tu estavas
você estava
ele estava
ela estava
nós estávamos
vós estáveis
vocês estavam
eles estavam
elas estavam

eu tinha
tu tinhas
você tinha
ele tinha
ela tinha
nós tínhamos
vós tínheis
vocês tinham
eles tinham
elas tinham

PRETÉRITO PERFEITO

eu fui
tu foste
você foi
ele foi
ela foi
nós fomos
vós fostes
vocês foram
eles foram
elas foram

eu estive
tu estiveste
você esteve
ele esteve
ela esteve
nós estivemos
vós estivestes
vocês estiveram
eles estiveram
elas estiveram

eu tive
tu tiveste
você teve
ele teve
ela teve
nós tivemos
vós tivestes
vocês tiveram
eles tiveram
elas tiveram

FUTURO DO INDICATIVO

eu serei
tu serás
você será
ele será
ela será
nós seremos
vós sereis
vocês serão
eles serão
elas serão

eu estarei
tu estarás
você estará
ele estará
ela estará
nós estaremos
vós estareis
vocês estarão
eles estarão
elas estarão

eu terei
tu terás
você terá
ele terá
ela terá
nós teremos
vós tereis
vocês terão
eles terão
elas terão

PRESENTE PERFEITO DO INDICATIVO

eu tenho sido	eu tenho estado	eu tenho tido
tu tens sido	tu tens estado	tu tens tido
você tem sido	você tem estado	você tem tido
ele tem sido	ele tem estado	ele tem tido
ela tem sido	ela tem estado	ela tem tido
nós temos sido	nós temos estado	nós temos tido
vós tendes sido	vós tendes estado	vós tendes tido
vocês têm sido	vocês têm estado	vocês têm tido
eles têm sido	eles têm estado	eles têm tido
elas têm sido	elas têm estado	elas têm tido

PRETÉRITO MAIS-QUE-PERFEITO DO INDICATIVO

eu tinha sido	eu tinha estado	eu tinha tido
tu tinhas sido	tu tinhas estado	tu tinhas tido
você tinha sido	você tinha estado	você tinha tido
ele tinha sido	ele tinha estado	ele tinha tido
ela tinha sido	ela tinha estado	ela tinha tido
nós tínhamos sido	nós tínhamos estado	nós tínhamos tido
vós tínheis sido	vós tínheis estado	vós tínheis tido
vocês tinham sido	vocês tinham estado	vocês tinham tido
eles tinham sido	eles tinham estado	eles tinham tido
elas tinham sido	elas tinham estado	elas tinham tido

PRESENTE DO SUBJUNTIVO

que eu seja	que eu esteja	que eu tenha
que tu sejas	que tu estejas	que tu tenhas
que você seja	que você esteja	que você tenha
que ele seja	que ele esteja	que ele tenha
que ela seja	que ela esteja	que ela tenha
que nós sejamos	que nós estejamos	que nós tenhamos
que vós sejais	que vós estejais	que vós tenhais
que vocês sejam	que vocês estejam	que vocês tenham
que eles sejam	que eles estejam	que eles tenham
que elas sejam	que elas estejam	que elas tenham

PRETÉRITO IMPERFEITO DO SUBJUNTIVO

se eu fosse
se tu fosses
se você fosse
se ele fosse
se ela fosse
se nós fôssemos
se vós fôsseis
se vocês fossem
se ele fossem
se ela fossem

se eu estivesse
se tu estivesses
se você estivesse
se ele estivesse
se ela estivesse
se nós estivéssemos
se vós estivésseis
se vocês estivessem
se eles estivessem
se elas estivessem

se eu tivesse
se tu tivesses
se você tivesse
se ele tivesse
se ela tivesse
se nós tivéssemos
se vós tivésseis
se vocês tivessem
se eles tivessem
se elas tivessem

FUTURO DO SUBJUNTIVO

quando eu for
quando tu fores
quando você for
quando ele for
quando ela for
quando nós formos
quando vós fordes
quando vocês forem

quando eles forem
quando elas forem

quando eu estiver
quando tu estiveres
quando você estiver
quando ele estiver
quando ela estiver
quando nós estivermos
quando vós estiverdes
quando vocês estiverem

quando ele estiver
quando ela estiver

quando eu tiver
quando tu tiveres
quando você tiver
quando ele tiver
quando ela tiver
quando nós tivermos
quando vós tiverdes
quando vocês
  tiverem

quando eles tiverem
quando elas tiverem

PRETÉRITO PERFEITO DO SUBJUNTIVO

que eu tenha sido
que tu tenhas sido
que você tenha sido
que ele tenha sido
que ela tenha sido
que nós tenhamos sido
que vós tenhais sido
que vocês tenham sido

que eles tenham sido
que elas tenham sido

que eu tenha estado
que tu tenhas estado
que você tenha estado
que ele tenha estado
que ela tenha estado
que nós tenhamos estado
que vós tenhais estado
que vocês tenham estado

que eles tenham estado
que elas tenham estado

que eu tenha tido
que tu tenhas tido
que você tenha tido
que ele tenha tido
que ela tenha tido
que nós tenhamos
que vós tenhais tido
que vocês tenham
  tido

que eles tenham tido
que elas tenham tido

PRETÉRITO MAIS-QUE-PERFEITO DO SUBJUNTIVO

se eu tivesse sido
se tu tivesses sido
se você tivesse sido
se ele tivesse sido
se ela tivesse sido
se nós tivéssemos sido

se vós tivésseis sido
se vocês tivessem sido

se eles tivessem sido
se elas tivessem sido

se eu tivesse estado
se tu tivesses estado
se você tivesse estado
se ele tivesse estado
se ela tivesse estado
se nós tivéssemos estado

se vós tivésseis estado
se vocês tivessem estado

se eles tivessem estado
se elas tivessem estado

se eu tivesse tido
se tu tivesses tido
se você tivesse tido
se ele tivesse tido
se ela tivessa tido
se nós tivéssemos tido

se vós tivésseis tido
se vocês tivessem tido

se eles tivessem tido
se elas tivessem tido

FUTURO PERFEITO DO SUBJUNTIVO

quando eu tiver sido
quando tu tiveres sido

quando você tiver sido

quando ele tiver sido
quando ela tiver sido

quando nós tivermos sido
quando vós tiverdes sido
quando vocês tiverem sido
quando eles tiverem sido
quando elas tiverem sido

quando eu tiver estado
quando tu tiveres estado

quando você tiver estado

quando ele tiver estado
quando ela tiver estado

quando nós tivermos estado
quando vós tiverdes estado
quando vocês tiverem estado
quando eles tiverem estado
quando elas tiverem estado

quando eu tiver tido
quando tu tiveres tido

quando você tiver tido

quando ele tiver tido
quando ela tiver tido

quando nós tivermos tido
quando vós tiverdes tido
quando vocês tiverem tido
quando eles tiverem tido
quando elas tiverem tido

CONDICIONAL

eu seria
tu serias
você seria
ele seria

eu estaria
tu estarias
você estaria
ele estaria

eu teria
tu terias
você teria
ele teria

ela seria
nós seríamos
vós seríeis
vocês seriam
eles seriam
elas seriam

ela estaria
nós estaríamos
vós estaríeis
vocês estariam
eles estariam
elas estariam

ela teria
nós teríamos
vós teríeis
vocês teriam
eles teriam
elas teriam

FUTURO DO PRETÉRITO

eu teria sido
tu terias sido
você teria sido
ele teria sido
ela teria sido
nós teríamos sido
vós teríeis sido
vocês teriam sido
eles teriam sido
elas teriam sido

eu teria estado
tu terias estado
você teria estado
ele teria estado
ela teria estado
nós teríamos estado
vós teríeis estado
vocês teriam estado
eles teriam estado
elas teriam estado

eu teria tido
tu terias tido
você teria tido
ele teria tido
ela teria tido
nós teríamos tido
vós teríeis tido
vocês teriam tido
eles teriam tido
elas teriam tido

IMPERATIVO

sê
sede

está
estai

tem
tende

VERB *HAVER*

infinitivo	haver
presente do particípio	havendo
passado do particípio	havido
presente do indicativo	há
imperfeito do indicativo	havia
passado do indicativo	houve
futuro do indicativo	haverá
presente perfeito do indicativo	tem havido
passado perfeito do indicativo	tinha havido
futuro perfeito do indicativo	terá havido
presente do subjuntivo	haja
imperfeito do subjuntivo	houvesse
futuro	haverá
presente perfeito do subjuntivo	tenha havido
passado perfeito do subjuntivo	tivesse havido

futuro perfeito do subjuntivo	tiver havido
condicional	haveria
condicional perfeito	teria havido

COMMON IRREGULAR VERBS

Listed below are the forms of some of the most used verbs

IR   TO GO

presente do indicativo	vou, vais, vai, vamos, ides, vão
futuro do indicativo	irei, irás, irá, iremos, iríeis, irão
presente do subjuntivo	vá, vás, vá, vamos, vades, vão
presente condicional	iria, irias, iria, iríamos, iríeis, iriam
imperativo	vá, ide

PÔR   TO PUT

presente do indicativo	ponho, pões, põe, pomos, pondes, põem
futuro do indicativo	porei, porás, porá, poremos, poreis, porão
presente do subjuntivo	ponha, ponhas, ponha, ponhamos, ponhais, ponham
presente condicional	poria, porias, poria, poríamos, poríes, poriam
imperativo	ponha, ponde

LER   TO READ

presente do indicativo	leio, lês, lê, lemos, ledes, lêem
futuro do indicativo	lerei, lerás, lerá, leremos, lereis, lerão
presente do subjuntivo	leia, leias, leia, leiamos, leiais, leiam
presente condicional	leria, lerias, leria, leríamos, leríeis, leriam
imperativo	leia, lede

DAR   TO GIVE

presente do indicativo	dou, dás, dá, damos, dais, dão

futuro	darei, darás, dará, daremos, dareis, darão
presente do subjuntivo	dê, dês, dê, demos, deis, dêem
presente condicional	daria, darias, daria, daríamos, daríeis, dariam
imperativo	dê, dai

PEDIR   TO ASK

presente do indicativo	peço, pedes, pede, pedimos, pedis, pedem
futuro	pedirei, pedirás, pedirá, pediremos, pedireis, pedirão
presente do subjuntivo	peça, peças, peça, peçamos, peçais, peçam
condicional	pediria, pedirias, pediria, pediríamos, pediríeis, pediriam
imperativo	peça, pedi

SABER   TO KNOW

presente do indicativo	sei, sabes, sabe, sabemos, sabeis, sabem
futuro	saberei, saberás, saberá, saberemos, sabereis, saberão
presente do subjuntivo	saiba, saibas, saiba, saibamos, saibais, saibam
condicional	saberia, saberias, saberia, saberíamos, saberíeis, saberiam
imperativo	saiba, sabei

DIZER   TO SAY

presente do indicativo	digo, dizes, diz, dizemos, dizeis, dizem
futuro	direi, dirás, dirá, diremos, direis, dirão
presente do subjuntivo	diga, digas, diga, digamos, digais, digam
condicional	diria, dirias, diria, diríamos, diríeis, diriam
imperativo	diga, dizei

FAZER   TO DO/MAKE

presente do indicativo	faço, fazes, faz, fazemos, fazeis, fazem

futuro do indicativo	farei, farás, fará, faremos, fareis, farão
presente do subjuntivo	faça, faças, faça, façamos, façais, façam
condicional	faria, farias, faria, faríamos, faríeis, fariam
imperativo	faça, fazei

PODER TO BE ABLE/CAN

presente do indicativo	posso, podes, pode, podemos, podeis, podem
futuro do subjuntivo	poderei, poderás, poderá, poderemos, podereis, poderão
presente do subjuntivo	possa, possas, possa, possamos, possais, possam
condicional	poderia, poderias, poderia, poderíamos, poderíeis, poderiam
imperativo	possa, podei

QUERER TO WANT

presente do indicativo	quero, queres, quer, queremos, quereis, querem
futuro*	quererei, quererás, quererá, quereremos, querereis, quererão
presente do subjuntivo	queira, queiras, quera, queiramos, queirais, queiram
condicional	quereria, quererias, quereria, quereríamos, quereríeis, quereriam
imperativo	queira, querei

---

* This form is almost never used in Portuguese. Instead, the verb *ir* (to go) is used with *querer* to form the future: *vou querer, vais querer, vai querer, vamos querer, ides querer, vão querer.*

D. LETTER WRITING

1. FORMAL INVITATIONS AND ACCEPTANCES

INVITATIONS   CONVITES FORMAIS

18 de fevereiro, 2005

O senhor e a senhora Freitas têm o prazer de convidá-los, bem como a sua família, para o enlace matrimonial de sua filha Maria Angélica com o Sr. João Carlos da Silva a se realizar no dia 22 de abril próximo. A ceremônia religiosa terá lugar na Igreja Santa Célia, bairro das Perdizes, às 17 horas. Após a cerimônia religiosa haverá uma recepção na residência dos pais da noiva.

February 18, 2005

Mr. and Mrs. Freitas have the honor of inviting
you and your family to the wedding of their daughter
Maria Angelica to Mr. João Carlos da Silva.
The wedding will take place at Saint Cecelia Church
on April 22 at 5:00 P.M. After the religious ceremony,
there will be a reception at the
bride's parents' home.

02 de maio, 2005

O senhor e a senhora Matias têm o prazer de convidar ao senhor Mateus e esposa para um jantar a se realizar na sua residência no próximo sábado às oito horas da noite.

May 2, 2005

Mr. and Mrs. Matias have the pleasure of inviting Mr. and Mrs. Mateus to dinner at their residence next Saturday at eight o'clock.

16 de abril, 2005

O senhor e a senhora Sousa cordialmente oferecem seus cumprimentos ao senhor e à senhora Silva e pedem o prazer de sua companhia no jantar que oferecerão em homenagem à sua filha Maria, domingo dia dezenove de março, às nove horas da noite.

April 16, 2005

Mr. and Mrs. Sousa cordially greet Mr. and Mrs. da Silva and request the honor of their presence at the party given in honor of their daughter Maria, on Sunday evening, April 16th, at nine o'clock.

RESPONSES *RESPOSTAS*

O senhor e a senhora Sousa agradecem a gentileza de seu convite e terão a honra de comparecer à recepção no dia dezesseis de abril.

Thank you for your kind invitation. We shall be honored to attend the reception on April sixteenth.

O senhor e a senhora Jacinto agradecem a gentileza de seu convite e comunicam que atenderão seu amável convite.

We thank you for your kind invitation and will be honored to attend.

O senhor e a senhora Garcia gostariam de agradecer ao senhor e à senhora Soares pelo amável convite e lamentam não poder comparecer ao jantar devido a compromisso anterior.

We thank you for your kind invitation and regret that we are unable to attend due to a previous engagement.

2. THANK YOU NOTES

5 de março de 2005

Querida Laura,

 A presente é somente para saber como está e também para lhe dizer que recebi o lindo vaso de flores que você mandou. Eu as coloquei em cima do piano e você não pode imaginar o bonito efeito que causou! Espero vê-la amanhã na festa da Carmem. Acho que vai ser uma festa muito animada.

 Espero que esteja bem em companhia de sua família. Todos aqui estamos sem novidades.

Saudações carinhosas,

Da amiga,

Sônia

March 5, 2005

Dear Laura,

This is just to say hello and also to let you know that I received the beautiful vase you sent me as a gift. I've put it on the piano and you can't imagine how beautiful it looks.

I hope to see you at Carmen's party tomorrow. I think it's going to be a very lively affair. I hope your family is well. Everyone here is fine.

Your friend,

Sônia

3. BUSINESS LETTERS

Borges & Cia.
Rua da Concórdia, 25, 3° andar
Itiúba, Bahia, CEP 23043

Salvador, 22 de abril de 2005

Matias e Filhos
Rua Carlos de Freitas, 50
Salvador, Bahia—CEP 2001

Prezado Senhores:

Temos a satisfação de apresentar-lhe o portador da presente, Sr. Alberto Pimentel, nosso representante, o qual se propõe a visitar as principais cidades desta região. Gostaríamos de expressar aqui, que toda a atenção dispensada ao referido senhor será considerada como um favor muito especial.

Antecipadamente agradecendo à atenção dispensada ao referido senhor.

Atenciosamente,

Manoel Borges
Presidente

Borges & Cia.
Rua da Concordia 25, 3° andar
Itiúba, Bahia, CEP 23043

April 22, 2005

Matias & Sons
50 Carlos de Freitas Street
Salvador, Bahia CEP 2001

Dear Sir:

We have the pleasure to introduce you to the bearer of this letter, Mr. Alberto Pimentel, one of our salesmen, who is visiting the principal cities of this region. Needless to say, we shall greatly appreciate any courtesy you extend to him. (It's needless to you that we shall consider any courtesy you extend him as a personal favor.)

Thanking you in advance, we send our best regards.

Sincerely,

Manoel Borges
President

Revista O Globo
Sr. Mário Teixeira
Rua Leopoldina, 36-6° andar
Paraná, CEP 1222

Caro Senhor,

Sirva-se encontrar em anexo um cheque no valor de $12.00 por um ano de assinatura da revista de sua digna publicação.

Atenciosamente,

Maria das Graças

The Globe Magazine
Senhor Mário Teixeira
Rua Leopoldina 36 5th floor
Paraná, 1222

Dear Sir,

Enclosed please find a check in the amount of $12.00 for a year's subscription of your magazine.

Very truly yours,

Maria da Graças

4. INFORMAL LETTERS

Querido Davi,

Foi um prazer receber sua última carta. Primeiramente deixe-me dar a grande notícia. Finalmente decidi fazer uma viagem à Bahia onde penso ficar todo o mês de março. Izabel virá comigo. Ela está encantada com a oportunidade de finalmente conhecê-los.

Os negócios vão bem agora e acredito que continuarão assim. Há alguns dias estive com José, o qual perguntou por você.

Davi, lhe agradeceria muito se você fizesse uma reserva para nós no Hotel Nacional. Escreva logo e dê minhas lembranças à Joana.

Abraços do amigo,

Marcos

Dear David,

It was very nice to receive your last letter. First of all, let me give you the big news. I have finally decided to take a trip to Bahia, where I expect to spend all of March. Isabel is coming with me. She is extremely happy to be able to meet the two of you at last.

Business is good now, and I hope it will stay that way (that the good wind will continue). I saw José the other day and he asked about you.

I'd appreciate if you try to reserve a room for us at the National Hotel.

Yours,

Mark

5. FORMS OF SALUTATIONS

FORMAL

Senhor:	Sir:
Senhora:	Madam:
Prezada senhora	Dear Madam:
Prezado senhor:	Dear Sir:
Estimado senhor:	Dear Sir:
Caro senhor:	Dear Sir:
Senhorita:	Miss
Prezado senhor professor:	Dear Professor:
Excelentíssimo senhor:	Your Excellency:

INFORMAL

Querido	Dear
Querida	Dear
Cara/caro	Dear

1. FORMS OF COMPLIMENTARY CLOSINGS

FORMAL

Atenciosamente	Sincerely
Sinceramente	Sincerely

INFORMAL

Carinhosamente	Affectionately yours
Sinceramente	Sincerely yours
De sua amiga	From your friend
De todo coração	From all my heart
Abraços	Hugs
Beijos	Kisses
Lembranças a todos	My regards to all
Recomendações a todos	My regards to all
Sinceramente ou Atenciosamente	Sincerely or Attentively

6. HOW TO ADDRESS AN ENVELOPE

1. Most Brazilians write the addressee's name and address in the center of the front of the envelope. The sender's name and address go on the back of the envelope.

Senhorita Carmem de Aguiar
Rua Paula Freitas, 239, andar térreo
São Domingos, Maceió—CEP 12936

Maria das Graças
Rua das Flores, 212—2º andar
Rua Bonfim, Bahia—CEP 23718

Senhor Paulo Filoco
Rua Arino, 226
Macaé, Rio de Janeiro—CEP 2022

Maria Capucino
Avenida da Felidade, 425
Nova Friburgo, Fortaleza—CEP 1999

Srta. Maria da Silva
Av. P.A. Cabral, 92
LISBOA, PORTUGAL

GLOSSARY

PORTUGUESE-ENGLISH

A

a/à, *the, to, at*
  a caneta. *The pen.*
  Vou à escola. *I go to the school*
  Eles estudam à noite. *They study at night.*
  à tarde *in the afternoon.*
  a pé *on foot*
abrir (v) *to open*
  Abra a porta, por favor. *Open the door, please.*
achar (v) *find (to)*
  Não consegui achar o livro. *I could not find the book.*
aconselhar (v) *advise (to)*
  Eu o aconselhei a aprender português. *I advise you to learn Portuguese.*
acreditar (v) *believe (to)*
  Não acredito nisso. *I don't believe it.*
adora (v) *adore (to)*
  Eu adoro a Primavera. *I adore the spring season.*
agência (f) *agency.*
  A agência de viagens. *Travel agency.*
agora *now*
água (f) *water*
  água mineral. *mineral water*
  icy water. *água gelada*
ajuda (v) *help (to)*
  Você necessita de ajuda? *Do you need help?*
alegrar-se (v) *happy (to be)*
  Alegro-me que você venha. *I am happy that you came.*
alface (f) *lettuce*
alfaiataria (f) *a tailor's shop.*
alfaiate (m) *tailor.*
algo/alguma *something/any*
  Você quer algo para comer? *Do you want something to eat?*
  Você quer alguma coisa do supermercado? *Do you need anything from the supermarket?*
algum *some, any*
  Você tem algum amigo em Nova York? *Do you have any friends in New York?*
alguém *somebody*
algum/alguma *some*
almoço *lunch*
Alô! *Hello!*
  Alô querida! *Hello darling!*
alto *tall*
aluguel (m) *rent.*
  Quanto é o aluguel? *How much is the rent?*
amanhã *tomorrow*
  Até amanhã. *See you tomorrow.*
amigo/a *friend.*
  Ele é meu amigo. *He is my friend.* Ela é minha amiga.

andar (f) *floor walk (to)*
  Gosto de andar. *I like to walk.*
  Terceiro andar. *He lives on the third floor.*
aniversário (m) *birthday*
  Feliz aniversário! *Happy birthday.*
ano, anos *year, years.*
  Ele chegou no ano passado. *He arrived last year.*
  Ela tem cinco anos.
antigamente *in the past*
  Antigamente eu pagava menos. *In the past I payed less.*
antiguidade *antique.*
  loja de antiguidade, *antique store.*
apaixonado/a *passionate (to be) to have passion for something or someone.*
  Paixão por música. *A passion for music.*
apanhar *pick up (to)*
  Apanhe o livro, por favor. *Pick up the book, please.*
aproximar *get closer (to)*
  Não se aproxime. *Do not get closer.*
aquele *that*
  Aquele é meu primo. *That is my causin.*
aqui *here*
  Aqui está o menu. *Here is the menu.*
ar *air*
  Ar livre. *Open air.*
arroz *rice*
arrumar (v) *fix (to) tide up (to)*
  arrumar a casa. *tide up the house.*
  arrumar a cintura. *to fix the waist.*
árvore. *tree.*
  árvore de Natal. *Christmas tree.*
aspirina *Aspirin*
assado *baked*
  frango assado. *baked chicken.*
assaltado *robbed*
  ele foi assaltado. *He was robbed.*
assassinato *murder*
assassino *murderer*
assentos *seats*
  reservar um assento. *to reserve a seat.*
assistir *watch (to)*
  Gosto de assistir TV. *I like to watch TV.*
ativo/a- *active*
  Minha avó é muito ativa. *My grandmother is very active.*
ator (m) *actor*
atrás *back, behinde*
  Gosto de viajar atrás. *I like to travel in the back seat.*
atriz (f) *actress*
atualizar-se *be (keep) up-to-date on the issues*
  Gosto de me atualizar sobre assuntos importantes.

atuar *to take action*
autor *author*
　Conheço o autor deste livro. *I know the author of this book.*
avó (f) *grandmother*
avô (m) *grandfather*

B

bacalhoada *codfish stew*
bagagem (f) *baggage*
　Onde posso deixar minha bagagem? *Where can I leave my baggage?*
baixo *low, short*
　Prefiro um quarto num andar baixo. *I prefer a room on a low floor.*
　Ele é um homem muito baixo. *He is a very short man.*
balcão *counter, balcony*
　balcão da loja *the store counter*
　o balcão de teatro *the theater's balcony*
　balcony of an apartment
bananas *banana*
banheiro *bathroom*
batata *potato*
beber *drink (to)*
　beber água
bebidas *drinks, beverages*
bem *well*
　Estou bem. *I'm fine.*
　Tudo bem? *How are you?*
　Você está bem? *Are you OK?*
bem-vindo *welcome*
　Bem-vindos à aula de português! *Welcome to the Portuguese class!*
bisavó (f) *great grandmother*
bisavô (m) *great grandfather*
boa idéia *good idea*
　Esta é uma boa idéia. *This is a good idea.*
Boa-tarde *Good afternoon.*
Boas Festas. *Happy Holidays.*
Bom-dia. *Good morning.*
bonita/o *beautiful*
braço *arm*
　O braço do sofá. *The sofa's arm.* Ela é meu braço direito. *She is my right-hand arm.*
brasileiro *Brazilian*
brincando *playing, kidding*
　As crianças estão brincando. *The children are playing.*
　Não fique zangado, eu estou brincando. *Don't get mad. I am kidding.*
brincar *play (to)*
　a child's play
brócolis *broccoli*

C

café *coffee*
caixa *box*
　caixa registradora *cash register*
tanque de areia *send box*
　caixa do correio (Brazil) *mailbox*
cale-se! *be quiet!, shut up!*

calor *heat, warmth*
　Faz muito calor no verão. *It's very hot in the summer.*
camarão *shrimp*
　camarão à baiana *shrimp stew with hot sauce*
canal *channel*
　the TV channel *o canal de televisão*
candidatar-se *run for an office*
　Espero que ela se candidate para presidente. *I hope she will run for the presidency.*
candidato *candidate*
caneta *pen*
cansado/a *tired*
Carnaval *Carnival*
carne *meat*
carne de porco *pork*
　carne de vaca *beef*
　carne de galinha *chicken*
carro *car*
　um carro caro *an expensive car*
carta *letter*
　carta de recomendação *recomendation letter*
cartão postal *postcard*
　cartões de crédito *credit cards*
carteira de motorista *driver's license*
　carteira de identidade *ID card*
carteiro *mailman*
castanhas *nuts*
cedo *early*
celebração *celebration*
celebrar *to celebrate*
　Você vai celebrar seu aniversário? *Are you going to celebrate your birthday?*
cena *scene*
　scene in a movie or theater
　to throw a temper tantrum
certo *right*
　O troco está certo? *Is the change right?*
chamar *to call*
　chamar um táxi *to call a cab*
　Chamo você amanhã. *I'll call you tomorrow.*
champanhe *champagne*
chapéu *hat*
chave *key*
　chave da porta *door key*
　resposta *answer key*
chegar *arrive (to)*
cheio/lotado *crowded, full*
　O ônibus está cheio. *The bus is full.*
　O copo está cheio. *The glass is full.*
Chocante *shocking*
Chuvoso *rainy*
　Não gosto de dias chuvosos. *I don't like rainy days.*
Chuveiro *shower*
Cidadão *Citizen*
　Ele é um cidadão do mundo! *He is a citizen of the world.*
Cinema *movie*
　indústria de cinema *the movie industry*
　cinema *movie theater*
Classificados *classified*

366

Clima *climate/atmosphere*
  O clima do Brasil é muito quente. *The climate in Brazil is very hot.*
  Prefiro trabalhar num clima de paz. *I prefer to work in a peaceful atmosphere.*
coberto *covered*
coisas *things*
coluna *columns*
  coluna de jornal *newspaper colunm*
  colunas romanas *Roman Columns*
com *with*
  Nós vamos com ele. *We go with him.*
  Não gosto de café com açúcar. *I don't like coffee with sugar.*
começa *starts*
  O filme começa às oito. *The movie starts at 8:00.*
comédia *comedy*
comentários *comments, critics*
  Ela fez bons comentários sobre seu trabalho. *She made good comments about your work.*
  Gosto de ler os comentarios de cinema. *I like to read the movie critics.*
comer *eat (to)*
comida *food*
como *how? as*
  Como é a temperatura lá? *How is the weather there?*
  Como eu disse antes. *As I said before.*
  Como vai você? *How are you?*
comprar *buy (to)*
concerto *concert*
  Irei ao concerto hoje. *I am going to a concert today.*
condicionado *conditioner*
  ar condicionado *air conditioner*
conhecer *know (to)*
  Você conhece Maria? *Do know Maria?*
  Você conhece música clássica? *Do you know classical music?*
conserto *repair/fix*
  Este carro não tem mais conserto. *This car can't be repaired/fixed.*
considerado *considered*
  Ele é considerado um bom artista. *He is considered a good artist.*
consultar *consult (to)*
  Você deve consultar um médico. *You must consult a doctor.*
convites *invitations*
  Aqui estão os convites para a festa. *Here are the invitations for the party.*
cor *color*
corpo *body*
corredor *corridor, hallway*
correio *post office postal service.*
correr *run (to)*
cosméticos *cosmetics*
costurar *sew (to)*
couve-flor *cauliflower*
criança *child*
crianças *children*
crime *crime*
críticos *critics*
culpa *fault*
cultivo *cultivate*
cumprimentos *greetings, complements*
cortina *curtain*
custar *cost (to)*

D

danos físicos *physical harm*
dar *give (to)*
  have (to) a talent for something
  fix something
  dar um jeito
  dar um recado *deliver (to) a message*
De que parte? *from which part?*
  De que parte do Brasil ela é? *From which part of Brazil is she?*
De onde você é? *Where are you from?*
de tarde *in the afternoon*
Debut *debut*
decorar *decorate (to)*
  decorar o bolo *to decorate the cake*
  decorar a casa *to decorate the house*
deitar-se *lay down (to)*
deixar *let, leave (to)*
  Deixe-me fazer isto. *Let me do it.*
  Deixe a porta aberta. *Leave the door open.*
delegacia de polícia *police station*
deles *his*
demais *too much*
democracia *democracy*
depois *after*
deputado/a *deputy congressman/ congresswoman*
desastre *disaster accident*
desbotado/a *faded*
descansar *rest (to)*
descanso *rest*
descontar *cash (to)*
  descontar um cheque *to cash a check*
desejar *desire (to)*
desenho animado *cartoon*
desgraça *disgrace*
desistência *cancelation*
desistir *give up (to) change (to) one's mind*
  Vou desistir da idéia. *I'm going to give up this idea.*
destinatário *addressee*
detergente *detergent*
detetive *detective*
deve *must*
  dever *obligation to owe money*
Dia do Trabalho *Labor day*
dinheiro *money*
direita *right*
  à direita *to the right*
direito *right Law privilege have (to) the right*
ditador/a *dictador*
divertir-se *amuse (to) oneself have (to) fun*
Divirta-se! *Enjoy! Have fun!*
dizer *say (to) tell (to)*
documentário *documentary*
dor *pain, ache*
  dor de cabeça *headache*
  dor nas costas *backache*
  dor de garganta *sore throat*
drama (m) *drama*

duvidar (v) doubt (to)
duvido (f) I doubt
   Duvido que haja. I doubt there's.

E

é (v) is
   yes
   Isto é um livro. This is a book.
   Ele é estudante? Is he a student?
   É sim. Yes, he is.
editorial (m) editorial
educativo educative
   cultural
eleição (f) election
eleitores/eleitoras voters
em in, on, at
   em frente de in front of
   em casa at home
   em cima da mesa on the table
em ponto sharp
   É uma hora em ponto. It's one o'clock sharp.
Em que? In what?
   in which?
   Em que plataforma? In which platform?
em toda in the entire/everywhere
   em toda parte everywhere
   em todo o mundo in the entire world
embarcar board (to) ship (to)
   embarcar no avião to board the plan
   embarcar o pedido to ship the order
embrulhar wrap (to)
   embrulhar o presente to wrap the gift
emocionante/excitante exciting
encontrar find (to)
   encounter (to)
   encontrar um apartamento to find an apartment
   encontrar um amigo to meet a friend
encontrei (v) I found
endereço (m) address
enquanto while
entender understand (to) comprehend (to) realize (to)
entregar deliver (to)
enviar send (to)
enxugar dry (to)
escolher choose (to) select (to)
escrever write (to)
escritório (m) office
esgotar drain (to), exhaust (to)
espero (v) I wait hope
espinafre spinach
esporte (m) sports
esposa (f) wife
esquecido (v) forgotten
   forgetful (to) be
Está bem be (to) well
Está chovendo. It's raining.
Está nevando. It's snowing.
Estação station
   seasons
   the four seasons of year
   the train station

estádio stadium
este (m) this
   Este é Luigi. This is Luigi.
esteve (v) was/were
   Onde você esteve? Where were you?
estivemos (v) we were
   Nós estivemos lá. We were there.
estou (v) to be
   Estou aqui. I am in here.
eu I
   Eu sou I am
evitar avoid (to)
exame (m) test examination
   passar o exame pass (to), pass the test
   exame médico doctor's examination
excelente excellent
exemplo (n) example
   dar um exemplo give (to) an example
exigente (adj) demanding
experiência (f) experience
   ter experiência to have experience
extensão (n) extention

F

falar speak (to)
família family
   a família real the royal family
famoso famous
fantástico fantastic
farmácia pharmacy
fazer make/do (to)
   fazer café to make coffee
   fazer as unhas to do the nails, to have a manicure
   fazer compras to go shopping
febre fever
Feliz aniversário Happy Birthday
Feliz Natal Merry Christmas
feriados holidays
férias vacations
festa party
   dar uma festa give a party
festivais festivals
festival festival
fileira/fila line
filha (f) daughter
filho (m) son
filme (m) movie
finanças (f) finances
finíssima/o very fine
   of high quality
   excellent
flexível (adj) flexible
fofoca (f) gossip
formulário formulary
   form
forro (m) lining
   covering
   forro do casaco coat lining
   padding
   forro do sofá the couch lining
fortuna (f) fortune
   custar uma fortuna to cost a fortune
Foz do Iguaçu Igaussu Falls
frango chicken

Freguês/a *customer*
   patron
   client
fruta (f) *fruit*
fundo (m) *rear/deep/back/bottom*
   no fundo do ônibus *at rear of the bus*
   rio fundo *deep river*
   fundo da picina *bottom of the pool*
   porta do fundo *back door*
futebol (m) *soccer*

G

ganhador/a *winner*
ganhar *win (to)*
   earn (to)
   gain (to)
garçom (m) *waiter*
   garçonete (f) *waitress*
gentil (adj) *gentil*
gostar *like (to)*
governador/governadora *governor*
Graças a Deus! *Thank God!*
grande (adj) *big large*
guardar *keep (to)*
   Pode guardar os livros. *Keep the books.*
   put (to) away
   guardar os pratos *to put the dishes away*
guerras (f) *wars*
guia (m) *guide*
   guia de turismo *tour guide*
   guia de televisão *TV guide*
guichê (m) *window*
   guichê do banco
   guichê do cinema

H

há (v) *there is, there are*
   Há um trem partindo agora. *There's a train leaving now.*
   Há muitos passageiros. *There are many passengers.*
   ago
   O trem partiu há dez minutos. *The train left ten minutes ago.*
hoje (adv) *today*
   hoje de manhã *this morning*
   hoje à tarde *this afternoon*
   hoje à noite *this evening*
homem (m) *man*
hora (f) *hour*
horas (f) *hours*
hospedar-se *be (to) a guest*
   be (to) hosted
hotel (m) *hotel*

I

importância (f) *importance*
importante (adj) *important*
imprensa (f) *the press/media*
independência (f) *independence*
   Dia da Indepêndencia *Independence Day*
   independência financeira *financial independence*

ineficaz/ineficiente (adj) *inefficient*
informação (f) *information*
ingressos (m) *tickets*
insistir *insist (to)*
interessante (adj) *interesting*
introduções (n) *introductions*
ir *go (to)*
   ir ao cinema *go to the movie*

J

já (adv) *already*
jantar *dine (to)*
   Quero jantar. *I want to have dinner.*
   jantar (o) *the dinner*
   preparar o jantar *to prepare dinner*
jardim (n) *garden*
jogador (adj) *player*
   jogador de futebol *soccer player*
jornal (m) *newspaper*
jovem (adj) *young*
juros (m) *interests*

L

ladrão (m) *robber thief*
laranja (f) *orange*
lavar *wash (to)*
lavanderia (f) *drycleaners*
lavar e passar *wash and dry (to)*
legumes (m) *legumes/vegetables*
lei (f) *law*
leilão (m) *auction*
leite (m) *milk*
ler *read (to)*
levantar *raise (to)*
   levantar a voz *to raise one's voice*
   lift (to)
   levantar peso *to lift weight*
   levantar-se *get up (to)*
   levantar cedo *to get up early*
levo *I take*
   levar ao médico *to take to the doctor*
   Eu levo o livro comigo. *I take the book with me.*
lhe (ind. obj.) *to*
   diga -lhe *tell him*
   Dê-lhe o livro. *Give the book to him.*
libra (f) *pound*
   pesar muitas libras *to weigh many pounds*
   custa dez libras *it costs 10.00 pounds*
ligar *turn on (to)*
   ligar o rádio *to turn on the radio*
   acendar/ligar a luz *to turn on the light*
   ligar a televisão *to turn on the TV*
   ligar para alguém *to call someone on the phone*
limpar *clean (to)*
linda (adj) *beautiful*
   lindíssima (adj) *very/extremely beautiful*
líquidos *liquids*
lista (f) *list*
   lista de espera *waiting list*
   lista de compras *shopping list*
local (adj) *place*

lotado (adj) *crowded*
booked
um ônibus lotado *a crowded bus*
um hotel lotado *a booked up hotel*
louco/a (adj) *crazy*
luz (f) *light*

M

maçã (f) *apple*
maior (adj) *bigger*
mala (f) *suitcase*
mamão (m) *papaya*
mancha (f) *stain*
manchetes (f) *headlines*
mandado (v) *sent*
O pacote foi mandado. *The package was sent.*
manteiga (f) *butter*
maravilha (n) *wonder*
marcar *make (to)*
marcar uma consulta *make an appointment*
marcar uma entrevista *make an interview/appointment*
place/put (to) mark
marcar a página do livro *place a mark on the book's page (to)*
marco do correio *mailbox (in Portugal)*
mas (prep) *but*
mas também *but also*
me (pron. obj) *to me*
diga-me *tell me*
dê-me *give me*
médico/a (adj) *doctor*
meia *half*
meia-hora *half an hour*
levar meia hora *to take half an hour*
meia noite *midnight*
meio ambiente *environment*
meios de comunicação (m) *the media*
melancia (f) *watermelon*
menos (adj) *less*
mercado (m) *market*
supermercado *supermarket*
mercadoria (f) *merchandise*
mês (m) *month*
mesa (f) *table*
minha *mine/my*
moça (f) *girl young woman*
modelo (m) *model*
patern
prototype
modernos (adj) *modern*
motivar *motivate (to)*
móveis (m) *furniture*
muito (adj) *very*
muito cansado/a *very tired a lot*
trabalhar muito *work (to) a lot*
ter muito dinheiro *have (to) a lot of money*
mulher (n) *woman/wife*
Ela é uma grande mulher. *She's a great woman.*
Ela é minha mulher. *She's my wife.*
mulherona/mulherão (adj) *big woman*
multidão (n) *crowd*
mundial (adj) *world-wide*

musculoso (adj) *muscular*
música (f) *music*

N

na *in on, at (prep)*
A água está no copo. *The water is in the glass.*
estar na sala *be (to) in the room*
Ela está no aeroporto. *She is at the airport.*
nada *nothing*
nadar *swim (to)*
não (adv) *no, not*
Ela está aqui? Não. *Is she here? No.*
Não estou com fome. *I'm not hungry.*
Natal (n) *Christmas*
nem (conj.) *neither*
nem . . . nem (conj.) *neither nor*
neste (contr.) *in this*
neste país *in this country*
neta (f) *granddaugther*
neto (m) *grandson*
ninguém *nobody*
noiva/o (n) *fiancée*
nós (pronoun) *we*
nos (contraction) *in the*
nos anos sessenta *in the sixties*
Nossa! (excl.) *Gee!*
novela (n) *novel/soap opera*
novo (adj) *new*
carro novo *new car*
Ano Novo *New Year*
nozes (m) *nuts*
walnuts
noz-moscada *nutmeg*
num/numa (contraction) *in a*
num país *in a country*
numa cidade *in a city*
nunca *never*

O

o (art.) *the*
o livro, o homem
o mais (comp) *the most*
o mais caro *the most expensive*
o prato *the dish*
o especial do dia *today's special*
o que? (quest.) *what?*
O que você recomenda? *What do you recommend?*
obrigação *obligation*
obrigação moral *moral obligation*
obrigado (n) *thank you*
oceano (f) *ocean*
óculos (m) *eyeglasses*
óculos de sol *sunglasses*
óleo de oliva (m) *olive oil*
Olhe! (exc.) *Look!*
onde? (adv) *Where?*
ontem (adv) *yesterday*
oposto (adv) *opposite*
lado oposto *opposite side*
sexo oposto *the opposite gender*

ordem (n) *order*
   ordem de pagamento *payment order*
   ordem na sala de aula *order in the classroom*
os (art) *the plural*
   os carros *the cars*
   os mais caros *the most expensive*
ótimo (adj) *excellent*
ou (conj) *or*
   ou um ou outro *either one or the other*
outra vez *again*
   chamar outra vez *to call again*
   escrever outra vez *to write again*
ouvir *hear (to)*
   ouvir um som *hear (to) a sound*
   listen (to)
   ouvir música *listen (to) music*
ovos (n) *eggs*
   ovos fritos *fried eggs*
   ovos de Páscoa *Easter eggs*

P

pacote (m) *package*
   mandar um pacote *to send a package*
   pacote turístico *tourist package*
pagar *pay (to)*
pai (m) *father*
país (m) *country*
palavra (f) *word*
   palavras-cruzadas *crossword puzzle*
pão (m) *bread*
   pão tostado *toasted bread*
   pãozinho *dinner roll*
papai (m) *daddy*
   Papai Noel *Santa Claus*
papel (m) *paper*
   papel higiênico *toilet paper*
   papel de presente *gift wrap*
para (prep) *to*
   ir ao escritório *go to the office in order to*
   fazer exercício para emagrecer *exercise in order to lose weight for*
parece *seems (to)*
   Parece que foi ontem. *It seems like yesterday.*
parecer *look (t) alike*
   Parece com a irmã. *Looks like her sister.*
parte (n) *part*
   Esta parte é difícil. *This part is difficult.*
   ser parte *to be a part*
   fazer a parte de *to play the part of*
partida (f) *match*
   partida de tênis *tennis match*
   departure a partida do trem *the train departure*
passado *past*
   no passado *in the past*
passageiro (m) *passenger*
passagem (f) *ticket*
   uma passagem área *airline ticket*
   uma passagem de trem *a train ticket*
passando (v) *passing*
   passando por aqui *passing by here*
   passando um filme *showing a movie*

passar *pass (to)*
   passar férias *to spend vacation*
   passar uma semana na praia *spend a week at the beach*
   passar pela loja *pass by the store*
pasta de dentes *toothpaste*
peça (f) *play*
   peça de teatro *theater play*
   ask (to)
   peça o endereço *ask for the address*
pedido (n) *order*
   fazer um pedido *to place an order*
pedir (m) *to order/ask*
   pedir comida *order food*
   pedir a conta *ask for the check*
   pedir informação *ask for information*
peito (m) *breast*
   peito de frango *chicken breast*
peixe (m) *fish*
pelo menos *at least*
   Pelo menos chegamos cedo. *At least we arrived early.*
perder *loose (to)*
perfeito (adj) *perfect*
pernas (f) *legs*
   pernas de atleta *athletic legs*
   pernas da mesa *the table's legs*
pertubar *annoy (to)*
   pertubar alguém *to annoy someone*
   Ele me pertuba com seu barulho. *He annoys me with his noise.*
   disturb (to)
   Favor não pertubar. *Do not disturb!*
peru (m) *turkey*
pêssego (m) *peach*
piada (f) *joke*
   contar um piada *to tell a joke*
piano (m) *piano*
pechinchar *bargain (to)*
   pedir redução no preço *ask for price reduction*
pílula (f) *pill*
   tomar uma pílula *to take a pill*
pimenta-do-reino *black pepper*
pipoca (f) *popcorn*
plano (m) *plan*
   fazer planos *to make plans*
pobre (adj) *poor*
pois é *that is*
pois não! *sure!*
   Com licença! *Excuse me.*
   Pois não! *Sure.*
polícia *police*
   policial *police officer*
política (f) *politics*
político/a (n) *politician*
poltrona (f) *arm chair*
poluição (f) *pollution*
ponha (v) *put*
   Ponha o livro na mesa. *Put the book on the table.*
ponte (f) *bridge*
   a ponte do Brooklyn *the Brooklyn Bridge*
   Ponte Rio-Niterói *Bridge Rio-Niterói*
   ponte aérea *shuttle service*
por favor *please*
pôr um botão *sew a button*

portão de embarque *departure gate*
portaria *front desk*
possível *possible*
   é possível *it's possible*
praia (f) *beach*
praticar *practice (to)*
prato *principal main dish*
   O prato principal é peixe. *The main dish is fish.*
precisar *need (to)*
   Preciso descansar. *I need to rest.*
preço (m) *price*
   preço fixo *fixed price*
prefeito/a (n) *mayor*
   o prefeito da cidade *the mayor of the city*
preferir *prefere (to)*
Prefiro peixe. *I prefer fish.*
preocupar-se *worry (to)*
   Não se preocupe. *Don't worry.*
preparar *prepare (to)*
   preparar o peixe *prepare the fish*
presente (m) *gift*
   comprar presente *buy a gift*
presidente (m) *president*
   presidente de um país *president of a country*
   presidente da companhia *the company's president*
pressa *hurry*
   estar com pressa *to be in a hurry*
prima *cousin*
primeira *first*
primeira página *first page*
primo *cousin*
privado/a (adj) *private*
   um pessoa privada *a private person*
   festa privada *private party*
procurar *look for (to)*
   procurar trabalho *look for a job try (to)*
   tentar chegar cedo *try to arrive early*
produtos *products*
   bons produtos *good products*
   produtos agrícolas *agricultural product*
programa (m) *program*
   programa de televisão *TV program*
projeto *project*
   fazer projetos *make projects*
   trabalhar num projeto *work on a project*
pronta/o (adj) *ready*
Voce está pronto? *Are you ready?*
   O jantar está pronto. *Dinner is ready.*

Q

quando *when*
   Quando o trem chega? *When does the train arrive?*
quanto? *how many?*
   Quantos dias? *How many days?*
Quaresma *Lent*
quarto *room*
   quarto com vista *room with a view*
quarto de hora *a quart of an hour*
quase *almost*
   quase vazio *almost empty*
que *which/what*
   Que ônibus? *Which bus?*
   Que horas? *What time?*

que haja *that will be*
   É possível que haja desistências. *It's possible there will be cancellations.*
Que pena! *What a pity!*
   Que pena que o trem já partiu! *What a pity the train has already left!*
Que surpresa! *What a surprise!*
quem? *who?*
Quem é o garçom? *Who is the waiter?*
quente (adj) *hot*
   café quente *hot coffee*
questão *question*
   Qual é a questão? *What is the question?*
   insist (to)
   Faço questão. *I insist.*
quis *wanted*
   Ontem quis dormir cedo. *Yesterday, I wanted to sleep early.*

R

rádio *radio*
radiografia *x-ray*
rapidez (f) *speed*
   chegar com rapidez *arrive with speed*
rápido *fast*
   Ele é rápido. *He's fast.*
reagir *react/take action (to)*
   Você deve reagir. *You must react.*
realmente *in reality/actually/really*
   Isto é realmente difícil. *In reality it's difficult.*
   Está realmente frio. *It's really cold.*
recebido *received*
   O pacote foi recebido. *The package was received.*
receio *fear*
receita *prescription*
recepcionista *receptionist*
   recepcionista do hotel *a hotel receptionist*
recusar *refuse*
   recusar um convite *refuse (to)/refuse an invitation*
   recusar a aceitar os fatos *refuse to accept the fact*
redes locais *local radio/TV stations*
reduzido *reduced*
   preço reduzido *reduced price*
refeição (f) *meal*
   três refeições por dia *three meals a day*
refrigerante (m) *soft drink*
registrada *registered*
   carta registrada *registered mail*
relógio *watch*
remédio *medication*
   tomar remédio *take medication*
remessa *remittance*
remover *remove (to)*
   remover uma mancha *to remove a stain*
representante *representant*
resenha *report*
   resenha de cinema *movie listing*
reserva *reserve*
   fazer uma reserva *make a reservation*
resfriado *cold*
   ter um resfriado *to have a cold*

restaurante *restaurant*
resultado *result*
　saber o resultado *to know the result*
reunião *reunion/meeting*
　reunião de escola *school reunion*
　reunião de negócios *business meeting*
rico *rich*
romântico *romantic*
　filme romântico *romantic movie*
　música romântica *romantic music*
　pessoa romântica *romantic person*
rosto *face*
　rosto familiar *a familiar face*
　rosto bonito *beautiful face*
roubo *robery/theft*
　roubo do banco *bank robery*
　roubo de jóias *jewelry theft*

S

saber *know (to)*
　saber a verdade *to know the truth*
　saber o endereço *to know the address*
salada *salad*
salmão *salmon*
salmão grelhado *grilled salmon*
salto *jump/heel*
　dar um salto *to jump*
　salto de sapato *the heel of a shoe*
sapataria *shoe repair store*
　levar o sapato à sapataria *take the shoe to the shoe repair store*
sapateiro *shoe repairman*
satélite *satellite*
　antena satélite *satellite dish*
saúde *health*
　À sua saúde! *To your health!*
se dedicam *dedicate themselves*
　se dedicam ao esporte *dedicate themselves to sports*
se interessar *take interest (to)*
　se interessar por política *to take interest in politics*
seção *section*
secas *drought*
seção *section*
　seção de cosméticos *cosmetic section*
secretária *secretary*
segunda *second*
　segunda fila *second row*
　segunda da fila *second in line*
selos *stamps*
semana passada *last week*
Semana Santa *Easter week*
sempre *always*
senador/a *senator congressman/congresswoman*
senhor *sir*
senhora *lady/madam*
senhorita *young woman*
　single woman
sentimental *sentimental*
　filme sentimental *sentimental movie*
　pessoa sentimental *a sentimental person*
ser *be (to)*
　ser jovem *to be young*

ser inteligente *to be intelligent*
serviço *service*
　serviço telefônico *telephone service*
　serviço de casa *housework*
servir *serve (to)*
　servir o jantar *to serve dinner*
　be good (to) for something
show *show*
　O show das nove. *The nine o'clock show.*
siga-me *follow me*
sim *yes*
simples *simple*
　um resfriado simples *a simple cold*
sintomas *symptoms*
　Quais são os sintomas? *Which are the symptoms?*
só *only/alone*
　ser só *to be alone*
　Só tenho um filho *I have only a son.*
somente *only*
　Como somente vegetais. *I eat only vegetables.*
sob *under*
　sob o sol *under the sun*
sobre (prep) *on/about*
　Ponha o livro sobre a mesa. *Put the book on the table.*
　Não quero falar sobre isto. *I don't want to talk about it.*
sola *sole*
　sola de sapato *shoes' sole*
sorvete *ice cream*
sucesso *success*
　ser um sucesso *to be a success*
sugerir *suggest (to)*
　sugerir *to make a suggestion*
　fazer uma sugestão *to make a suggestion*
supermercado *supermarket*

T

tais *such (adj.pl.)*
tal (adv. sing.) *such*
　Não existe tal coisa! *There's no such thing.*
talvez (adv) *perhaps/maybe*
também (prep) *also*
　eu também *me also*
tanto quanto *as much as*
　Quero isto tanto quanto você. *I want this as much as you want.*
tão *so*
　Isto não é tão mal. *This is not so bad.*
tarde (adv.) *late*
　muito tarde *too late afternoon*
　hoje à tarde *this afternoon*
tarefas domésticas *household errands, chores*
taxa *taxes/fee*
　taxa de juros *interest rate*
　taxa de serviço *service fee*
　pagar taxas *to pay taxes*
teatro *theater*
tela *screen*
telefonar *phone (to)*
　fazer uma chamada *to make a phone call*
televisão *TV*
ter *have (to)*
　temos amigos *we have friends*

temperatura *temperature*
   temperaturas frias *cold weather*
   temperatura do corpo *body temperature*
ter *have (to)*
   ter tempo *to have time available*
   Tenha uma boa viagem! *Have a good trip!*
terminar *finish (to)*
   terminar um projeto *to complete a project*
   terminar o programa *to end a program*
terrível (adj.) *terrible*
tia *aunt*
tingir *(dye)*
   tingir o cabelo *dye (to) the hair*
   tingir roupas *dye (to) clothes*
tintureiro *dry cleaner*
tinturaria *drycleaner's*
tio *uncle*
típico *typical*
   restaurante típico *a typical restaurant*
   dia típico *a typical day*
tipos *types*
   Que tipo de frutas? *What types of fruits?*
tirar uma soneca *to take a nap*
   Tire uma soneca! *Take a nap!*
toalha (f) *towel*
   toalha de banho *bath towel*
   toalha de rosto *face towel*
   toalha de mesa *tablecloth*
tocar *play/touch (to)*
   tocar piano *to play the piano*
   tocar alguém *to touch someone*
toda *all*
   a noite toda *all night long*
   a noite inteira *the entire night*
tomate *tomato*
tosse (f) *cough*
trabalhar *work (to)*
   Trabalhei muito. *I worked a lot.*
trazer *bring (to)*
   traga água *bring water*
tragédia *tragedy*
traje (m) *outfit/ware*
   traje esportivo *sports outfit*
   traje formal *formal ware*
   traje de banho *swimming suit*
trazer *bring (to)*
   trazer os papéis *to bring the papers*
   trazer um amigo *to bring a friend*
turista (m/f) *tourist*
   Ele é um turista. *He is a tourist.*
   Ela é uma turista. *She's a tourist.*

U
uma (art/num) *one, a*
   uma loja de sapatos *a shoe store*
   uma ou duas lojas *one or two stores*

umidade (f) *humidity*
úmido *humid*
   muito úmido *very humid*
uvas *grapes*

V
Vamos! *Let's go!*
Vamos lá! *Come on!*
várias vezes *many times*
vegetais *vegetables*
veja! *look!*
velho/a *old*
   uma pessoa velha *an old person*
   um carro velho *and old car*
vendedora *saleswoman*
vendedores *salespeople*
vender *sell (to)*
vento *wind (to)*
   ventar muito *to be windy*
   ventando *winding*
ver *see (to)*
   ver um filme *to see a movie*
   ver um amigo *to see a friend*
Verão *Summer*
vésperas de Natal *Christmas Eve*
vestido *dress*
   vestido esporte *sport dress*
   vestido longo *long dress*
   Já estou vestida. *I am already dressed.*
viajar *travel (to)*
   fazer uma viagem *to take a trip*
vida *life*
   minha vida *my life*
   a vida da festa *the life of the party*
videocassete *VCR*
videotape *videocassette*
vinho *wine*
   vinho branco *white wine*
   vinho tinto *red wine*
violência *violence*
vir *come (to)*
   vir aqui *to come here*
vitamina C *vitamin C*
vitrina/vitrine (f) *window display*
você (pers. proun)
   Você está aqui! *You are here!*
vôo *flight*
votar *vote (to)*
   votar para um candidato *to vote for a candidate*

X
xarope *syrupe*

ENGLISH-PORTUGUESE

A
about *sobre*
   talk about it *falar sobre*
act *atuar*
   to take action
   to act in a play
active *ativo/a*
   to be active *ser ativa/o*
actor *ator*
   movie/stage actor *ator de teatro/cinema*
actress *atriz*
address *endereço*
addressee *destinatário*
adore/love *adora*
   to adore/love something or someone
advise *aconselhar*
   to give advise
after *depois*
   after dinner *depois do jantar*
again *outra vez*
   to call again *chamar outra vez*
agency *agência*
   travel agency *agência de viagens*
   a bank's branch *agência bancária*
air *ar*
   open air *ar livre*
almost *quase*
almost empty *quase vazia/o*
   The restaurant is almost empty. *O restaurante está quase vazio.*
already *já*
also *também*
   me also *eu também*
always *sempre*
amuse/have fun *divertir*
   Have fun! *Divirta-se.*
   Enjoy! *Divirta-se.*
antique *antiguidade*
   antique shop *loja de antiguidade*
apple *maçã*
arm *braço*
   He's my right arm. *Ele é meu braço direito.*
   the sofa's arm *o braço do sofá*
armchair *poltrona*
arrived *cheguei*
   I arrived early. *Eu cheguei cedo.*
as much as *tanto quanto*
   The sleeper costs as much the regular bus. *O ônibus leito custa tanto quanto o ônibus comum.*
ask for, order *pedir*
   to order food *pedir comida*
   ask for the check *pedir a conta*
   ask for information *pedir informação*
aspirin *aspirina*
assault *assalto*
   to be assaulted *ser roubado*
   attack
   to be attacked *ser atacado*
assaulted *assaltado*
at *na*
   at the pharmacy *na farmácia*
at least *pelo menos*
   At least you didn't suffer physical damage. *Pelo menos você não sofreu danos físicos.*
at noon *à tarde*
   in the afternoon *à tarde*
auction *leilão*
aunt *tia*
author *autor*
   I know the author of this book. *Conheço o autor deste livro.*
avoid *evitar*

B
back, rear, bottom *fundo*
   back door *porta do fundo*
   rear of the bus *fundo do ônibus*
   bottom of the pool *fundo da piscina*
baggage *bagagem*
   Where can I leave my bagage? *Onde posso deixar minha bagagem?*
bake *assar*
baked *assado*
baked chicken *frango assado*
baked potato *batata assada*
balcony *balcão*
   store counter *balcão da loja*
   the theater balcony *o balcão do teatro*
bananas *bananas*
bargain *pechinchar*
   ask for descount/reduction in price *pedir um desconto/redução no preço*
bathroom *banheiro*
be *ser*
   I'm *Eu sou*
   to be intelligent *ser inteligente*
be happy *alegrar-se*
   I'm glad that you came. *Alegro-me que tenha vindo.*
Be quite! *Cale-se!*
be (keep) up-to-date on the issues
   atualizar-se sobre os assuntos/questões
beach *praia*
beautiful *bonito/a*
bedroom *quarto*
believe *acreditar*
   I can hardly believe! *Mal posso acreditar!*
big *grande*
big woman *mulherona/mulherão*
birthday *aniversário*
   Happy Birthday! *Feliz Aniversário.*
black paper *pimenta-do-reino*
board/ship (to) plain, to make a shipment *embarcar*
   to board the plane *embarcar no avião*
   to ship an order *embarcar o pedido*
body *corpo*

booked *lotado*
 The hotel is booked. *O hotel está lotado.*
bother *pertubar*
box *caixa*
 cash register *caixa registradora*
 mail box *caixa do correio*
bread *pão*
 toasted bread *pão tostado/torradas*
bring *traga*
 bring the papers *traga os papéis*
bring *trazer*
 to bring something *trazer algo*
broccoli *brócolis*
busy *acupado/a*
but *mas*
 but also *mas também*
butter *manteiga*
buy *comprar*

C

call *chamar*
 call a cab *chamar um táxi*
 call on the phone *chamar pelo telefone/telefonar*
 I'll call you tomorrow. *Chamo você amanhã.*
called/phoned *telefonei*
 I called you yesterday. *Chamei você ontem.*
cancellation *desistência*
candidate *candidato*
car *carro*
cards *cartões*
 postcard *cartão postal*
 credit card *cartão de crédito*
Carnival *Carnaval*
cartoon *desenho animado*
cash *descontar*
 to cash a check *descontar um cheque*
cash register *caixa registradora*
cashier *caixa*
cauliflower *couve-flor*
celebrate *celebrar*
celebration *celebração*
 Are you going to celebrate your birthday? *Você vai celebrar seu aniversário?*
champagne *champanhe*
channel *canal*
 TV channel *canal de televisão*
chest/breast *peito*
 chicken breast *peito de frango*
child *criança*
children *crianças*
Christmas *Natal*
Christmas Eve *vésperas de Natal*
Christmas tree *árvore de Natal*
citizen *cidadão*
 He is a citizen of the world. *Ele é um cidadão do mundo.*
classified *classificados*
clean *limpar*
cleaner *tintureiro*
cleaner's *tinturaria*
climate *clima*
 The climate in Brazil is very hot. *O clima no Brasil é muito quente.*
codfish stew *bacalhoada*

coffee *café*
cold *resfriado*
 a common cold *resfriado comum*
color *cor*
column *coluna*
 newspaper column *coluna de jornal*
 Roman Colunms *Colunas Romanas*
come *vir*
comedy *comédia*
comics *parte cômica*
commentary/summary *resenha*
 sport's commentary *resenha esportiva*
 movie commentary *comentários de cinema*
comments *comentários*
common *simples*
compare *comparar*
concert/repair *concerto*
 go to a concert *ir ao concerto*
 repair a car *consertar o carro*
conditioning *condicionado*
 air conditioning *ar condicionado*
considered *considerado*
 be (to) considere as
 He's considered a good actor. *Ele é considerado um bom ator.*
consult/to check/consultation *consultar*
 consult (to) *o jornal*
 a doctor's consultation *consulta médica*
corridor, hall way *corredor*
cosmetics *cosméticos*
cost *custar*
cough *tosse*
country *país*
cousin *prima (f)*
cousin *primo (m)*
covered *coberto*
covering *forro*
 a coat lining *forro do casaco*
 a sofa covering *forro do sofá*
crazy *louco/a (adj.)*
crime *crime*
critics *críticos*
crossword puzzle *palavra cruzada*
crowd *multidão*
cultivation *cultivo*
curtain *cortina*
customer *freguesa*

D

daughter *filha*
debut *debut*
decorate *decorar*
dedicate themselves *se dedicam*
deliver *entregar*
demanding *exigente*
democracy *democracia*
departure gate *portão de embarque*
deputy *deputado/a*
disgrace *desgraça*
desire *desejar*
detective *detetive*
detergent *detergente*
dictator *ditador/a*
dinner *jantar*
disaster *desastre*

do not worry *não se preocupe!*
doctor *médico*
documentary *documentário*
doubt (to) *duvidar*
   I doubt there's . . . *Duvido que haja . . .*
drama *drama*
dress *vestido*
drink *beber*
drinks/beverage *bebidas*
driver's license *carteira de motorista*
drop off/let/leave (to) *deixar*
   Let me do it. *Deixe-me fazer isto.*
   Leave the door open. *Deixe a porta aberta.*
drought *seca*
dry cleaner's *lavar a seco*
dye(clothing) *tingir*
   dye clothing *tingir roupas*

E
early *cedo*
eat *comer*
editorials *editoriais*
educational *educativo*
eggs *ovos*
   fried eggs *ovos fritos*
   Easter eggs *ovos de Páscoa*
election *eleição*
enjoy *divirta-se*
   Have fun! *Divirta-se!*
environmental *meio ambiente*
exactly, sharp, on time *em ponto*
example *exemplo*
excellent *excelente*
exciting *emocionante, excitante*
exhaust oneself *esgotar-se*
expensive/dear *caro*
   an expensive car *um carro caro*
   a dear friend *caro amigo*
experience *experiência*
   have/be (to) experience *ter experiência*
extension *extensão*

F
face *rosto*
   a familiar face *um rosto familiar*
   beautiful face *rosto bonito*
faded *desbotado*
famous *famoso*
fantastic, great *fantástico*
fast *rápido*
fault *culpa*
fax *um fax*
fear *receio*
festival *festival*
festivals *festivais*
fever *febre*
fiancée *noiva/o*
finance *finanças*
find *achar, encontrar*
find *encontrar*
fine *finíssima*
   hight quality (of) *de alta qualidade*
finish, to end *terminar*

finished *terminei*
first *primeira*
first page *primeira página*
fish *peixe*
fix the waist *arrumar a cintura*
fixed price *preço fixo*
flexible *flexível*
flight *vôo*
floor/walk (to) *andar*
   I like to walk. *Gosto de andar.*
   He lives on the 3rd floor. *Ele mora no terceiro andar.*
fluids *líquidos*
follow me *siga-me*
food *comida*
food *comidas*
forgotten *esquecido*
form, application *formulário*
fortune *fortuna*
   It costs a fortune. *Isto custa uma fortuna.*
found *encontrei*
From which part (of the country)? *De que parte?*
   From which part of Brazil are you? *De que parte do Brasil você é?*
front desk *portaria*
fruit *fruta*
full *cheio/lotado*
furniture *móveis*

G
garden *jardim*
Gee! *Nossa!*
get closer *aproximar*
gift *presente*
   buy a gift *comprar um presente*
girl, young lady *moça*
give *dar*
give a message *dar um recado*
give up, to cancel *desistir*
   give up (to) an idea *desitir da idéia*
   to cancel a trip or appointment *cancelar uma viagem ou encontro*
glasses *óculos*
go *ir*
   go to the office *ir ao escritório*
go shopping *fazer compras*
go to the doctor *ir ao médico*
go with him *ir com ele*
good afternoon *boa-tarde*
good idea *boa idéia*
good morning *bom-dia*
gorgeous *linda/lindíssima*
gossip *fofoca*
governor *governador/a*
grandchild *neta/o*
grandfather *avô*
grandmother *avó*
grapes *uvas*
great/excellent *ótimo/excelente*
great grandfather *bisavô*
great grandmother *bisavó*
greater/bigger *maior*
greetings *cumprimentos*
grilled salmon *salmão grelhado*

guide *guia*
guide book *guia turístico*

H

half *meio/a*
half an hour *meia-hora*
   to take half an hour *levar meia-hora*
Happy Birthday! *Feliz Aniversário!*
Happy Holidays! *Boas Festas!*
hats *chapéus*
have *ter*
Have a good trip! *Tenha uma boa viagem!*
headache *dor de cabeça*
headlines *manchetes*
health *saúde*
hear *ouvir*
heat *calor*
   hot
   It's hot in the summer. *Faz calor no verão.*
heel (shoe) *salto*
   the heel of the shoe *salto do sapato*
   jump (to)
   to do/take a jump *dar um salto*
help *ajuda*
   Do you need help? *Você precisa de ajuda?*
here *aqui (adv)*
   Here is the menu. *Aqui está o menu.*
Hi!; Hello! *Alô!*
   Hello darling! *Alô querida!*
high/very high *alto/altíssimo*
to him, to her *lhe*
   Tell him. *Diga-lhe.*
   Give the book to him. *Dê-lhe o livro.*
holidays *feriados*
hot *quente*
hotel *hotel*
hours *horas*
household errands *tarefas domésticas*
How are you? *Como vai você?*
How long does it take? *Quantos dias demora?*
humid *úmido*
humidity *umidade*

I

I am from Italy. *Eu sou da Itália.*
I am sure/certain. *Estou certo.*
I came. *Eu vim.*
   to come here *vir aqui*
no, not
   Is she here? *Ela está aqui? Não.*
   No. I'm not hungry. *Não estou com fome.*
I can't *não posso*
I could not *não pude*
I don't know *não sei*
I doubt *duvido*
   I doubt there's . . . *Duvido que . . .*
I feel *me sinto*
   I don't feel well. *Não me sinto bem.*
I have *eu tenho*
   I have the flu. *Tenho gripe.*
I hope *espero*
   I hope. *Eu espero.*
I need *preciso*
I prefer fish *prefiro peixe*

I read *eu li/eu leio*
I'll take you *levo*
   to take the doctor *você levar ao médico*
   I take the book with me. *Levo o livro comigo.*
I'm fine. *Eu estou bem.*
ice cream *sorvete*
Iguassu Falls *Foz do Iguaçu*
importance *importância*
important *importante*
in a hurry *pressa*
   to be in hurry *estar com pressa*
in all *em toda/o*
   everywhere *em toda parte*
   in the entire world *no mundo todo*
in front of *em frente*
in one *num/numa*
   in a restaurant *num restaurante*
in the 60's *nos anos 60*
in the afternoon *de tarde*
in the back/rear *atrás (adv)*
   I like to travel in back seat. *Gosto de viajar atrás.*
in the evening *à noite*
in the past *antigamente*
   In past I payed less for . . . *Antigamente eu pagava menos por . . .*
in this *neste*
   in this country *neste país*
in what *em que*
independence *independência*
   Independence Day *Dia da Independência*
   Financial independency *Independência econômica*
ineffective *ineficiente/ineficaz*
information *informação*
insist *insistir*
interest *juros*
interesting *interessante*
introductions *introduções*
invitation *convites*
   Here is the invitation for the party. *Aqui está o convite para a festa.*
iron, to press (clothes) *passar a ferro*
issue *questão*
   What is the question? *Qual é a questão?*
   to insist *fazer questão*
it's cold *é frio*
   It's cold in the winter. *É frio no inverno.*
it's hot *é quente*
   It's hot in the summer. *É quente no verão.*
it's impossible *é impossível*
it's possible *é possível*
it's preferable *é preferível*
it's raining *está chovendo*
it's snowing *está nevando*
it's sunny *faz sol*
it's windy *venta*
item *item*

J

jogging *correr*
   Are you ready to go jogging? *Está pronto para correr?*

joke *piada*
   to tell a joke *contar uma piada*
   to make joke *fazer uma piada*

K

keep *guardar*
   to put away
key *chave*
   key to the door *chave da porta*
kidding *brincando*
   Don't get mad, I am just kidding. *Não fique zangada, estou brincando.*
kind *gentil, tipo*

L

Labor Day *Dia do Trabalho*
last month *mês passado*
last week *semana passada*
last year *ano passado*
late *tarde*
laundry *lavanderia*
law *lei*
legs *pernas*
   the athletic legs *pernas de atleta*
   the table's legs *pernas da mesa*
Lent *Quaresma*
Come on! *Vamos lá!*
Let's go *Vamos!*
letter *carta*
   recommendation letter *carta de recomendação*
lettuce *alface*
lie down *deitar-se*
life *vida*
   my life *minha vida*
   life of the party *a vida da festa*
light *luz*
list *lista*
   waiting list *lista de espera*
   shopping list *lista de compras*
local network *redes locais*
local/place *local*
look *veja*
look for *procurar*
   look for a job *procurar trabalho*
   look for an apartment *procurar um apartamento*
Look! *Olhe!*
loose, to miss *perder*
low *baixo*
   low floor/level *andar baixo*
   a short person *pessoa baixa*
lowest *menos alto*
lunch *almoço*

M

made-to-order suit(dress) *traje feito sob medida*
mailbox *caixa do correio (Brazil)*
mailbox *marco do correio (Portugal)*
mailman *carteiro*
main course, entrée *prato principal*
male, Brazilian *brasileiro*
male friend *amigo*
man *homem*
many times *várias vezes*
mark *marcar*
   to make a doctor's appointment *marcar uma consulta*
   to set an interview *marcar uma entrevista*
   to mark the page of the book *marcar a página do livro*
market *mercado*
match *partida*
   a tennis match *partida de tênis*
   departure
   the train departure *a partida do trem*
mayor *prefeito/a*
meal *refeição*
meat *carne*
   pork *carne de porco*
   beef *carne de boi/vaca*
   chicken *carne de galinha*
media *meios de comunicação*
meeting *reunião*
   school reunion *reunião da escola*
   business meeting *reunião de negócios*
merchandise *mercadoria*
Merry Christmas *Feliz Natal*
middle *meio*
midnight *meia-noite*
milk *leite*
miss or stop speaking to someone *deixar de falar*
model/style/pattern/prototype *modelo*
modern *moderno*
money *dinheiro*
month *mês*
motivate *motivar*
movie theater *cinema*
movie, film *filme*
Mrs., ma'am, madam *senhora*
Ms., miss *senhorita*
murder *assassinato*
muscular *musculoso*
music *música*
must *deve*
   obligation *dever*
   owe (to) money *dever dinheiro*
my *minha/meu*

N

need *precisa, necessita*
   I need to rest. *Preciso descansar.*
neither *nem*
neither . . . nor *nem . . . nem*
never *nunca*
new *novo*
   a new car *um carro novo*
   New Year *Ano Novo*
newspaper *jornal*
Nice to meet you. *Muito prazer em conhecê-lo.*
nobody *ninguém*
nothing *nada*
novel/soap opera *novela*
now *agora*

O

obligation *obrigação*
  moral obligation
ocean *oceano*
of them *deles*
  their books *os livros deles*
office *escritório*
okay *está bem/ok*
old *velho/a*
olive oil *óleo de oliva*
only *só, somente, apenas*
opened *abriu*
  open (to) *abrir*
  Open the door, please! *Abra a porta, por favor!*
opposite *oposto*
  opposite side *lado oposto*
  a person of the opposite gender *pessoa do sexo oposto*
or *ou*
orange *laranja*
order *pedido*
  to place an order *fazer um pedido*
  ask (to) *pedir*
  to order food *pedir comida*
  to ask for information *pedir informação*

P

package *pacote*
  to send a package *mandar um pacote*
  touristic package *pacote turístico*
papaya *mamão*
party *festa*
  to give a party *dar uma festa*
pass (to) *passar*
  to spend vacation *passar férias*
  spend a week at the beach *passar um semana na praia*
pass by *passar por*
  pass by the store *passar pela loja*
passenger *passageiro*
passionate *apaixonado/a*
  to have passion for something or someone
  passion for music *paixão por música*
past *passado*
  in the past *no passado*
pay *pagar*
payment order *ordem de pagamento*
payment plan *plano de pagamento*
peach *pêssego*
pen *caneta*
perfect *perfeito*
perhaps *talvez*
pharmacy *farmácia*
physical harm *danos físicos*
piano *piano*
pick up *apanhar*
  pick up the book *apanhar o livro*
piece *peça*
  theater play *peça de teatro*
pill *pílula*
plan (t) *plano*
  to make plans *fazer planos*
play (to) *brincar*
  children play *crianças brincam*

play *jogar*
player *jogador*
  football player *jogador futebol*
players *jogadores*
Please *por favor*
police officer *policial*
police station *delegacia de polícia*
politician *político/a*
politics *política*
pollution *poluição*
poor *pobre*
popcorn *pipoca*
possible *possível*
post office *correio*
  postal service, *service postal*
  mail *cartas*
pound *libra*
practice *praticar*
prefer *preferir*
  I prefer fish. *Prefiro peixe.*
prescription *receita*
president *presidente*
press *imprensa*
pretty, nice (feminine) *bonita*
price *preço*
  fixed price *preço fixo*
private *privado/a*
  a private person
  a private party *festa privada*
products *produtos*
  good products *bons produtos*
  agricultural products *produtos agrícolas*
program *programa*
  TV program *programa de televisão*
project *projeto*
  to make projects *fazer projetos*
  to work on a project *trabalhar num projeto*
put (to) *pôr*
  Put the book on the table. *Ponha o livro na mesa.*
put on (replace) a button *pôr um botão (pôr ou pregar)*

Q

quarter of an hour, fifteen minutes *quarto de hora, quinze minutos*

R

radio *rádio*
rainy *chuvoso*
raise one's voice *levantar a voz*
react *reagir*
  to take action *reagir*
read *ler*
ready *pronta/o*
  to be ready
  Are you ready? *Voce está pronta?*
  Dinner is ready. *O jantar está pronto.*
really *realmente*
  This is really difficult. *Isto é realmente difícil.*
  It's really cold. *Está realmente frio.*
received *recebido*
  The package was received. *O pacote foi recebido.*

receptionist *recepcionista*
recommend (to me) *recomenda-me*
   Can you recomend me . . .
      Pode recomendar-me . . .
reduced *reduzido*
   reduced price *preço reduzido*
refuse *recusar*
   to refuse an invitation *recusar um convite*
   to refuse to accept the fact *recusar a aceitar os fatos*
registered *registrada*
   registered mail *carta registrada*
remedy, medication *remédio*
   to take a medication *tomar remédio*
remittance *remessa*
rent *aluguel*
representative *representante*
reservation *reserva*
   to make a reservation *fazer uma reserva*
   to reserve a seat *reservar um assento*
rest *descanso*
rest (to) *descansar*
restaurant *restaurante*
results *resultado*
   to know the result *saber um resultado*
rice *arroz*
rich *rico/a*
right *certo*
   Is the change right? *O troco está certo?*
right *direita/o*
   to the right *à direita*
   turn right *vire à esquerda*
right *direito*
   law privilege
   to have the right *ter direito*
   the right side *lado direito*
right now *agora mesmo*
right time *hora certa*
   arrive at the right time *chegar na hora certa*
ring *tocar*
   ring the bell *tocar a campainha*
rinse *enxaguar*
   rinse the dishes *enxagaur a louça*
robbed *roubado*
robber *ladrão*
robbery/theft *roubo*
   the bank robbery *o roubo do banco*
   the jewelry theft *o roubo da joalheria*
romantic *romântico*
   a romantic movie *um filme romântico*
   a romantic person *pessoa romântica*
row *fileira/fila*
royal family *família real*
run *candidatar-se*
   I hope she'll run for the presidency.
      Espero que ela se candidate para a presidência.

S

salad *salada*
sales people *vendedores*
sales person *vendedor/a*
salmon *salmão*
Santa Claus *Papai Noel*
satellite *satélite*
satelite dish *antena de satélite*
say *dizer*
scene *cena*
   a scene of the movie *cena do filme*
   a scene of theater play *cena da peça*
   throw a temper tantrum
screen *tela*
season *estação*
   the four seasons of the year *as quatro estações do ano*
   the train station *estação de trem*
season *temporada*
seats *assentos/lugares*
   to reserve a seat *reservar um assento ou um lugar*
second *segunda*
   second row *segunda fila*
   second in line *segunda da fila*
secretary *secretária*
section *seção*
   cosmetic section *seção de cosmético*
see *ver*
   to see a movie *ver um filme*
   to see a friend *ver um amigo*
seem *parecer*
   seems like yesterday *parece como se fosse ontem*
seems *parece*
select *escolher*
sell *vender*
senator *senador/a*
send *enviar/mandar*
sent *mandado*
   The package was sent. *O pacote foi mandado.*
sentimental *sentimental*
   a sentimental movie *um filme sentimental*
   a sentimental person *uma pessoa sentimental*
serve, to help *servir*
   to serve dinner *servir o jantar*
   to be good for something *ser bom para alguma coisa*
service *serviço*
   the telephone service *serviço telefônico*
   domestic chores *serviço doméstico*
sew *costurar*
shocking *chocante*
shoe repair shop *sapataria*
shoemaker *sapateiro*
show *show*
shower *chuveiro*
showing *passando*
   showing a movie *passando um filme*
   passing by here *passando por aqui*
shrimp *camarão*
   shrimp with hot sauce *camarão à baiana*
shuttle *ponte aérea*
sir, Mr. *senhor*
so bad *tão mal*
   This is not so bad. *Isto não é tão mal.*
soccer *futebol*
soda *refrigerante*
sole *sola*
somebody *alguém*
speed *rapidez*
spinach *espinafre*

spoken *falado*
sport *esporte*
stadium *estádio*
stain *mancha*
stamps *selos*
starts *começa*
    The movie starts at 8:00. *O filme começa às oito.*
stay in hotel *hospedar-se*
stolen things *coisas roubadas*
success to be a success *sucesso ser um sucesso*
such *tais*
such *tal*
suggest *sugere*
    to suggest *sugerir*
    to make suggestion *fazer uma sugestão*
suitcase *mala*
summer *verão*
supermarket *supermercado*
Sure! *Com certeza!*
swim *nadar*
swimming *natação*
symptoms *sintomas*
    What are the symptoms? *Quais são os sintomas?*
syrup *xarope*

T

table *mesa*
tailor *alfaiate*
tailor's shop *alfaiataria*
Take a nap! *Tire uma soneca!*
take an interest in *se interessar*
take out a stain *remover/retirar uma mancha*
tax *taxa*
    interest rate *taxa de juros*
    service fees *taxa de serviço*
    to pay tax *pagar taxas*
television *televisão*
temperature *temperatura*
    cold weather *temperatura fria*
    body temperature *temperatura do corpo*
terrible *terrível*
test *exame*
Thank God! *Graças a Deus!*
thank you *obrigado*
that *aquele*
    That's my cousin. *Aquele é meu primo.*
that *que*
that there will be *que haja*
the most *o mais*
the most expensive *os mais caros/o mais caro*
the news *as notícias*
the special of the day *o prato especial do dia*
theater *teatro*
theft/robbery *roubo*
there is *há*
This is Luigi. *Este é Luigi.*
ticket *passagem*
    airline ticket *passagem aérea*
    train ticket *passagem de trem*
tickets *ingressos*
    tickets for the movie *ingressos de cinema*
    ticket for the theater *ingressos de teatro*
tired *cansado/a*

today *hoje*
toilette paper *papel higiênico*
tomato *tomate*
tomorrow *amanhã*
    See you tomorrow. *Vejo você amnhã.*
tonight *hoje à noite*
    this morning *hoje de manhã*
    this afternoon *hoje à tarde*
    this evening *hoje à noite*
too much *demais*
toothpaste *pasta de dente*
tourist *turista*
towel *toalha*
    bath towel *toalha de banho*
    face towel *toalha de rosto*
    tablecloth *toalha de mesa*
    paper towel *toalha de papel*
tragedy *tragédia*
travel *viajar*
    to take a trip *fazer uma viagem*
    travel by bus *viajar de ônibus*
    travel by train *viajar de trem*
    travel by plane *viajar de avião*
turkey *peru*
turn on *ligar*
    turn the radio on *ligar o rádio*
    turn the light on *ligar a luz*
    turn the TV on *ligar a televisão*
type *tipo/tipos*
    What kind of fish? *Que tipo de peixe?*
typical *típico*

U

Uh . . . *ah . . .*
uncle *tio*
under, beneath *sob*
    under the sun *sob o sol*
understand *entender*
    understand the problem *entender o problema*
    realize (to)
    comprehend (to) a situation *entender a situação*
us *nós*
used to like *gostava*
used to pay *pagava*

V

vacation *férias*
VCR *videocassete*
vegetables *legumes, vegetais*
verify *verificar*
very pretty *muito bonito/a*
very strong *muito forte*
Very well. *Muito bem.*
videotape *videotape*
violence *violência*
vitamin C *vitamina C*
vote *votar*
vote for a candidate *votar para um candidato*
voter *eleitor/eleitora/eleitores/eleitoras*

W

waiter *garçom*
waiting list *lista de espera*
walnuts *nozes*
wanted *quis*
   Yesterday I wanted to sleep early. *Ontem quis dormir cedo.*
war *guerra*
washed *lavado*
washing and ironing *lavar e passar*
watch, clock *relógio*
watching *assistindo*
water *água*
   mineral water *água mineral*
   icy water *água gelada*
water melon *melancia*
we have *temos*
we were *estivemos*
welcome *bem-vindo*
well, fine *bem*
Well . . . *pois é . . .*
were *esteve*
What a pity! *Que pena!*
What a surprise! *Que surpresa!*
What do you recommend? *O que você recomenda?*
What is happening? *O que se passa?*
What is the weather? *Como está a temperatura?*
when *quando*
Where are you from? *De onde você é?*
Where are you going? *Onde você está indo?*
while *enquanto*

who *quem*
   Who is our waiter? *Quem é nosso garçom?*
whom *quem*
wife *esposa*
win/earn (to) *ganhar*
   win a game *ganhar um jogo*
   earn a salary *ganhar um salário*
window *guichê*
window/display *vitrina*
wine *vinho*
winner *ganhador/a*
with *com*
   I go with you. *Vou com você.*
   I don't like coffee with sugar. *Não gosto de café com açúcar.*
woman *mulher*
wonder *maravilha*
worked *trabalhei*
   I worked a lot. *Trabalhei muito.*
worldwide *mundial*
worry *preocupar-se*
wrap *embrulhar*
write *escrever*

Y

yes *sim*
yesterday *ontem*
you have a fever *você está com febre*
you know . . . *sabe*
   to know a fact *saber um fato*
   to know a subject *conhecer um assunto*
young *jovem*
youth *juventude*

INDEX

Acabar de plus infinitive	150
Adjectives	12, 82–84
Adverbs	116–118
Affirmative expressions	165
Alphabet	89
Articles	25, 203
Augmentatives	287
Cognates	36
Colloquial expressions	328
Commands	155, 203, 254, 280
Comparatives	148
Conditional	179, 253–254
Consonants	44, 55, 68, 75, 98
Contractions	90–92
Contrary-to-fact sentences	309, 316
Days of the week	48
Diminutives	241
Diphthongs	35, 98
Future	84, 239, 246
Imperfect	215–217, 223–225
Infinitive	45, 322
Months	59
Negative expressions	165
Numbers	29, 39, 49
Ordinal numbers	210
Passive voice	264–265
Past imperfect and preterit	225
Past of probability	254
Past participle	231
Past progressive	225
Pause words	322
Perfect tenses	232
Prepositions	26, 89–92, 99, 248, 255
Present and past perfect tenses	232
Present continuous	70
Present perfect	278, 309
Preterite	171–173, 177, 188–191, 195–197, 208–209
Pronouns	
demonstrative	57
object	131
possessive	82
reciprocal object pronouns	140
reflexive object pronouns	139
relative pronouns *que* and *quem*	157
Question words	
Quondo? Porque?	37
Quanto? Quanta? Quem?	47
Quem?	118
Que? Qual? Como? Onde?	28
word order in questions	47
Reflexive verbs	139
Seasons	58
Simple negation	11
Subject pronouns	23
Subjunctive	271
after certain conjunctions	303
after conjunctions of time	293
after impersonal expressions	292
clause expressing request, desire, demand	272
clauses after expressions of emotion	280
clauses after expressions of doubt or denial	285
irregular present	278
imperfect	300–301
past perfect	315
perdir para as an alternative	316
present perfect	310
review	321
sequence of tenses	302
with an indefinite antecedent	293
Superlative	163
Ter	76–77, 231
Time	38
Verbs	10–11, 37, 45, 56, 68, 92–93, 98, 100, 110, 115, 149, 156, 164–165, 178, 202, 231, 271
Vowels	9, 22